BREVE HISTORIA DEL
VILLISMO

MEMORIA CRÍTICA DE MÉXICO

BREVE HISTORIA DEL VILLISMO

PEDRO SALMERÓN

CON LA COLABORACIÓN DE
FELIPE ÁVILA

CRÍTICA

Diseño de la colección: Estudio la fe ciega
Fotografía de portada: Casasola cuarta generación

© 2018, Pedro Salmerón
© 2018, Felipe Ávila

Derechos reservados

© 2018, Ediciones Culturales Paidós, S.A. de C.V.
Bajo el sello editorial CRÍTICA M.R.
Avenida Presidente Masarik núm. 111, Piso 2
Colonia Polanco V Sección
Delegación Miguel Hidalgo
C.P. 11560, Ciudad de México
www.planetadelibros.com.mx
www.paidos.com.mx

Primera edición en formato epub: septiembre de 2018
ISBN: 978-607-747-552-1

Primera edición impresa en México: septiembre de 2018
ISBN: 978-607-747-551-4

No se permite la reproducción total o parcial de este libro ni su incorporación a un sistema informático, ni su transmisión en cualquier forma o por cualquier medio, sea éste electrónico, mecánico, por fotocopia, por grabación u otros métodos, sin el permiso previo y por escrito de los titulares del copyright.

La infracción de los derechos mencionados puede ser constitutiva de delito contra la propiedad intelectual (Arts. 229 y siguientes de la Ley Federal de Derechos de Autor y Arts. 424 y siguientes del Código Penal).

Si necesita fotocopiar o escanear algún fragmento de esta obra diríjase al CeMPro (Centro Mexicano de Protección y Fomento de los Derechos de Autor, http://www.cempro.org.mx).

Impreso en los talleres de Impresora Tauro, S.A. de C.V.
Av. Plutarco Elías Calles 396, col. Los Reyes Iztacalco, c.p. 08620, Ciudad de México. Impreso en México – *Printed in Mexico*

Para Gaby

CONTENIDO

Prólogo 11

Capítulo I
Los villistas: Raíces y razones 13
  1. Una sociedad de frontera 13
  2. Auge capitalista y despojo agrario 25
  3. La resistencia 49
  4. Regionalización 63

Capítulo II
La conformación del villismo 73
  1. Antirreeleccionistas 73
  2. Rebeldes 79
  3. Colorados e irregulares 97
  4. La rebelión de los coroneles 115

Capítulo III
La revolución política 135
  1. El nacimiento de la División del Norte 135
  2. Un proyecto revolucionario 147
  3. Las grandes batallas 167
  4. La escisión 179

Capítulo IV
La guerra civil   189
   1. El camino de la guerra   189
   2. El villismo a la ofensiva   208
   3. Las batallas del Bajío   237
   4. La Soberana Convención y el proyecto de nación   255

Capítulo V
Hacia la leyenda   265
   1. El fin de la División del Norte   265
   2. Columbus y la Expedición Punitiva   275
   3. Los años oscuros   289
   4. Canutillo   300

Epílogo
El villismo después de Pancho   307

Adenda:
Pensar y discutir el villismo   313

PRÓLOGO

El 6 de diciembre de 1914 la División del Norte y el Ejército Libertador del Sur hicieron su entrada triunfal en la capital de la República. Detrás de las escoltas personales de sus comandantes en jefe, los surianos vestidos de charro y los dorados de caqui y sombrero de fieltro, venían los jefes de la columna: en el lugar de honor, ataviado con un magnífico traje de charro y montando un caballo rosillo, Emiliano Zapata. A su derecha cabalgaba el general Tomás Urbina, el León de Durango; junto a él marchaba el joven general sinaloense Rafael Buelna. A la izquierda de Zapata, haciendo caracolear a su soberbio alazán tostado, el general Francisco Villa, enfundado en un sobrio uniforme azul, respondía sonriente a los vítores de la multitud. Al lado del Centauro cabalgaba el despiadado Rodolfo Fierro. El general Mateo Almanza aparece en las fotos mirando con asombro los balcones de los edificios. Los seguían 18 000 hombres de las tropas del Sur, y cerraban el desfile 15 000 soldados villistas de las tres armas encabezados por el general Felipe Ángeles.

Terminado el desfile, Villa, Zapata y sus estados mayores se dirigieron a Palacio Nacional, desde cuyo balcón central el presidente elegido en la Convención, Eulalio Gutiérrez y sus ministros los habían visto desfilar. Ministros y generales comieron opíparamente y, por fin, les mostraron el Palacio a Zapata, Villa y sus acompañantes. Al ver lo que alguien le dijo que era la silla presidencial, Villa se sentó y los fotógrafos inmortalizaron el momento. Ese fue, simbólicamente, el punto culminante de la revolución campesina.

Los protagonistas, más de 30 000 soldados revolucionarios, quedaron simbolizados en el imaginario colectivo en la figura de sus dos jefes visibles, Emiliano Zapata Salazar y Francisco Villa (nacido como José Doroteo Arango Arámbula). Ambos destacan entre los dirigentes de las revoluciones sociales modernas por su origen popular, y crecieron hasta convertirse en mitos.

¿Cómo habían llegado hasta ahí? ¿Cómo fue posible que los dos líderes más importantes de la revolución popular pudieran tomar la capital de la república, algo impensable un año antes y más impensable todavía durante el gobierno de Porfirio Díaz? ¿Cómo había surgido y crecido el movimiento campesino representado por Villa y Zapata que logró tal hazaña? ¿Y qué pasó después? Si el zapatismo fue el movimiento campesino más radical de la Revolución mexicana, el movimiento vinculado al nombre del general Villa representó la potencia del pueblo en armas y la posibilidad real de transformar al país mediante la victoria político-militar. Pero durante décadas, ese poderoso movimiento fue opacado por la controvertida imagen de su dirigente y los múltiples mitos que sobre él se crearon. Por ello, cuando inicié mi carrera como historiador, me pregunté ¿Quiénes eran los villistas? ¿De dónde venían? ¿Por qué hicieron una Revolución? ¿Cómo la hicieron? ¿Qué esperaban de esta Revolución? Estas son las preguntas a las que busqué respuesta a lo largo de esta investigación: la historia de la División del Norte, el ejército revolucionario más poderoso de la historia de América Latina y, sobre todo, la historia de sus hombres.

Estas preguntas buscan las raíces, las razones y los efectos del villismo, uno de los mitos más persistentes en nuestra historia, un movimiento que, aunque fue derrotado, incidió profundamente en la historia del siglo xx mexicano, quedó marcado con tintas indelebles en la conciencia nacional y sigue siendo bandera e inspiración de movimientos sociales muchas veces contradictorios. Buscan también el potencial revolucionario y la capacidad de indignación (es decir, la dignidad) de los campesinos mexicanos y por lo que hace que una revolución sea eso y no otra cosa.

Esta es su breve historia.

Capítulo I
LOS VILLISTAS: RAÍCES Y RAZONES

1. Una sociedad de frontera

Apenas una generación antes del estallido de la revolución villista, en la memoria directa y muchas veces en la propia experiencia vital de quienes se sumarían a la División del Norte, las regiones de que eran originarios habían sido teatro de guerras endémicas, literalmente «territorio apache», contra los indígenas nómadas, guerras que forjaron una *frontera cultural* o *sociedad de frontera*.

Llamamos *sociedad de frontera* a la que se construye en los difusos límites que se establecen entre las sociedades «civilizadas» y los pueblos «bárbaros» (por *barbarie* entendemos *nomadismo*, y por *civilización*, las sociedades agrícolas sedentarias y estratificadas); fronteras que fluctúan al ritmo de las guerras incesantes que en esas regiones se mantienen.

En el territorio que hoy conforma nuestro país, luego de la conquista de México-Tenochtitlan y al ritmo del descubrimiento de las ricas vetas mineras al norte de la región predominantemente agrícola que hoy llamamos Mesoamérica, los españoles y sus aliados indígenas iniciaron una constante expansión hacia las agrestes tierras del septentrión. Sus esfuerzos por dominar aquellas regiones, y la resistencia de las naciones nómadas y seminómadas que en ellas vivían, dieron como resultado la construcción de una sociedad de frontera inestable y violenta.

La guerra y la paz con los indios fueron la preocupación vital y definitoria para los novohispanos y mexicanos, desde la expedición de conquista de Nuño de Guzmán a la Nueva Galicia, en 1530, hasta la década de 1880, en cuyo año inicial se enfrentaron los guerreros de Victorio con los *campañadores* (los que organizaban campañas contra los apaches) del coronel Joaquín Terrazas, en el último combate masivo de la guerra apache (la cabeza de Victorio fue paseada en triunfo por las calles de la ciudad de Chihuahua...). Cuatro años después, mientras el legendario jefe Gerónimo se rendía al Ejército estadounidense, Chihuahua quedó conectada al resto del mundo por ferrocarril. Ambos eventos señalan el fin de una época.

Lo que en este libro llamaremos el *norte villista* fue parte central de esta frontera: el territorio que dio origen a la mayor parte de las fuerza de la División del Norte, que casi coincide con los límites que el Reino de la Nueva Vizcaya tuvo entre 1732 y 1785.

¿Cómo nació esta frontera? En 1943 se acuñó uno de los conceptos que mayor carga significativa ha tenido en los estudios del pasado mexicano: *Mesoamérica*. Este vocablo se utiliza para referirse al área en la que se desarrollaron civilizaciones con rasgos culturales comunes, y que se basaban en la presencia de un modo de producción en que la agricultura y el tributo eran fundamentales. Los límites septentrionales de esta área eran muy fluctuantes, pero hacia 1519 se propuso, en el altiplano, una línea imaginaria entre las dos sierras, que correría ligeramente al norte del río Lerma; en el Golfo de México, más allá del río Pánuco; y casi coincidía con los límites del actual estado de Sinaloa, por el Pacífico.

Al norte de Mesoamérica, sobre todo en el altiplano, de tierras semiáridas y raquítica vegetación, vivían grupos nómadas que subsistían con la caza y la recolección, llamados despectivamente *chichimecas* por los pueblos mesoamericanos; y aunque las definiciones y los límites de Mesoamérica y Aridoamérica han sido muy discutidas, lo cierto es que las enormes diferencias entre las altas culturas agrícolas de la primera y las naciones nómadas del norte originaron, a la llegada de los españoles, dos procesos muy distintos: si bien Mesoamérica fue conquistada con rapidez y ocupada, y en ella se estableció una sociedad estable y rígidamente jerarquizada, la ocupación del septentrión fue lenta, difícil y frágil.

Aunque desde 1521 se realizaron expediciones de exploración a las tierras del septentrión, fue el descubrimiento de las ricas vetas de plata de Zacatecas (1546) lo que provocó los primeros establecimientos definitivos y caminos estables en lo que se llamó la *Gran Chichimeca* (que abarcaba los actuales estados de Querétaro, Guanajuato, oriente de Jalisco, Aguascalientes, Zacatecas, el occidente de San Luis y regiones limítrofes de Coahuila y Durango), y también la primera guerra devastadora en esos caminos, la Guerra Chichimeca, que entre 1550 y 1600 ensangrentó aquellos parajes. Sin embargo, también dejó lecciones invaluables a los españoles y sus aliados mesoamericanos (tlaxcaltecas, otomíes y otras naciones), que emplearían en sus siguientes intentos por extender la frontera y que en los siglos XVII y XVIII ganaron para la civilización agrícola y la cultura latinomesoamericana, buena parte de la jurisdicción de la Nueva Vizcaya (Durango, más de la mitad de Chihuahua y la Comarca Lagunera de Coahuila), Arizpe (Sonora y Sinaloa), el Nuevo Reino de León y la provincia de Nuevo Santander de los Tamaulipas, la base de lo que después sería Coahuila, así como enclaves en las costas de California, en una o dos de las fértiles vegas texanas y en el alto río Bravo, donde floreció el reino de Nuevo México.

Las principales de esas lecciones fueron el establecimiento y la consolidación del llamado *presidio*, poblado defensivo o colonia como estrategia de contención y defensa; de la *misión* como mecanismo de sedentarización pacífica de los nómadas, fortalecimiento de la defensa de la frontera y consiguiente reducción del espacio vital de los nómadas; y la *paz por compra* como mecanismo para conseguir el asentamiento de los «bárbaros».

Merced a esos mecanismos, a mediados del siglo XVIII parecían consolidadas las provincias de Nueva Vizcaya, Nuevo León, Arizpe y Nuevo México cuando, empujados por tribus más belicosas, que a su vez sufrían los efectos del desplazamiento provocado por los ingleses en la costa de Norteamérica y los franceses en el curso bajo del Mississippi, aparecieron en escena los apaches. Hablaremos de la guerra contra estos nómadas de manera más detallada, porque resume las experiencias anteriores, perfila el carácter de los pueblos del norte villista e impacta de manera directa en la historia de aquel movimiento.

Apache es un término inventado por los españoles para definir a los indios nómadas que viajaban de norte a sur en las extensas e ignotas fronteras del septentrión de la Nueva España. En realidad recibieron diversos nombres, de acuerdo con la zona en que, según los españoles, estaban sus lares. Empujados por otras naciones guerreras y aprovechando el vacío dejado por el exterminio o la asimilación de conchos, janos y tobosos, y el confinamiento de los tarahumaras, en la segunda mitad del siglo XVIII se convirtieron en la mayor amenaza de la frontera. En el siglo XIX estos belicosos nómadas, bravíos y orgullosos, asolaron Chihuahua en una guerra en la que no se daba ni se pedía cuartel, donde ambos bandos hicieron gala de igual valor y similar crueldad, y que solo terminó con la absoluta derrota de los apaches.

A fines del siglo XVIII José de Santa Cruz escribió una «idea general de los indios apaches», según la cual «esta nación ocupa el vasto espacio despoblado comprendido entre los grados 30 a 38 de latitud y 112 a 118 de longitud», extendiéndose desde las inmediaciones del presidio de Altar, próximos al mar de Cortés, hasta la Bahía del Espíritu Santo. Se divide en nueve parcialidades o tribus principales y varias de menor consideración, que «nosotros llamamos» tontos, chiricaguas, gileños, mimbreños, faraones, mezcaleros, llaneros, lipanes y navajos. Hablan el mismo idioma aunque no componen una nación uniforme.

Esta «idea» fue el primer intento serio que se hizo para describir usos, costumbres, tradiciones, hábitat y formas de hacer la guerra de cada una de las nueve tribus, así como los «desmanes» que habían hecho en Nuevo México, Sonora y Nueva Vizcaya, la terrible situación a que estaba reducido ese reino y las providencias que estaban tomándose para enfrentar tal situación.[1]

Aunque los apaches ya eran conocidos por los españoles y mexicanos desde el siglo XVII, cuando atacaban eventualmente algunos de los establecimientos del occidente de Texas, no fue hasta la segunda mitad del siglo XVIII cuando, empujados por otros grupos indígenas de la Gran Quivira, establecieron sus campamentos en Nuevo México y, desde ahí, asolaban esa provincia y las de Sonora, Nueva Vizcaya, Coahuila y Texas. Pronto empezaron a llegar desde Sonora y Nueva Vizcaya noticias cada vez más alarmantes, por lo que el virrey marqués de Cruillas encargó al marqués de Rubí y a Nicolás de Lafora una visita de inspección a la frontera, para preparar una nueva política pacificadora.

En la relación de ese viaje, Lafora anota que visitaron Texas en 1767, y prácticamente sugiere abandonar toda la provincia salvo Béxar y Nachitoos, y mantener la amistad con los indios texas y nacodoches. Asimismo, criticó fuertemente la manera en que los soldados presidiales conducían la guerra contra los apaches. El dictamen que presentó Rubí al virrey marqués de Croix (que sucedió a Cruillas) fue muy discutido, pero aprobado finalmente por la Corona. Decía que había que reglamentar la frontera, y como los dominios del rey no se extendían, en realidad, más allá del paralelo 30, había que reorganizar los presidios, estableciendo una línea de 15 desde el Golfo de California, en algún punto situado entre el presidio de Altar y la misión abandonada de Sonoyta, hasta la desembocadura del río Guadalupe en el Seno Mexicano.

Esta frontera propuesta tendría su centro en Paso del Norte y podrían quedar los presidios al oriente sobre la margen del río del Norte. Guarnecida así la frontera, Santa Fe y San Antonio de Béxar quedarían como puestos avanzados, aunque sostenía que más allá de esa línea, el dominio del rey era «imaginario».

Una vez reforzada la frontera, habría que exterminar a los apaches lipanes —los de oriente, sobre Texas, mucho más «degenerados», según el informe, que los más belicosos apaches de occidente, sobre Nueva Vizcaya y Nuevo México— y tratar de amistarse con las tribus situadas al norte de ellos, enemigas de los apaches, que de esta manera se verían obligados a que luchar en dos frentes.

Con los informes de Rubí y Lafora, y con otros datos, el marqués de Croix elaboró una *Instrucción* para formar un cordón de 15 presidios y su reglamento, que quedaron listos en septiembre de 1771. Cinco años después se creó efectivamente la Comandancia General de las Provincias Internas, y el caballero Teodoro de Croix fue nombrado primer comandante general. La política dictada por el rey Carlos III al caballero de Croix consistía en organizar las milicias de los pueblos y establecer nuevos centros de población también organizados militarmente, a la vez que constreñir y vigilar a los grandes propietarios, señores de la frontera, cuya preeminencia económica y militar deseaban quebrantar los ministros del rey Carlos. Croix obtuvo fondos de los mineros y hacendados, e inició la construcción del cordón de presidios y pueblos recomendados por Rubí y Lafora, que iban del Golfo de México al de California.

Algunos de estos pueblos se fundaron en tierras quitadas ex profeso a los hacendados, como Cuatrociénegas y Baján, en zonas que habían pertenecido hasta entonces al desmesurado marquesado de San Miguel de Aguayo. Otros, como los cinco pueblos del noroeste de Chihuahua (Janos, Casas Grandes, San Buenaventura, Cruces y Namiquipa) se crearon en fértiles parajes sin dueño, y sus pobladores recibieron tierra abundante y otros apoyos a cambio de su compromiso de defender la frontera. El Bando que creó estos cinco pueblos establecía que, además de la tierra adjudicada a cada colono, cada comunidad tenía una «milpa grande», que cuando se recrudecía la guerra apache era el único campo al que los vecinos, armados y en grupo, podían salir a trabajar, y del que se alimentaba el pueblo. Esta milpa era de explotación colectiva y su producto se repartía equitativamente o se vendía para gastos del pueblo. Otra característica del Bando es que se aceptarían como colonos, por igual, a españoles e indios. La imperiosa necesidad de poblamiento y defensa obligó a hacer a un lado la tradicional división de repúblicas.

La extensión de tierras adjudicadas muestra la intención de la Corona de hacer a los colonos autosuficientes y productivos, capaces de alimentar presidios y minas. Como resultado de ello, durante el siglo xix, los rancheros del noroeste de Chihuahua eran pequeños productores autónomos, con terrenos de cultivo en propiedad privada y el usufructo de pastos y otros espacios colectivos. Así surgieron nuevos pueblos libres que, al cabo de treinta años, en 1810 obligaron a los apaches a concertar la paz.

Algo que refleja muchas de las características de los apaches es que con ellos no funcionó la otra institución de frontera, la misión, que tan importante fue en el crecimiento del imperio español desde mediados del siglo xvi. Muchas de las naciones del septentrión de la Nueva España habían sido convertidas, protegidas y civilizadas mediante el trabajo misionero. En los siglos xvii y xviii las misiones eran una institución casi inevitable en las fronteras hispanoamericanas en expansión.

Las misiones, como los presidios y pueblos defensivos, fueron instituciones de frontera características, organismos avanzados de la colonización. En lo religioso, estaban destinadas a llevar la fe a los paganos, conseguido lo cual, cesaba su función. Como instituciones de frontera eran, en principio, temporales, ya que cuando terminaba su trabajo en una frontera se esperaba que el misionero fuera más allá; originalmente, eso debía pasar a los diez años de establecidas, pero para los «bárbaros del norte» el plazo resultaba del todo insuficiente. Al irse a otra frontera, las tierras comunales debían ser repartidas a los indios.

Las misiones también formaban parte del sistema de defensa de las fronteras, lo que explica que la bolsa real se abriera más generosamente para apoyar misiones en fronteras amenazadas que en otros casos. Es significativo también que la Real Hacienda cargara sus gastos por presidios y misiones a la misma cuenta, el ramo de guerra. Los misioneros contrarrestaban la influencia extranjera entre su grey, los convencían de no atacar colonias ya formadas y conseguían su ayuda para mantener a raya a las tribus más distantes. Casi todos los ejércitos que partieron de Chihuahua o San Antonio de Béxar para combatir a los hostiles apaches y comanches incluían numerosos indios de las misiones, que peleaban codo a codo con los españoles. Por comisión de las autoridades militares, el padre Kino obtuvo el concurso de los pimas, «su amada grey», en la defensa de Sonora. Cuando fue enviado a California, las autoridades de Sonora protestaron porque decían que Kino era más útil para la defensa que toda una compañía de soldados. Gran mortandad a los apaches hicieron los pimas.

El mismo edificio de la misión (el templo y pequeño convento adjunto) servía de defensa para el misionero y su grey, y para los colonos cercanos. Muchas veces, eran las mejores fortalezas de las zonas amenazadas. Además de defender la frontera, la misión servía para impulsarla. Los misioneros enviaban informes sobre las tribus no sometidas, sobre las riquezas y potencialidades de las regiones no ocupadas y las oportunidades de extender los dominios reales. Sus consejos muchas veces fueron escuchados al tomarse la decisión de abrir nuevas avanzadas. Fueron los más eficaces promotores de la frontera.

Pero además de ayudar a expandir y defender la frontera, los misioneros ayudaron a civilizarla. España tenía grandes ideales (y ambiciones), que topaban con enormes obstáculos para ser realizados. Alegaba derechos sobre la parte del león de las dos Américas, pero su población era reducida y solo podía disponer de una región muy pequeña de ella para poblar el Nuevo Mundo. Pero además, aunque suene extraño, la política colonial española intentaba velar por la vida de los nativos y «civilizarlos», de modo que si faltaban españoles, eran los propios indígenas quienes podían colonizar la frontera.

Ahora bien, la misión exigía que los indígenas tuvieran, aunque fuera en grado mínimo o bajo coacción, el deseo de congregarse. Pero los apaches nunca estuvieron dispuestos a someterse a la disciplina del trabajo agrícola y a abandonar su vida de guerreros nómadas. Si bien en el siglo XVII se pensaba que podía reducírseles a misiones, para el XVIII la opinión de la mayoría de los funcionarios y militares del septentrión era que no había otra solución que la guerra de exterminio. Así quedó asentado en la

Instrucción para el gobierno de las Provincias Internas del virrey Bernardo de Gálvez, en 1786, no obstante que este, cuando combatió a la apachería, se había hecho una mejor idea de aquellos.

De todas maneras, las políticas de frontera instituidas por los últimos virreyes fueron eficaces, pues en 1810 los apaches solicitaron la paz, de acuerdo con el mecanismo de «paz por compra» similar al que puso fin a la guerra chichimeca, hacia 1600: la Corona suministraría a los apaches cierta cantidad de alimentos, armas, aperos, alcohol y otros insumos básicos, y a respetarles un extenso territorio en las cuencas de los ríos Casas Grandes, Bravo, Mimbres y Gila, y estos se comprometían a dejar por la paz los caminos y poblados. Y, durante veinte años, mientras en el resto de la Nueva España y México ardía la revolución de Independencia y los titubeantes inicios de la nación, la frontera prosperó, se consolidaron los pueblos y la población de Chihuahua pasó de 63 000 a 150 000 habitantes.

Fue entonces que inició la última guerra, la que terminó por definir el carácter de los pueblos de Chihuahua y las regiones aledañas de Durango y Coahuila: a partir de 1831 y por lo menos hasta 1880, el estado de Chihuahua vivió el conflicto armado más devastador de su historia, que dejó huellas y marcas muy profundas en todos los ámbitos de la vida social: la guerra contra los apaches, el tema más importante de la historia regional en el siglo XIX. Durante esa guerra, las estructuras políticas, eclesiásticas y militares del estado, así como las haciendas y el trabajo servil, se debilitaron casi hasta el colapso, por lo que los rancheros independientes de los pueblos libres asumieron el peso de la guerra.

El gobierno de la naciente república mexicana no había podido cumplir los acuerdos firmados por la Corona española y en 1829 y 1830 hubo, por esa cuestión, una serie de desacuerdos que, finalmente, terminaron con el asesinato de algunos militares a manos de una partida de comanches. En respuesta, el comandante general e inspector del estado de Chihuahua y territorio de Nuevo México, José Joaquín Calvo, emitió el 16 de octubre de 1831 una grandilocuente proclama conocida como *Declara-*

ción de guerra a los bárbaros, tras la cual, además de los comanches, se sublevaron las rancherías apaches.

Muy rápidamente, el gobierno fue rebasado por la potencia de los apaches como guerrilleros, por lo que intentó involucrar a toda la sociedad en la guerra. Se dictaron disposiciones en las que se hizo obligatorio el uso de las armas; empezaron a funcionar las milicias cívicas y con ellas las fricciones entre los pueblos y el gobierno; se trató de fortalecer el Ejército, y se aprobaron los primeras recompensas en metálico por indios muertos, lo que después serían las *contratas de sangre,* y la bárbara costumbre del corte de cabelleras. Poco a poco, todo el esfuerzo de los gobiernos de Chihuahua, Nuevo México, Sonora y Coahuila se fue centrando en la guerra. Los apaches, por su parte, practicaban una guerra de guerrillas eficaz que fue golpeando ranchos y haciendas.

En 1839, casi desaparecieron de Chihuahua el ejército de línea y la influencia política del centro. Se trazó, entonces, un plan de guerra que incluía la contratación de mercenarios y el pago de cincuenta pesos por cada indio de guerra muerto o prisionero, y 25 por cada india o muchacho prisionero. A partir de entonces, la guerra sería un asunto privado, de saqueo y pillaje. El Plan de Guerra de 1839 dictaba también que todos los habitantes de Chihuahua que hicieran la guerra a sus expensas obtendrían el total de los animales mostrencos y la mitad de los herrados que se quitaran a los apaches, siempre que el hecho se comprobara con la prisión o muerte de algún apache. La otra mitad de los animales herrados se devolvería a sus dueños, o se cedería a los campañadores, los voluntarios de los pueblos, en el caso de que hubiesen dado muerte a cinco apaches por lo menos. En realidad, estas disposiciones trataban de legalizar lo que realmente ocurría en la frontera, donde el ejército y las autoridades eran ineficaces y las únicas respuestas a las acciones de los apaches venían de las partidas de campañadores organizadas en los pueblos y de las sanguinarias bandas de mercenarios.

El carácter de los pueblos de Chihuahua, Sonora y Coahuila es resultado de la guerra apache. Ya comentamos que las estructuras políticas, eclesiásticas y militares, así como las haciendas y el trabajo servil, se debilitaron casi hasta el colapso. Otra consecuencia de esto fue que muchos hombres de campo se convirtieron en poseedores de tierras, reforzando al grupo social de los rancheros independientes, que desempeñaron un papel protagónico en el combate a los apaches y comanches. Estos rancheros, habitantes de los pueblos libres, debieron pasar por una etapa de largo y complicado aprendizaje de las necesidades que la guerra imponía, mientras los pocos hacendados que se quedaron colaboraron con ellos estrechamente. Los rancheros asumieron el peso de la guerra y los campañadores se convirtieron en guerrilleros expertos.

Además, los campañadores de Coahuila —igual que los *cuerudos* tamaulipecos— lucharon durante años contra los *rangers* de Texas, y los chihuahuenses colaboraron en la defensa de Nuevo México frente a la invasión texana, como preliminares de su participación en la guerra de 1846-1847, la mitad de cuyas batallas se libraron en terrenos de las guerras apache y comanche. Aún hay muchas preguntas pendientes sobre el grado en que la devastación y el debilitamiento de las estructuras sociales de Chihuahua y Coahuila contribuyeron a la rápida victoria de los estadounidenses.

Los tratados de Guadalupe-Hidalgo recorrieron la frontera con Estados Unidos cientos de kilómetros al sur y buena parte de los aduares apaches quedaron comprendidos en aquel país, por lo que empezaron a resentir la afluencia en masa de emigrantes que se instalaron en los territorios recién conquistados. Esto hizo que arreciaran las entradas apaches en Chihuahua, Sonora y hasta Durango, pero la derrota nacional también permitió que los antiguos militares de origen realista fueran sustituidos por los liberales de la Guardia Nacional, lo que también dio nueva potencia y lazos políticos a los campañadores y su estilo de hacer la guerra.

Con el triunfo de la República contra los franceses y el Imperio, en 1867, se consolidó gradualmente el poder económico y social de una nueva élite liberal de terratenientes, que aprovecharon las leyes de nacionalización de las corporaciones eclesiásticas y civiles, impulsaron la construcción del ferrocarril y se asociaron con el capital extranjero. Durante 15 años, esta nueva fuerza social actuó de consuno con los rancheros libres, con el creciente apoyo de un Estado central que ahora sí tenía recursos y posibilidades, en lo que resultaría ser una ofensiva final, de exterminio, contra los apaches.

La batalla de Tres Castillos, municipio de Coyame, Chihuahua (14 y 15 de octubre de 1880), ha quedado en la memoria como la puntilla dada a los «bárbaros». Ciertamente no acabó ahí la guerra, pero sí fue un golpe formidable asestado a los apaches, que señaló los últimos y desesperados años de resistencia de los valerosos nómadas, condenados al exterminio y confinamiento. En la campaña que culminó con el cerco y aniquilamiento del numeroso contingente indígena, encabezado por el legendario jefe Victorio, se percibe con claridad la nueva estructura de la guerra y el apoyo que, ahora sí, podía brindar el Estado. Los recursos para la guerra y la dirección de la misma estaban en manos de la nueva élite terrateniente, representada por Joaquín Terrazas y Juan Mata Ortiz (el Capitán Gordo, al que el bravo apache Jú había jurado quemar vivo, y vivo lo quemó), y la sangre, por los campañadores e, incluso, por exploradores tarahumaras (se dice que la bala que mató a Victorio la disparó el tarahumara Mauricio Corredor, jefe de los exploradores de Arisiáchic). En esta campaña se entrecruzaron los factores más significativos de la historia social del norte, pues entre los campañadores del capitán Santana Pérez estaba un tal Cruz Chávez, de Tomóchic, que 11 años después alcanzaría enorme fama al encabezar a su pueblo en una legendaria revuelta sobre la que mucho se ha escrito... y cuyo hijo fue capitán del ejército de Pancho Villa.

Luego de Tres Castillos hubo algunas campañas contra los últimos merodeadores apaches y después llegaron el ferrocarril y la modernidad, con lo que las guerras indias dejaron de ser asunto público primordial para convertirse en orgulloso recuerdo.

¿Solo recuerdo? Si así fuera, esta historia no vendría a cuento... Pero además de las rebeliones de la década de 1890, entre las que destaca por simbólica la de Tomóchic, hay secuelas directas de esta historia en la inconformidad agraria que causó el despojo porfiriano —tema del siguiente capítulo— y que desembocó en la Revolución.

Ya veremos más adelante cómo, durante la resistencia contra el despojo y la antidemocracia, los vecinos de pueblos como San Andrés, Santa Isabel, San Lorenzo, Satevó, Cuchillo Parado, San Carlos, Buenaventura, Namiquipa, Cruces, Janos y otras poblaciones de Chihuahua, así como Cuencamé y Pasaje, Durango, y Viesca, Coahuila, mencionaban siempre su carácter de «defensores de la frontera».

2. Auge capitalista y despojo agrario

Los últimos estertores de la guerra apache coincidieron con el arribo a Chihuahua del ferrocarril. Ambos hechos, junto con la creciente integración de México al mercado mundial como abastecedor de materias primas para la industria y la agroindustria de las metrópolis imperiales, transformaron de manera radical y decisiva aquella frontera. Algunas de esas transformaciones, entendidas como agravios, se convertirían en combustible de la revuelta, la rebelión y la revolución, que de las tres hubo en momentos sucesivos.

En 1884, el Ferrocarril Central Mexicano enlazó Chihuahua con la capital de la República y con Ciudad Juárez y Estados Unidos: terminaba la «frontera cultural», de guerra con los indios, empezaba la frontera entendida como límite entre dos Estados. Se disparó el precio de la tierra y las ambiciones sobre ella, lo que dio lugar al crecimiento de haciendas que criaban ganado en pie para la exportación al pujante suroeste estadounidense. Las haciendas expandían sus potreros a costa de tierras desocupadas, que hasta entonces habían sido terrenos de caza de los vecinos de los pueblos; de las tierras de los propios pueblos; y de sus propios arrendatarios, a los que les rescindían contratos de décadas y hasta siglos de antigüedad. La larga alianza entre rancheros y hacendados perdió su razón de ser y ambas fuerzas comenzaron a enfrentarse.

Los latifundios nacieron durante los años más duros de la guerra apache. En 1865 el gobierno federal adjudicó al general Luis Terrazas y socios grandes extensiones de terrenos baldíos en el distrito Galeana. O mejor dicho, de terrenos supuestamente baldíos, porque desde el principio los vecinos de Namiquipa y Galeana reclamaron que parte de sus ejidos habían sido entregados a los terratenientes. La base de otros latifundios también venía de la aplicación de las leyes liberales: algunos políticos y comerciantes relativamente acaudalados habían aprovechado las Leyes de Reforma para adquirir a muy bajo precio las propiedades de las corporaciones eclesiásticas. En la década de 1880, exterminados los apaches, esas grandes propiedades se convirtieron en prósperos negocios ganaderos.

Pero el gran salto del latifundio y el verdadero inicio de los conflictos entre haciendas y pueblos se dieron entre 1884 y 1886, cuando se aplicaron en Chihuahua las leyes de colonización y terrenos baldíos, al amparo de las cuales se crearon Compañías Deslindadoras que se adjudicaron a sí mismas o al mejor postor enormes extensiones de tierra. De estos terrenos baldíos o supuestamente baldíos, salieron la mayoría de las tierras que el general Terrazas poseía en los distritos Galeana e Iturbide (tierras «deslindadas» por la compañía de la que era gerente Enrique C. Creel e importante socio Juan Terrazas Cuilty). De la misma manera, Pedro Prieto, Enrique Müller y Juan Zuloaga acrecentaron y consolidaron sus haciendas ganaderas; la Palomas Company adquirió un millón de hectáreas y se crearon otros extensos latifundios en manos de capitalistas extranjeros. Por si fuera poco, a partir de 1886 empezaron a establecerse las colonias mormonas en «baldíos» comprados al gobierno federal. Así, por poner un ejemplo, hacia 1890, en el distrito Galeana, los cinco pueblos libres veían crecer al lado de sus tierras, e incluso en ellas, los latifundios y las colonias mormonas. Entre 1884 y 1886 Terrazas invadió 21 000 hectáreas de Cruces y 10 000 de Galeana. Los vecinos de Casas Grandes, a su vez, reclamaban como suyas casi 100 000 hectáreas cercadas en 1885 por la Corralitos Company. Mayor aún fue, como veremos, el conflicto en el pueblo de Janos.

Al sureste de esta región, en lo que más adelante mostraré como «el país de Villa», la situación era parecida: entre 1904 y 1905 los vecinos de San Andrés perdieron las tierras que consideraban suyas desde 1735, a manos de la hacienda vecina que exhibió los títulos de propiedad. También perdieron sus ejidos durante ese proceso los pueblos de Santa Isabel, Chuvíscar, Santa María de Cuevas, Santa Rosalía de Cuevas y Ciénega de Ortiz. En 1890 el pueblo de Satevó perdió una disputa con la vecina hacienda de Tres Hermanos. Los vecinos de San Lorenzo alegaron que la hacienda de los Remedios, propiedad de William Benton (hacendado británico ejecutado por Pancho Villa en 1914) había usurpado parte de sus tierras y rompió añejos contratos de arrendamiento con los vecinos, a los que desplazó de las tierras que poseían desde mucho tiempo atrás. Así manifestaron sus quejas en 1908:

> La agricultura de temporalidad, que como se ha manifestado antes, es el único elemento de vida para estas comarcas, sufrirá en el año próximo una rebaja aproximadamente como una mitad, porque actualmente un gran número de labradores que hacían sus siembras como arrendatarios en terrenos de las haciendas de Coyotillos y de Remedios, propiedades colindantes con los pueblos de San Lorenzo, Santa Rosalía y Santa María de las Cuevas, dejarán de hacerlas.
>
> El nuevo dueño de estas haciendas, Sr. Guillermo Benton, según las noticias que tiene la Jefatura Municipal, se propone utilizar sus terrenos exclusivamente en la cría de ganados para lo cual está empotrerando todas sus líneas. Ya no habrá arrendamientos en esas haciendas de terrenos agrícolas ni de pastos, en consecuencia las siembras quedarán reducidas a lo que pueda hacerse en los terrenos municipales y demás propiedades particulares que son pequeñas y de inferior calidad, sin pastos para los animales destinados a los trabajos agrícolas, lo que hará las siembras sumamente costosas.[2]

Esta demanda indica a las claras lo que estaba pasando en estos pueblos. Tomás Moro y Carlos Marx mostraron cómo las ovejas expulsaron a los agricultores de las comunidades inglesas en el siglo xv. Aquí, en una región tradicionalmente agrícola, nuevos hacendados, a los que tenían sin cuidado los pactos de sangre de la guerra apache, reemplazaban a los rancheros por vacas.

En el oriente del estado, la situación era similar. El conflicto agrario se centró en torno al pueblo de Cuchillo Parado, paraje agrícola en una vega del río Conchos a la vera de los presidios de Coyame, El Norte (hoy Ojinaga) y San Carlos (hoy Manuel Benavides). Se desarrolló, al igual que sus vecinos, como pueblo de frontera situado en una zona de paso de los apaches hacia el Bolsón de Mapimí. En 1865 el pueblo fue dotado de tierras por el presidente Juárez. Veinte años después, Cuchillo Parado y otros pueblos de la región empezaron a ver amenazadas sus tierras y su estilo de vida por razones similares a las que ya hemos visto: el conflicto por la tierra y el agua, y el problema de la autonomía pueblerina.

En Cuchillo Parado, la protesta de los vecinos contra el despojo de sus tierras tuvo un grado de organización equivalente al que hubo en Janos y al que veremos en Cuencamé. Pronto destacó en la defensa de las tierras del pueblo Toribio Ortega Ramírez. Este futuro general villista nació en Coyame en 1870, aunque su nacimiento en la cabecera municipal fue meramente accidental: sus padres eran vecinos de Cuchillo Parado y en ese pueblo pasó Ortega su niñez y juventud. Su padre, Teodoro Ortega, era propietario de una de las parcelas que los vecinos de Cuchillo poseían desde tiempo inmemorial y que en 1865 les habían sido reconocidas en propiedad por el gobierno de la República. Hasta los 14 años Ortega ayudó a su padre en las labores del campo y concurrió a una escuelita nocturna. En 1884 fue enviado a la capital del estado, y entró como dependiente al establecimiento comercial de don Mariano Sandoval, quien en 1886 le abrió un crédito para que pusiera una tienda en su pueblo natal. La tienda quebró y Ortega cruzó la frontera para trabajar en los campos algodoneros de Texas, regresando al cabo de dos años con un capitalito que le permitió reemprender sus negocios y hacer productiva la parcela paterna. Para 1890 estaba casado y convertido en un notable de pueblo. Como otros caudillos villistas, Ortega pertenecía al grupo social que protagonizó la Revolución en su comarca, pero tenía un nivel de instrucción y un conocimiento del mundo superior al de sus pares, que le facilitó encabezar y articular la resistencia.

La actividad de las Compañías Deslindadoras se desaceleró en la década de 1880, pues los vecinos de estos pueblos tenían tituladas sus parcelas individualmente y parecía haber suficiente desierto para saciar las ambiciones de los latifundistas. No es que la tierra del desierto no tuviera valor: además de la caza menor, las desoladas planicies proporcionaban un recurso muy importante, la lechuguilla, planta con cuya fibra se producían tapetes, costales y lazos (en todas las casas de Cuchillo Parado hay un «tallador» del que sacan los hilos de la lechuguilla, escribió Francisco de P. Ontiveros en 1914). Además, de la lechuguilla se extrae un néctar azucarado que, debidamente destilado, produce la bebida típica del desierto de Chihuahua, el sotol, aguardiente de hasta 70º, cuyas destilerías más añejas y tradicionales estaban y siguen estando en Coyame. Pero aunque la actividad de las Compañías Deslindadoras en esa época se centró en regiones más ricas, fue durante ese proceso que Carlos Muñoz, miembro de la oligarquía estatal y socio del clan oligárquico que se estaba construyendo alrededor del general Luis Terrazas, adquirió títulos de propiedad sobre «terrenos baldíos» aledaños a las parcelas del pueblo, que intentó hacer efectivos una década después, con lo que empezó el conflicto.

Esos terrenos eran efectivamente baldíos; se trataba justamente de las tierras en las que los vecinos de Cuchillo Parado cazaban y recolectaban lechuguilla, y de todas formas estos rancheros del desierto argumentaron que, además de los baldíos, Muñoz estaba despojando al pueblo de algunas de sus tierras originales. En 1898, luego de dos años de protestas, la junta directiva de la Sociedad Agrícola de Cuchillo Parado empezó a dirigir ocursos al gobierno federal pidiendo la protección de sus tierras. En las cartas, como era obligado, los cuchillenses recordaban su carácter de defensores de la frontera y esgrimían los títulos originales del poblado. Siguió una historia que se estaba haciendo costumbre en muchos rincones del país: cartas a la Secretaría de Fomento, respuestas de la misma remitiendo a los quejosos al gobernador, impaciencia creciente de dicho funcionario, maniobras dilatorias del pueblo, etcétera, hasta que en 1903 se fundó la Asociación de Habitantes de Cuchillo Parado, de la que hablaremos en el siguiente capítulo.

A su vez, desde 1908 eran públicos los reclamos de los vecinos de San Carlos, San Antonio y Santa Elena contra el gobernador Enrique Creel, dueño de las 600 000 hectáreas de la hacienda Orientales. El conflicto inició cuando el administrador de la hacienda empezó a cercar los terrenos sin previo aviso. Entre los terrenos recién alambrados estaban los que podían recibir el nombre (excesivo) de *pastizales*, a los que tradicionalmente llevaban sus bestias los vecinos de los tres pueblos. Más de un centenar de vecinos enviaron una furiosa carta al gobierno federal, insistiendo en que habían ganado con su sangre el derecho a la tierra, y remitiendo los títulos con que el gobierno de la República había reconocido, en 1829, la dotación original del presidio de San Carlos y había dotado a San Antonio en 1852, a cambio del compromiso de sus habitantes de defender la frontera. Los quejosos decían que así lo habían hecho y que todavía en 1872 y 1879 habían desarticulado sendas bandas apaches, capturando a más de cien «bárbaros».

Entre tanto, se habían aprobado nuevas leyes que para los rancheros se convirtieron en la amenaza final a su modo de vida: en 1905 el Congreso Local aprobó la «Ley sobre medida y enajenación de terrenos municipales», de 1905, donde se entendían por tales los ejidos y el fundo legal del pueblo según sus títulos originales, o 1 755 hectáreas en los pueblos que carecieran de estos. Con base en esta ley, desde junio de ese año y hasta 1910, se llevó a cabo la reducción a propiedad privada de la tierra de muchos pueblos del estado. Creel buscaba la definitiva desamortización de la tierra, promoviendo la pequeña propiedad, el mercado de tierras y el saneamiento de las finanzas municipales, pues serían los municipios los encargados de fraccionar y vender los terrenos públicos. A diferencia de leyes anteriores, como las aplicadas durante el deslinde de veinte años atrás, esta ley no quería la venta de los terrenos públicos al mejor postor, sino su adjudicación a los vecinos de los pueblos a precios razonables; pero una cosa fue la intención del legislador y otra muy distinta los resultados de la ley: en el noroeste del estado se convirtió en un subsidio para la mediana ganadería, pues los principales beneficiarios de la desamortización fueron los medianos propietarios, es decir, los rancheros-comerciantes vinculados a la oligarquía, quienes fortalecieron su posición y acrecentaron su riqueza. Y esta vez los rancheros sí fueron afectados directamente.

La reacción contra esta ley, en muchos pueblos de Chihuahua, se conectó directamente con el magonismo y con la rebelión maderista, por lo que hablaremos de ello más adelante, pero hay un testimonio que ilustra cómo se veía en muchos pueblos la aplicación de esta ley y que retoma una vez más el carácter de defensores de la frontera y que conviene citar aquí: en Namiquipa, parte de las tierras del pueblo fueron adjudicadas al hacendado Enrique Müller, a Joaquín Chávez, cacique del distrito Guerrero; y a Luis Comadurán, cacique de Bachíniva. Tres años después, en 1908, 120 vecinos del pueblo dirigieron una carta a Porfirio Díaz en que reclamaban que el gobierno local los había despojado de bosques y pastizales comunes, vendiéndolos a particulares «ajenos» al pueblo. Recordaban:

> Todas las haciendas vecinas, agobiadas por las constantes amenazas y agresiones de los bárbaros, estuvieron abandonadas desde el año 1832 hasta el de 1860; solo Namiquipa sostuvo esta lucha asoladora siendo el único baluarte de la civilización en aquellas apartadas regiones... [y ahora] vemos con profundo pesar que esos terrenos que estimamos nuestros, porque los hemos recibido de padres a hijos y

fecundado con el trabajo constante de más de un siglo, van pasando a manos de extraños mediante el sencillo denuncio y el pago de unos cuantos pesos.[3]

Los conflictos por la tierra y los recursos, que en buena medida fueron el detonante de la Revolución en Chihuahua, no se limitaban al estado grande. Para terminar de entender las raíces agrarias del villismo hay que movernos a dos regiones situadas más al sur. El vecino estado de Durango también había sufrido un proceso similar de concentración de la tierra, aunque en el caso de ese estado, había vínculos mucho mayores entre el latifundio porfirista y el latifundio virreinal de los que persistían en Chihuahua. Esta situación se agudizó durante el Porfiriato, de manera particular en el oriente del estado, donde en el partido de Cuencamé, un millón de hectáreas se dividía entre 14 haciendas, y cuatro pueblos libres poseían menos de 10 000 hectáreas en total (las tres cabeceras municipales: Cuencamé, Santa Clara y Peñón Blanco, y los pueblos unidos de Santiago y San Pedro Ocuila).

La región fue semillero de conflictos: entre 1900 y 1909, cuatro veces se derramó la sangre entre los comuneros ocuilas y los guardias de la hacienda de Sombreretillos de Campa, de la familia López Negrete. Y también hubo conflictos muy agudos de los vecinos de Cuencamé, Peñón Blanco, Pasaje y Sauces de Salinas con las haciendas vecinas.

La razón de la agudización de conflictos de límites la tuvo el guayule, un arbusto del desierto rico en caucho que provocó un auge comercial a partir de 1903, y amenazó incluso al duopolio mundial del caucho, en manos de la International Rubber Company y la corona de Bélgica. El auge del guayule despertó la ambición sobre tierras hasta entonces improductivas, y entre 1900 y 1906 los campesinos de Ocuila, Cuencamé, Peñón Blanco y Pasaje perdieron las disputas de límites que sostenían con las haciendas. En Sauces de Salinas y las estaciones de ferrocarril de Catalina y Tapona nacieron poblaciones de recolectores de guayule, que sumaron a las viejas demandas agrarias de aquellos pueblos nuevas luchas por mayor pago del arbusto en bruto y mejores condiciones de vida.

Los hacendados trataron de controlar la recolección del arbusto y su venta mediante contratos firmados con las plantas procesadoras de Gómez Palacio y Torreón, y al mismo tiempo, los campesinos libres se dieron al robo y la venta ilegal del arbusto, pues ¿cómo evitar que tres o cuatro individuos con sus bestias de carga entraran subrepticiamente a los desolados terrenos de las haciendas y robaran un arbusto que crecía por doquier? Las bandas armadas de los hacendados redoblaron sus actividades en las desérticas serranías y pronto llovieron denuncias contra los vecinos de Ocuila, Cuencamé y Peñón Blanco.

El robo de guayule no fue el menor problema que enfrentaron las autoridades y los hacendados: los vecinos de Ocuila, que desde 1869 habían recurrido a las leyes y vías judiciales para defender sus tierras, y que las defendieron tan bien que solo en 1905 perdieron los «pastos» comunes que les disputaba la hacienda de Sombreretillos, aunque conservaron sus tierras de labor en las riberas del arroyo de Cuencamé. Encabezaba la resistencia local un vecino del pueblo de Ocuila, propietario de una de las parcelas ribereñas, llamado Calixto Contreras Espinosa. En 1908 los vecinos demandaron a la hacienda, representados por un escribano de Cuencamé, Severino Ceniceros Bocanegra, quien años después escribió:

> Por los años de 1908 y 1909, siendo ya insoportable la administración de justicia, por la confabulación que existía entre gente del gobierno y latifundistas de la región para usurparle los terrenos a estos pueblos, pertenecientes a los indígenas por mercedes concedidas en la época colonial; encabecé a los referidos indígenas, quienes me otorgaron desde entonces poder general para su defensa, teniendo desde luego serias fricciones con algunos terratenientes y las acordadas del gobierno que los protegían por consigna, y habiéndose derramado ya sangre en más de una ocasión.[4]

En 1909, nuevas demandas y citatorios hicieron que corriera la sangre, y murieron en una balacera con los guardias de la hacienda dos de los dirigentes ocuilas, Jesús Achá y Francisco Saldaña. Inmediatamente, trescientos vecinos, que obligaron a las autoridades municipales a acompañarlos, invadieron la hacienda y se dirigieron a la casa grande, buscando al jefe de las guardias blancas. Al no encontrarlo, el tumulto se disolvió, pero los ocuilas quedaron convencidos de que todas las autoridades estaban al servicio de los hacendados.

A fines de 1909 los ocuilas invadieron las tierras en disputa y el gobierno del estado envió a reprimirlos a la gendarmería montada, que los expulsó de las tierras invadidas y aprehendió a 14 dirigentes del motín, entre ellos a Severino Ceniceros, internándolos en la prisión de Cuencamé en noviembre de 1909. Calixto Contreras no participó en estas acciones, porque había sido enviado al servicio forzado en el Ejército, del que regresó a fines de ese año para encabezar el movimiento antirreeleccionista.

Y en la vecina Comarca Lagunera, el despojo agrario también estuvo presente durante el proceso de acelerada modernización que hizo de aquella región el espejo del «progreso» porfirista, bajo el cual subyacían el despojo y el agravio.

Regresemos a Chihuahua: las grandes transformaciones ocurridas durante el Porfiriato también afectaron a los vecinos de los pueblos del estado en el aspecto político. En 1888, el gobierno del estado aprobó una ley que puso fin a la elección popular de los jefes políticos, completada en 1889 por otra que suprimía también la elección de los presidentes municipales de las cabeceras de distrito. Desde entonces, unos y otros serían designados por el gobernador.

La situación política se enrareció aún más en 1903, cuando regresó al gobierno del estado el general Luis Terrazas, para ceder inmediatamente el cargo a su yerno, Enrique Creel, quien en 1904 promovió una ley que reemplazaba a los presidentes municipales y seccionales electos por voto popular por jefes municipales designados por el gobernador. De inmediato empezó a imponer hombres suyos en los pueblos. La dictadura llegaba así a todos los rincones del estado, y en Chihuahua se agravó porque un solo grupo, el clan Terrazas-Creel, dominaba la vida política y económica del estado.

Mientras los latifundios se convertían en el eje de la vida económica del estado, las ciudades experimentaban una transformación no menos profunda. Camargo y Jiménez crecieron gracias a su situación como urbes en el corazón de la principal región agrícola del estado y a que eran paso obligado del ferrocarril entre Chihuahua y el centro del país. Parral recuperó su pujanza minera después de haber languidecido en el siglo XIX, y Ciudad Juárez se convirtió en una activa y próspera ciudad fronteriza; pero fue la capital del estado el símbolo del nuevo auge urbano, basado en la incorporación a circuitos comerciales internacionales y a la incipiente industrialización.

Fundada a principios del siglo XVIII en la confluencia de los ríos Chuvíscar y Sacramento, donde podían establecerse los beneficios de las minas de plata de la cercana Santa Eulalia, la ciudad de Chihuahua no tardaría en sustituir a Durango como capital del reino de la Nueva Vizcaya. En el siglo XIX la ciudad sufrió los embates de la guerra apache, pues aunque los indios en guerra no se acercaban demasiado, sí interrumpían con frecuencia sus comunicaciones y el abasto de alimentos. Pero tan pronto acabó la guerra, la ciudad creció explosivamente: de 10 000 habitantes que tenía cuando el presidente Juárez la hizo capital provisional de la República, pasó a 30 000 en 1900 y a casi 40 000 en 1910.

Al terminar la guerra apache, a la llegada del ferrocarril, la ciudad se convirtió en el centro operativo de una élite económica moderna y emprendedora que, con base en la venta del ganado en pie de sus crecientes latifundios, diversificaron sus intereses a otros sectores de la economía. Dicha élite se identificaba con los apellidos del general Luis Terrazas Fuentes y su yerno Enrique Creel. El general Terrazas, héroe de la Guerra de Intervención, fue gobernador del estado varias veces entre 1860 y 1884 (con interrupciones), hasta que Díaz lo obligó a hacerse a un lado de la política, como a otros caudillos norteños que habían formado un importante polo de poder en torno al general Manuel González. A cambio de ello, el gobierno alentó y favoreció sus negocios.

Terrazas se hizo de grandes extensiones de tierra durante los peores años de las guerras indias, pagándolas a precios muy bajos. Sobre esa base, con métodos no siempre honestos, hizo crecer su latifundio en las décadas de 1870 y 1880. Tenía tierras en las zonas mejor irrigadas del estado, y luego del tendido de las vías férreas, le quedaron muy a mano algunas estaciones. Obtuvo grandes ganancias vendiendo carne y ganado en pie a Estados Unidos y las reinvirtió en otros sectores de la economía.

Entre 1880 y 1907, los Terrazas-Creel fundaron o adquirieron molinos de trigo, empacadoras de carne, compañías de transportes y de servicios, una cervecería y fábricas menores, además del banco Minero, el mayor del estado; también invirtieron capitales en Monterrey y La Laguna, en sociedad con empresarios de esas regiones. La creación de la Fundidora de Hierro y Acero, en 1908, en sociedad con la American Smelting and Refining Company, fue parte de los anuncios (iniciados pocos años antes en Monterrey) de que con la industria siderúrgica México podía entrar a la era industrial. En 1907 trabajaban para los Terrazas más de 13 000 personas (más de la mitad en las haciendas). Con ese impulso, sumado a la creciente llegada de capital estadounidense (del que los Terrazas eran gestores), la ciudad de Chihuahua multiplicó su población y se convirtió en un centro industrial.

Hacia 1910 había en el estado poco más de 24 000 obreros, de los que unos 11 000 eran mineros, y 12 000 o 13 000, obreros fabriles. De esos últimos, quizá las dos terceras partes se concentraban en Chihuahua y el resto en Camargo, Jiménez, Parral y Juárez. Estos trabajadores no vivían en las terribles condiciones inherentes a la etapa de acumulación original del capital, porque la escasez de mano de obra permitió que gozaran de salarios relativamente altos y condiciones relativamente favorables. Los trabajadores de Chihuahua fueron también de los primeros en todo el país que se organizaron con éxito: en 1874 se sentó un precedente cuando 36 trabajadores de la Compañía González, Herrera y Salazar obtuvieron un amparo contra la pretensión de sus patrones de pagarles con vales. En 1877 se fundó la Sociedad Mutualista de Trabajadores de Parral, y en 1879, la Sociedad de Obreros de Chihuahua.

En la industria textil, la mayor parte de la mano de obra estaba constituida por mujeres que ganaban menos que los hombres y vivían condiciones de trabajo peores que las de los ferroviarios o los trabajadores de las fundidoras, y los numerosos albañiles que construyeron los nuevos barrios habitacionales y las costosas obras públicas erigidas sobre todo a partir de 1902. Debido a que en las minas y los aserraderos de la Sierra Madre había escasez endémica de mano de obra, los salarios de los obreros fabriles y los trabajadores de la construcción de Chihuahua tenían que ser relativamente altos, para evitar que emigraran hacia la Sierra o hacia Estados Unidos. No hay que perder de vista que estas «buenas condiciones» y «buenos salarios» eran, respectivamente, relativas y comparativos: las jornadas laborales rebasaban las 12 horas diarias, muchas fábricas eran insalubres y peligrosas, y no había seguridad en el empleo. Los mineros y los ferroviarios en particular se sentían en extremo agraviados por el trato privilegiado que se daba a los trabajadores extranjeros y por los maltratos de los capataces, también extranjeros, así como por la existencia de tiendas de raya. En 1901 inició la protesta organizada contra estas condiciones.

El modelo de desarrollo porfirista traía consigo tanto esas condiciones como las del trabajo realmente esclavo en las plantaciones de agricultura tropical de exportación. Estas condiciones fueron documentadas en el reportaje de John K. Turner, que mostraba la otra cara del desarrollo y el progreso que el régimen presumía. Y es que no puede entenderse el modelo porfirista sin advertir que coincide casi año con año con el imperialismo clásico (1875-1914), caracterizado por la división territorial del mundo entre las grandes potencias, en colonias formales e informales, y esferas de influencia. Y esta división del mundo tenía, fundamentalmente, una dimensión económica. En ese contexto, el papel de México, como el de otros países de Latinoamérica, era la producción de materias primas para beneficio de los imperios: México era una semicolonia cuyos principales recursos y cuya infraestructura (petróleo, minerales preciosos e industriales, henequén, caucho natural, industrias eléctrica y textil, bancos, ferrocarriles) estaban en manos de transnacionales, que poco dejaban a cambio del saqueo; todo esto se justificaba con un discurso pretendidamente científico: las leyes inexorables de la ciencia dictaban que así tenía que ser.

El Porfiriato construyó un régimen de privilegio que fortalecía a la clase dominante, formada por los latifundistas y los operadores del gran capital imperialista. Ahora bien, considerando la debilidad crónica del Estado mexicano y en las circunstancias mundiales mencionadas, Díaz no tenía mucho de dónde elegir. Y también es cierto que a fines del período, con un Estado más fuerte, Díaz trató de poner límites a los intereses imperialistas. Es probable que Díaz no tuviera mucho margen de maniobra, pero hoy no hay necesidad de volver a entregar nuestro petróleo según aquel modelo (que nos costó treinta años revertir); ni tampoco se necesitan los atroces mecanismos con los que funciona la minería en manos de transnacionales.

Y no podemos eludir otros aspectos en los que el Porfiriato actuó como operador del imperialismo: el discurso de la «necesidad científica» para justificar sus decisiones, la supresión de libertades, la falta de democracia tras una fachada de normalidad institucional y electoral, la polarización económica que empobreció aún más a los pobres, la auténtica esclavitud humana en algunas regiones del país, los salarios de hambre, la ausencia de derechos laborales y la guerra de exterminio contra yaquis, mayas, apaches y comanches.

Esas contradicciones del Porfiriato: por un lado, un régimen que rompió el estancamiento económico de México y que unificó al país en términos económicos (luego de que la generación de Juárez lo hubiese hecho en términos políticos); y, por el otro, el régimen cipayo, operador del imperialismo. El carácter cipayo del régimen se paseaba desnudo en las plantaciones henequeneras de Yucatán o en las monterías chiapanecas, pero quizá ningún escaparate de sus contradicciones fue tan visible como la Comarca Lagunera, orgullo y ejemplo de la modernización del régimen.

La Laguna es una cuenca interior de suelos de aluvión extremadamente ricos, circundada por erosionadas cadenas montañosas. Con una precipitación pluvial casi nula, hubiera sido un desierto si no fuera por la fértil tierra de migajón acarreada durante milenios por dos ríos que en el verano bajan impetuosamente desde la Sierra Madre: el Nazas y el Aguanaval, que desembocaban en la llanura y, al no encontrar salida, la anegaban formando una serie de lagunas que se evaporaban por completo a las pocas semanas de la avenida de los ríos. Digo «desembocaban» y «se evaporaban», porque fue la canalización y el aprovechamiento de ambos ríos con técnicas modernas lo que permitió que la desierta región se convirtiera en un emporio agroindustrial.

La historia regional anterior a la Revolución puede dividirse en cuatro capítulos. El primero, antes de los españoles, era, cuando se anegaba, estación obligada de numerosos grupos nómadas. El segundo, que abarcaría desde finales del siglo XVI y hasta la década de 1820, perteneció íntegramente al más extenso latifundio de la Nueva España y a la vez era refugio de los indígenas nómadas reacios a someterse. El tercero, entre la consumación de la Independencia y el ascenso al poder de Porfirio Díaz, el hecho fundamental de la historia regional fue la gradual fragmentación del latifundio, que trajo consigo el surgimiento de los pueblos libres y la integración de la Comarca a la historia nacional. El cuarto capítulo, que arranca hacia 1884, es la historia de un espectacular auge capitalista basado en el cultivo del algodón. Los grupos sociales que se involucraron en la Revolución nacieron durante los dos últimos períodos.

Al consumarse la Independencia, toda la región pertenecía al latifundio de Aguayo. En sus confines occidentales estaban algunas colonias tlaxcaltecas hijas de San Esteban de Nueva Tlaxcala (las de mayor importancia serían Santa María de las Parras y Álamo de Parras, hoy Parras y Viesca), mientras que en su borde occidental se mantenía en penosas condiciones el viejo mineral de Mapimí. Entre Álamo y Mapimí se extendía la desolada (o anegada) planicie lagunera, donde un puñado de hombres pastoreó durante dos siglos los rebaños de los marqueses de San Miguel de Aguayo.

La crisis causada por las guerreas napoleónicas y la revolución de Independencia fueron aprovechadas por labriegos de diversos rumbos que se establecieron en las fértiles vegas del latifundio, naciendo así los pueblos de Matamoros, El Gatuño y La Soledad, en Coahuila; y San Fernando y Avilés, en Durango. Durante una generación entera, los administradores de las haciendas que resultaron de la quiebra del mayorazgo de Aguayo intentaron someter a estos pueblos (lo lograron con San Fernando y Avilés), hasta que los vecinos de los pueblos se sumaron al partido liberal (en tanto que los nuevos hacendados, de apellido Zuloaga, respaldaban a los conservadores). Encabezados por Jesús González Herrera, nacido en Matamoros y antiguo caporal del latifundio Zuloaga, los vecinos de los pueblos de Coahuila —los que se instalaron en las tierras del latifundio y los de Viesca, descendientes de tlaxcaltecas— fueron firmes partidarios de los liberales. En 1863 los «chinacos» de González Herrera derrotaron a los imperialistas y saquearon y quemaron la casa grande de la hacienda, Santa María de los Hornos. Durante varias semanas asolaron el latifundio hasta que por órdenes del presidente Juárez medió el general José María Patoni, gobernador de Durango (en quien tenían confianza los líderes de la revuelta), y campesinos y hacendados firmaron una precaria tregua que duraría hasta el arribo a la región de los franceses. Pero los daños causados al latifundio fueron un golpe económico del que la hacienda no se recuperaría.

Y entonces, llegó don Benito Juárez. En el verano de 1864, el presidente Juárez, poniendo distancia entre el gobierno de la República y las columnas francesas, pasó por Matamoros, donde dictó un par de decretos, dejó unas cajas de papeles viejos que venía cargando desde la Ciudad de México y siguió poniendo desierto entre su gente y las caballerías del general Castagny. Para él fue solo un punto en el camino, pero su paso incorporó la región a la historia nacional. Los decretos firmados por Juárez dieron a los vecinos del poblacho los derechos a la tierra y al agua por los que peleaban desde hacía treinta años, acabando legalmente con la omnipresencia del latifundio. Los papeles que ahí quedaron eran parte del Archivo de la Nación que los labriegos de Matamoros y sus anexos, El Gatuño y La Soledad, custodiaron durante tres años a costa de (valga el lugar común) sangre, sudor y lágrimas. El decreto de Juárez entregaba a Matamoros 18 sitios de ganado mayor (31 591 hectáreas) segregados del latifundio, y otorgaba también extensiones mucho menores a El Gatuño y La Soledad. Asimismo, les dio derechos al agua del río Aguanaval y autorizó la construcción de un canal que desde la Vega del Caracol (donde veinte años después nacería Torreón) llevara las aguas del Nazas a las tierras de labor. Por un lado, compensaba a sus partidarios y también buscaba debilitar a su nuevo enemigo, Santiago Vidaurri, en la fuerza y la bolsa de uno de sus más firmes sostenes, Zuloaga y su latifundio. De paso, dejaba en tierras que pronto serían ocupadas por los imperialistas núcleos irreductibles de guerrilleros.

En 1866 Juárez confiscó los latifundios de los Zuloaga y los Sánchez Navarro (en conjunto, más de la mitad del estado de Coahuila) y las dilatadas tierras de Juan N. Flores en la porción duranguense de La Laguna. Triunfante la República y suprimidas las causas políticas de la expropiación, el gobierno devolvió los bienes expropiados no sin hacer pagar multas a los hacendados. Pero durante los dos años (1866-1868) en que los latifundios laguneros estuvieron en manos del gobierno, el general Gerónimo Treviño otorgó 16 sitios de ganado mayor (28 080 ha), sobre los tramos finales del Nazas, a unos trescientos oficiales y soldados que habían militado a sus órdenes y a las de Escobedo durante la Guerra de Intervención. Estos «héroes de la patria» formaron la Congregación San Pedro o Colonia San Pedro, que a mediados de la década siguiente se convirtió en la floreciente villa de San

Pedro de las Colonias. Medio centenar más de veteranos recibieron dos sitios de ganado mayor cerca de Parras, fundando la Boquilla del Refugio, luego pueblo de San Isidro. Al mismo tiempo, del otro lado del Nazas, el gobierno de Durango entregó tierras del latifundio de Juan N. Flores a los vecinos de San Fernando, un núcleo de población que antes rentaba tierras al hacendado, y así nació la Villa Lerdo de Tejada, que poco después habría de subir de categoría y convertirse en Ciudad Lerdo. A mediados de la década de 1870, los pueblos libres se habían consolidado. A lo largo de este proceso, la población de la Comarca se triplicó: iniciaba la poderosa corriente migratoria que haría del antiguo desierto una pujante región agroindustrial.

Entre 1877 y 1881 los latifundios terminaron de desintegrarse y las tierras que habían sido propiedad de tres familias tenían ahora media docena de pueblos libres y alrededor de cuarenta grandes y medianos propietarios. La nueva hacienda lagunera, mucho más manejable, nacía junto con la consolidación de los pueblos libres: la Comarca estaba lista para el algodón. La blanca fibra fue la base del espectacular auge capitalista regional durante el Porfiriato y desató una lucha por la tierra y el agua menos sangrienta que los conflictos anteriores protagonizados por haciendas y pueblos pero más competitiva. Los pueblos libres, primero los pequeños y finalmente incluso Matamoros y San Pedro, fueron perdiendo sus derechos al agua, acaparados paulatinamente por los nuevos hacendados, capitalistas emprendedores y dinámicos. Hacia 1900 las tierras de cultivo de los pueblos se habían restringido notoriamente, y numerosos vecinos, sobre todo de Matamoros, tuvieron que abandonar sus sedientas tierras y buscar trabajo como recolectores de guayule, obreros en las fábricas de Gómez Palacio, operarios en las minas de los alrededores o de lo que se ofreciese. No pocos, sobre todo en los años en que el caudal del Nazas era menor, se convertían temporalmente en bandidos de la Sierra y los caminos. Muchos de ellos se sumaron a la Revolución desde los primeros momentos y varios destacados caudillos revolucionarios surgieron de estos sectores.

Mientras tanto, crecían los emporios algodoneros, capitalistas regiomontanos invertían en la región y hacían obras de irrigación y, cuando llegó el ferrocarril, la mesa estaba servida. En 1884, Estación Lerdo quedó comunicada con el centro del país. Pronto crecería de tal modo que se convertiría en una floreciente y pujante ciudad industrial: Gómez Palacio, Durango. Del otro lado del cauce del río, donde estaba planeado el entronque del Ferrocarril Central (México-Ciudad Juárez) con el Ferrocarril Internacional (Piedras Negras-Durango-Mazatlán, puerto al que no llegó la línea), algunos hacendados donaron tierras para construir una ciudad a la que llamaron Torreón, porque había ahí un viejo torreón de vigilancia que Zuloaga había construido en un vano intento por contener las incursiones apaches y vigilar de cerca a los rebeldes labriegos de Matamoros. Para 1910, Torreón rebasaba los 40 000 habitantes y Gómez Palacio tenía unos 16 000. Torreón dirigía la economía de la zona, concentrando bancos, oficinas y casas comerciales; Gómez Palacio se convirtió en una especie de suburbio industrial de la primera, donde se establecieron las fábricas y donde vivían los obreros.

Con el ferrocarril se abarató el transporte del algodón, se abrieron nuevos mercados, llegaron maquinaria, herramienta, abastos y fuerza de trabajo para obras de irrigación, desbrozar la tierra, cultivar y procesar el algodón. El crecimiento agrícola fue espectacular: entre 1880 y 1890 las tierras cultivadas se cuadruplicaron y la producción de algodón se quintuplicó, y entre 1890 y 1910 se duplicó otra vez. El algodón lagunero era altamente reconocido y se exportaba a Inglaterra y Alemania. La expansión ferrocarrilera, la irrigación, la telefonía, la telegrafía y la electricidad hicieron de La Laguna la región más moderna y mejor comunicada de México, y sus tierras eran las más cotizadas.

El auge algodonero trajo también la diversificación económica. En la década de 1890 se construyeron varias fábricas textiles, dos de jabón, una de dinamita y una de glicerina, que aprovechaban la fibra del algodón y diversos subproductos. En 1910 ya se habían sumado dos fábricas de harina, una fundidora, una acerera y una cervecería. Después de 1905 se desarrolló la industria hulera del guayule, cuyas exportaciones superaron en 1908 el valor de las algodoneras. También creció notablemente la minería, porque se reactivaron los minerales de Mapimí y Ojuela, y se construyó un gigantesco campamento minero en Velardeña: hacia 1910, la comarca tenía entre mineros y obreros, más de 30 000 proletarios. A su vez, la población rural pasó de 20 000 en 1880 a más de 200 000 en 1910, más otros 40 000 o 50 000 peones eventuales que llegaban en la época de la pizca. Torreón, «la perla de La Laguna», pasó de cero a 40 000 habitantes entre 1883 y 1910.

La combinación del crecimiento económico y demográfico convirtió a la Comarca en una zona rica y poblada. «La lista de gente con intereses en La laguna se asemeja a las del *Who's Who* del México porfirista»: tenían inversiones en la Laguna los Terrazas-Creel de Chihuahua; los Corral de Sonora; los Mendirichaga, Treviño, Reyes y Madero de Monterrey; los Martínez del Río, González Saravia, Flores y López Negrete, de Durango; los García Pimentel, los De la Torre y Mier, y otros prósperos hacendados del centro y sur del país; y, en fin, Ignacio Vallarta, José I. Limantour, Porfirio Díaz Romero-Rubio, Jorge Vera Estañol, Bernardo Reyes y Francisco Bulnes, entre otros destacados personajes del régimen, además de Daniel Guggenheim, Weetman Pearson, vizconde de Cowdray, y Nelson D. Rockefeller. Había nacido, además, una nueva generación de hacendados y empresarios modernos, entre los que destacaban los Lavín y los Luján en la zona alta (Durango); Carlos González Montes de Oca, Amador Cárdenas, Frumencio Fuentes, Práxedis de la Peña, Juan Brittingham, y la sociedad Arocena y Urrutia, en la zona media (en torno a Torreón); y las casas Madero y Purcell en la zona baja (de San Pedro a Parras).

Sin duda, Torreón y La Laguna eran el orgullo de la administración de Díaz. En treinta años la árida llanura se había convertido en una riquísima región agroindustrial. Pero la rapidez y la intensidad del crecimiento generaron enormes tensiones y problemas. Y esa región que simbolizaba «el triunfo del régimen y el surgimiento de un México más nuevo, moderno y progresista» fue clave en la revolución que derribaría al Porfiriato, convocada, no de manera casual, por un próspero y emprendedor hacendado de la Comarca: Francisco Ignacio Madero González.

Porque el monocultivo del algodón no solo trajo el auge: con él llegó la inestabilidad propia de una economía sustentada mayoritariamente en un solo producto, vinculado a los fluctuantes precios del mercado mundial (y a las también fluctuantes avenidas de los ríos Nazas y Aguanaval). Y cuando hacia 1895 las obras de irrigación llegaron a su límite (de 110 000 a 150 000 hectáreas de riego, según el año), se desataron feroces pugnas por los derechos de agua: los hacendados de Durango contra los de Coahuila; los labriegos de Matamoros y San Pedro contra los hacendados; los hacendados y los labriegos contra una compañía de capital británico: la Tlahualillo; y el gobierno de Durango contra el de Coahuila. Los primeros perdedores, ya lo dijimos, fueron los campesinos libres, pero la disputa entre las diversas facciones de la élite, las alianzas y los golpes bajos fueron un auténtico quebradero de cabeza para el gobierno de Díaz y uno de los factores detonantes de la Revolución.

Más allá de los agravios infligidos a los sectores populares de La Laguna, esta región, espejo del desarrollo porfirista, lo fue también de las contradicciones del modelo de desarrollo: cuando en la primera década del siglo los empresarios lagunero-regiomontanos empezaron a competir con el gran capital transnacional cuyos operadores tenían posiciones privilegiadas en el régimen (particularmente Enrique Creel), encontraron que el gobierno prefería el modelo de desarrollo dependiente y vinculado a los imperialismos, que la posibilidad de generar una industria propia. Tres conflictos concretos dividieron a las élites económicas: el pleito de La Jabonera y La Dinamita, la guerra del guayule y, sobre todo, las interminables pugnas por el agua del Nazas.

La Jabonera era propiedad de un consorcio creado en 1898 cuando el jabón era el principal derivado del aceite de semilla de algodón. Los agricultores de la Comarca decidieron unirse y monopolizar un negocio que tenía un enorme mercado potencial, en especial si se subsidiaba mediante los precios bajísimos a los que venderían su semilla a la fábrica, de la que obtendrían las ganancias pertinentes. De La Jabonera derivó La Dinamita, una fábrica que procesaba la glicerina producida en La Jabonera para elaborar dinamita y explosivos destinados a la minería y al Ejército. La mitad de las acciones de ambas compañías pertenecían a cuatro grupos de inversionistas entre los que destacaban Enrique Creel y los Terrazas, y el naciente Grupo Monterrey. La otra mitad de las acciones pertenecía a 68 algodoneros, entre los que sobresalían, por el número de acciones que poseían, directamente relacionadas con el tonelaje de semilla que se habían comprometido a entregar por año a la compañía, Ramón Luján, Carlos González, Arocena y Urrutia, Santiago Lavín, Torres hermanos, Ventura G. Saravia, la Casa Madero, Guillermo Purcell, Feliciano Cobián y Práxedis de la Peña.

Lo que parecía un negocio redondo fue aprovechado por el presidente de la compañía, Juan Brittingham, apoyado por Creel y el representante de los industriales regiomontanos, Mendirichaga, para beneficiarse leoninamente a costillas de los agricultoras, hasta que en 1906 Rafael Arocena se declaró desligado de la Compañía, lo respaldó Francisco I. Madero y fue seguido rápidamente por los Lavín, los Luján, los Purcell y los Saravia. El gobierno federal, atendiendo a Creel, falló en contra de los algodoneros en 1909. Salvo Arocena y Purcell, que eran extranjeros, todos los apellidos de quienes entablaron una guerra frontal contra Brittingham y Creel por el asunto de La Jabonera y La Dinamita aparecen entre los jefes de la rebelión maderista: Jesús José *Chechē* Campos Luján y Pedro Luján, sobrinos de Ramón Luján; Pablo Lavín, parte del poderoso clan de su apellido; Emiliano G. Saravia y Murúa, socio de su hermano Ventura; y una veintena o más de los Madero siguieron a don Panchito.

La guerra de precios en torno al guayule enfrentó a la Casa Madero con el duopolio mundial del caucho establecido por la sociedad Rockefeller-Guggenheim y por la corona de Bélgica.

Francisco Ignacio no tenía cargos formales en las empresas guayuleras de la casa Madero, pero fue él quien negoció los contratos de abastecimiento del guayule con numerosos hacendados de La Laguna y regiones vecinas, y quien dirigió el establecimiento de la mayor procesadora del arbusto en manos de nacionales. Esto fue posible porque los Madero habían comprado enormes extensiones de tierras desérticas antes del auge del guayule, en las que luego se encontró el arbusto en gran cantidad. Cuando la Continental Rubber lanzó una guerra de precios contra los guayuleros mexicanos (que obligó a Amador Cárdenas y a Carlos González a venderle sus procesadoras), los Madero se beneficiaron gracias a que tenían un abasto seguro de la materia prima, y parecían los únicos capaces de desafiar la estrategia del monopolio. Al final, la Casa Madero se mantuvo como una modesta productora de caucho, que se vendía a Alemania, pero la mayor parte de los productores habían dejado el negocio en manos del monopolio. Entre los guayuleros que quebraron estaban los hermanos Carranza Garza, que encabezaba políticamente el senador por Coahuila, José Venustiano.

Los grandes jerarcas porfiristas eran casi todos, además de políticos con altos cargos, latifundistas y gestores del gran capital transnacional. Siendo secretario de relaciones Exteriores y propietario de 600 000 hectáreas en Chihuahua, Enrique Creel fue también el gestor y operador del establecimiento de la International Rubber en México. Los Madero, especialmente Francisco I., quedaron en la conciencia de muchos laguneros como símbolo de la resistencia frente a los crecientes y asfixiantes intereses extranjeros (como ya habían quedado su padre y su tío como defensores de los derechos de los algodoneros), en tanto Creel (y de paso el propio Porfirio Díaz) aparecía como personero del gran capital internacional.

Pese a todo, comparados con los del agua, esos eran conflictos menores. Desde que en 1881 el gobierno de Coahuila demandó al de Durango ante la Suprema Corte de Justicia, el reparto del agua de los ríos Nazas y Aguanaval fue un quebradero de cabeza para todos los involucrados y los agricultores y habitantes de La Comarca. Uno de los asuntos más espinosos fue la desmesurada concesión otorgada en 1885 por la Secretaría de Fomento a la Tlahualilo Company, de capital británico y estadounidense. La actitud de la Tlahualilo, que recurrió a sus respectivos gobiernos, impidió que el conflicto entre los propietarios mexicanos se volviera irresoluble, porque independientemente de sus propios pleitos, los nacionales presentaron un frente unido contra la compañía. También impidió una radicalización antigobiernista de la totalidad de los algodoneros, pues Porfirio Díaz y su secretario de Fomento, Olegario Molina, no cedieron ante las presiones internacionales y, al menos en este asunto, tampoco lo hizo el canciller Creel. La reglamentación aprobada en 1905 procuró equilibrar los derechos de ribereños inferiores (los de Coahuila) y superiores (de Durango), pero tampoco satisfizo a nadie. Francisco I. Madero publicó en 1907 un prolijo estudio que recomendaba la construcción de una gran presa regional, que recibió la rápida adhesión de importantes algodoneros, pero el proyecto naufragó al desatarse la crisis.

En 1908 el licenciado Emiliano G. Saravia y Murúa publicó en San Pedro de las Colonias un cuidadoso estudio jurídico del conflicto del agua, que justificaba la inconformidad de los ribereños inferiores con el reglamento vigente y su aplicación, y denunciaba que por acción u omisión, el gobierno federal había optado por favorecer a los ribereños superiores, en detrimento de la justicia y del desarrollo de la región. Saravia y Murúa y su hijo Saravia Ríos fueron luego villistas.

Los primeros en perder la guerra por el agua fueron los campesinos libres de Matamoros y sus anexos, y parcialmente, los de San Pedro de las Colonias, pero también muchos medianos propietarios se fueron quedando sin agua y se arruinaron. No pocos de ellos alimentarían la rebelión (como un tal Juan E. García y sus hermanos Máximo y Benito García Contreras).

No será tema de este libro contar la manera en que Francisco I. Madero se fue involucrando en la política local contra el gobernador Miguel Cárdenas, a quien veía como títere de Bernardo Reyes, viejo enemigo de la familia (el gobernador de Nuevo León había operado la defenestración del abuelo Evaristo Madero del poder en Coahuila). Basta decir que su participación en las elecciones locales de 1904 y sus aportes económicos a Ricardo Flores Magón (hasta 1906, cuando los magonistas llamaron a las armas y Madero dejó de apoyarlos), se sustentaban ya en una abierta y franca profesión de fe democrática. Tras su derrota en la lucha electoral de 1904, Madero se dedicó a los negocios, pero mantuvo una nutrida correspondencia con personalidades de todo el país y estudiaba con fruición la ciencia política y la historia y la realidad nacional: sus afanes habrían de cuajar en *La sucesión presidencial*, libro escrito y publicado en 1908, después de la entrevista Díaz-Creelman.

A partir de la publicación del libro, Panchito Madero, La Laguna y luego el país entero empezaron a moverse a una velocidad creciente. El futuro presidente de la República era ya profeta en su tierra: sus primeros partidarios fueron las élites inconformes y las clases medias de su natal Comarca Lagunera.

3. LA RESISTENCIA

El descontento social resultante de los fenómenos reseñados produjo numerosos motines, asonadas, revueltas y rebeliones que nos deberían obligar a revisar la idea que tenemos del Porfiriato como un período en el que imperaron la paz y el orden.

Es cierto que el campo mexicano tenía una larga tradición de rebeldía contra la opresión y los abusos: desde el levantamiento popular acaudillado por el cura Hidalgo hasta la respuesta de los grupos rurales al llamado a las armas hecho por Francisco I. Madero, se han registrado centenares de levantamientos campesinos, la mayoría de ellos concentrados en la segunda mitad del siglo XIX. A la rebeldía de los pueblos se suman la guerra de exterminio contra apaches y comanches, las guerras de castas en Sonora, Nayarit y Yucatán, y la participación activa de la población rural en rebeliones regionales y conflictos nacionales. Los levantamientos, las asonadas y los motines generalmente buscaban solucionar abusos coyunturales, la mayor parte de las veces referentes al problema de la tierra. Esa inconformidad agraria que se traducía en rebeldía no nació, pues, en el Porfiriato, pero el doble proceso de la aceleración de la concentración de la tierra y de supresión de las libertades municipales agudizó el número y la violencia de las rebeliones agrarias en el último cuarto del siglo mencionado.

En Chihuahua, un pueblo se convirtió en el símbolo de la rebeldía campesina: Tomóchic, situado en el fondo de un profundo valle de la fragosísima Sierra Tarahumara. Fue el epicentro de la gran rebelión indígena de 1697 y en el siglo XIX se transformó en pueblo de rancheros mestizos y punto de paso obligado del camino de Chihuahua a Hermosillo. Desde 1892 Tomóchic se convirtió en orgulloso símbolo del carácter serrano. En 1893, el remoto poblacho alcanzó fama nacional por culpa de un tal Heriberto Frías Alcocer, un fantasioso subteniente del 9.° Batallón del Ejército Federal, recién egresado del Colegio Militar, quien entre el 14 de marzo y el 14 de abril publicó en las páginas de *El Demócrata*, diario de oposición dirigido por el magnífico pintor Joaquín Clausell, una novela que relataba, desde la perspectiva del traumatizado oficial, el exterminio de los hombres de aquel pueblo a manos del Ejército.

Lo que pasó en Tomóchic fue la rebelión de un pueblo entero contra el gobierno y cuanto de él se desprendiera, en la que, a diferencia de lo que normalmente pasaba en las asonadas chihuahuenses, sus protagonistas no estaban dispuestos a transigir y, por lo tanto, fueron reprimidos a sangre y fuego. Gracias a Heriberto Frías, lo más conocido de aquella rebelión es su carácter milenarista: los tomoches habían adoptado un catolicismo disidente de carácter popular: el culto surgido en la Sierra en torno a la adolescente Teresa Urrea (santa Teresita de Cabora), que en Tomóchic fue interpretado por el dirigente y vocero del pueblo, Cruz Chávez, un líder natural que en 1891 tenía 34 años, quien luego de que los amotinados se remontaran a la Sierra declaró, en nombre de sus vecinos, que no reconocerían otra autoridad que la ley de Dios. Por ello, rechazaron la amnistía que ofreció el gobierno local y pelearon hasta la muerte sin rendirse.

Pero más allá, o además de ese carácter milenarista, las causas de la rebelión de Tomóchic son claramente identificables: el cacique del distrito Guerrero, Joaquín Chávez, había sido señalado varias veces por sus abusos y prepotencia por los vecinos de Tomóchic.

Y en la década de 1880, los hermanos José Ives y Julio Limantour adquirieron más de 200 000 hectáreas de bosques en la región. La mayoría de esas tierras eran efectivamente baldías o nacionales, pero quedaron comprendidos en ellas terrenos que consideraban suyos los tarahumaras de Arisiáchic, Pichachic y Bocoyna, y los mestizos de Tomóchic. Cuando los Limantour quisieron tomar posesión de estas tierras, hacia 1890, empezaron las protestas.

Al conflicto de tierras se sumó en 1891 una recesión minera que arrojó a numerosos trabajadores al desempleo y a la vagancia y la miseria en los pueblos, y también hubo una grave sequía que golpeó a toda la Sierra. Y en ese contexto de desesperación, el capitán Joaquín Chávez, cacique del distrito Guerrero, impuso como jefe seccional a su primo Juan Ignacio Chávez, quien empezó a actuar con la falta de tacto que mostraban muchas de estas autoridades impuestas, lo que generó protestas como las que hemos visto en otros pueblos. En respuesta, Joaquín y Juan Ignacio Chávez enviaron informes alarmistas a las autoridades superiores, en que pedían la intervención del Ejército. El gobernador mandó cincuenta soldados. Se produjo una escaramuza, hubo algunos muertos y la mayoría de los habitantes se echaron a las montañas. Algunos empezaron a rendirse, y Díaz envió el consabido telegrama de felicitación al gobernador, que se dispuso a esperar que sus ofertas de amnistía rindieran fruto.

Pero a la hora de salir del pueblo, la mayoría de los tomoches insistieron en la rebelión en lugar de aceptar la amnistía. El gobierno los dejó en paz unos meses, pero cuando el ejemplo empezó a cundir y el culto a Santa Teresita y al papa Cruz Chávez se extendía a otros pueblos de la Sierra y al valle del Papigochic, Porfirio Díaz defenestró al gobernador Lauro Carrillo y envió en su lugar a Miguel Ahumada con la orden de resolver el problema por las buenas o por las malas. Un contingente federal fue batido por los rebeldes y luego de varios episodios que pusieron por las nubes la fama guerrera de los tomoches, cerca de 2 000 hombres, entre soldados federales y fuerzas estatales de Chihuahua y Sonora, acabaron con la revuelta dando muerte a cuantos se negaron a rendirse. El asunto empezó en noviembre de 1891 y la destrucción del pueblo se consumó en la última semana de octubre de 1892. Seis meses después el subteniente Frías publicó su crónica.

Una fracción importante de las fuerzas que acabaron con la revuelta estaba formada por excampañadores de Sonora y de Chihuahua, aunque la actitud de estas tropas fue ambigua, porque los tomoches habían sido compañeros suyos en la lucha contra los apaches, en la que había participado Cruz Chávez. De hecho, el más prestigiado de los campañadores del distrito Guerrero, Santana Pérez, fue acusado de negarse a castigar a los rebeldes, y algunos campañadores de Sonora, como un legendario Chabolé de Sahuaripa, intentaron mediar entre la furia de los oficiales federales y la intransigencia del papa Cruz y los suyos. En cambio, los tarahumaras de Arisíachic, dirigidos por su capitán, aquel Mauricio Corredor que, según la leyenda, mató a Victorio en Tres Castillos, participaron gustosos en el castigo a sus enemigos de años, los mestizos de Tomóchic que habían despojado a sus hermanos de sangre.

La rebelión de Tomóchic fue seguida por la de Celso Anaya y Simón Amaya en Namiquipa y Santo Tomás, al grito de «¡Viva Tomóchic!». Otro grupo, encabezado por una «hermana María», tomó El Mulato, un pueblo del desierto, en la zona de Ojinaga, al grito de «¡Viva Santa Teresita de Cabora! ¡Viva Cruz Chávez!». Luego hubo otros levantamientos esporádicos y la Sierra se llenó de mitos y corridos que ensalzaban el valor de los tomoches, cuyas viudas y huérfanos retornaron al pueblo en 1893. Teresita Urrea, por su parte, se exilió en Estados Unidos desde donde intentó, infructuosamente, organizar una revuelta generalizada contra Porfirio Díaz. Su más firme seguidor, Lauro Aguirre, se convirtió en un activo magonista tras la muerte de la joven, en 1905.

A primera vista no hay nexos entre esta revuelta y la Revolución, pero si se mira con atención, sí los hay: Cruz Chávez Mendías, hijo del papa Cruz, fue teniente coronel villista. Perfecto Rodríguez, hijo de José Dolores Rodríguez, uno de los lugartenientes de Cruz Chávez, fue también oficial villista, y en la Revolución usó las cartucheras y la carabina (marcada con una *T*, como las de todos los tomoches insurrectos) con que su padre había enfrentado a las fuerzas del gobierno. El general Agustín Estrada, en cuyas fuerzas militaron Cruz Chávez Mendías y Perfecto Rodríguez, era hijo de un viejo campañador, amigo de Celso Anaya y Simón Amaya, asesinado por fuerzas del gobierno en 1893. A partir de los sucesos de Tomóchic, Heriberto Frías se convirtió en un periodista de combate, y en 1909 y 1910 fue un eficaz propagandista de la causa de Madero. Fue villista y director del periódico *La Convención*, órgano de esa Asamblea, y murió en 1925, ciego y alcohólico, perseguido por los fantasmas de Tomóchic. El propio Madero destacó en *La sucesión presidencial* la rebelión de Tomóchic y el valor civil de Frías. Aún mayores son los nexos indirectos, el orgullo regional, la ira acumulada, en fin, la certeza de que un centenar de serranos chihuahuenses eran capaces de poner en fuga a trescientos federales y de enfrentar a cerca de 2 000. Como escribió en sus memorias el general Marcelo Caraveo, rebelde de 1910: «Nos inspiraba la rebelión de los tomochitecos, pues si ellos habían podido luchar bizarramente contra la federación, nosotros también».

La siguiente ola de motines tuvo su centro en el distrito Galeana y sus causas fueron más políticas que sociales: en 1889 hubo una primera revuelta contra la imposición de autoridades municipales en Namiquipa y Bachíniva, con ramificaciones desde Cusihuiriachic hasta Casas Grandes. En 1892, un centenar de vecinos de La Ascensión se amotinaron so pretexto del fraude cometido en las elecciones municipales. Murió el jefe municipal electo y fueron heridos varios ciudadanos. Los cabecillas del motín huyeron allende la frontera: en realidad, el tema electoral fue el detonante del descontento generado por el nacimiento, entre 1884 y 1886, en aquel municipio, de la Palomas Land, el mayor latifundio estadounidense, y la hacienda Ojo de Federico, que despojó al pueblo del ojo de agua que hasta entonces había sido la más importante de sus fuentes del vital líquido.

De 1893 a 1898 hubo una docena de revueltas y motines en los distritos Guerrero y Galeana en las que se gritaba «¡Abajo Porfirio Díaz, viva Tomóchic!». Estas asonadas no trascendieron su carácter aislado y local, porque no recibieron el apoyo de los rancheros de otras regiones del estado ni de otros sectores sociales. Sin embargo, en esas mismas regiones, a partir de 1900, empezó a germinar otro tipo de protesta política.

En 1900 nació en San Luis Potosí el Partido Liberal Mexicano (PLM), que reivindicó la política de oposición a la dictadura y el rescate de los principios del liberalismo político. Su ideario tenía como primera exigencia el retorno de la democracia y la legalidad. A partir de ahí, buscarían poner fin a la polarización económica y al régimen de privilegio. En 1906, los líderes del partido en su exilio estadounidense (por la persecución policíaca del régimen) se escindieron en un ala moderada, que siguió apostándole a la lucha política, y un ala radical que llamó a derribar al régimen de Díaz mediante la revolución armada. Este grupo se identificaría a partir de entonces con el apellido materno de su dirigente visible: Ricardo Flores Magón. Además de llamar a la lucha armada, en 1906 los magonistas incorporaron los problemas específicos de los trabajadores a su programa, sin alejarse por ello de los principios liberales doctrinarios, como sí harían a partir de 1911 tras hacer suyo el ideario anarcosindicalista.

El discurso magonista tuvo impacto inmediato en los distritos Guerrero y Galeana, de Chihuahua, en la Comarca Lagunera, de

Coahuila, y, posteriormente, en las ciudades que empezaban a industrializarse y en los principales enclaves mineros. En Janos, el primer regidor y presidente del ayuntamiento, Porfirio Talamantes, ranchero de mediano pasar y criador de caballos finos que se presentaba como descendiente de los primeros defensores de la frontera, encabezó en 1905 la lucha contra el fraccionamiento y la venta de las tierras del pueblo. Durante tres años logró impedir que el fraccionamiento se verificara, hasta que en 1908 el gobernador Creel lo implicó en la conspiración magonista que acababa de ser descubierta en Casas Grandes y lo declaró fuera de la ley. Talamantes alcanzó a escapar a Estados Unidos con el auxilio de amigos de La Ascensión, pero sus partidarios fueron perseguidos y, algunos de ellos, encarcelados. En noviembre de 1908, los terrenos municipales de Janos fueron medidos y fraccionados, e inició el proceso de enajenación.

¿Ya era magonista Porfirio Talamantes en 1906? Muy probablemente, porque en 1910 se levantó en armas al lado de los magonistas de Casas Grandes, la Ascensión y Buenaventura, como uno de los principales lugartenientes de Práxedis Guerrero y jefe de los rebeldes de Janos: los mismos que firmaban las cartas de protesta contra el gobernador en 1906 y 1908, y que serían sus compañeros de lucha en 1910 y otra vez en 1913.

Los magonistas de Casas Grandes, encabezados por José Inés Salazar y varios rancheros de mediano pasar, estaban listos para levantarse en armas en 1908, atendiendo el llamado de Ricardo Flores Magón, cuando la policía de Creel los detuvo. Fueron encarcelados en la penitenciaría de Chihuahua. Desde la cárcel, José C. Parra dirigió varias cartas a *El Correo de Chihuahua*, en las que rechazaba «los estupendos cargos de revolucionarios» hechos a hombres «honrados y pacíficos» que «desde los más tiernos años hemos sido humildes labradores».[5] Por supuesto que mentía: sí eran magonistas ,y en noviembre de 1910 se levantarían en armas siguiendo a Práxedis Guerrero. El brillante abogado Aureliano S. González (que el año siguiente sería uno de los más connotados maderistas del estado) logró que el juez desestimara las pruebas presentadas contra Silvestre Quevedo, Rodrigo Gómez y Santos Ponce, excarcelados en diciembre. A lo largo de 1909 fueron liberados otros, aunque varios permanecieron en prisión hasta 1911, en el remoto castillo de San Juan de Ulúa. Silvestre Quevedo había destacado veinte años antes como campañador contra los apaches en compañía del legendario Santana Pérez, del distrito Guerrero, a quien la policía señaló como el jefe de la conjura magonista en aquel distrito, donde también hubo arrestados.

Los jefes de la conspiración no se enteraron a tiempo de la aprehensión de sus partidarios, de modo que el 1º de julio, de acuerdo con el plan previamente trazado, 11 hombres armados, entre los que iban Enrique Flores Magón, Práxedis Guerrero y José Inés Salazar, penetraron a territorio nacional, atacaron el resguardo fronterizo de Palomas y se encaminaron hacia Casas Grandes. Muerto Francisco Manrique y heridos tres o cuatro de los atacantes, entre ellos Guerrero, el grupo se perdió en las vastas soledades del distrito Galeana y tras vagar en esas llanuras, tuvieron que regresar a Estados Unidos.

Cientos de kilómetros al sur, en Viesca, Coahuila, el 24 de junio de 1908, al grito de «¡Viva el Partido Liberal!», un grupo de vecinos de esa población, encabezados por José Lugo, asaltaron el Palacio Municipal, el Banco de Nuevo León y la casa del jefe político, a la vez que cortaban las vías del ferrocarril. Los rebeldes, en número de medio centenar, se echaron a la Sierra, pero en solo un mes fueron vencidos y capturados por los rurales de la federación enviados en su persecución. José Lugo fue fusilado el 3 de agosto y 11 de sus compañeros fueron enviados a San Juan de Ulúa con penas que iban de los tres a los veinte años de cárcel. Algunos supervivientes de la fallida revuelta se incorporaron en 1910 y 1911 a las fuerzas de Benjamín Argumedo o a las de Gregorio García.

La rápida derrota de los rebeldes de Viesca y la aplicación de la policía impidió que la revuelta se extendiera, pues había núcleos magonistas en Cuencamé, Matamoros, San Pedro de las Colonias y Gómez Palacio. *El Nuevo Mundo*, diario que circuló en Torreón de 1906 a 1908 denunció los excesos represivos de las autoridades a raíz del alzamiento de Viesca y la prisión de gente que, según el periódico, era inocente. Las autoridades habían tomado como evidencia suscripciones a *Regeneración*. En su edición del 12 de julio, el diario presentó a los detenidos:

> Sr. Francisco Mena Vega, quien nunca ha participado activamente en los constantes temas políticos, porque creía que en estos tiempos es inútil tratar de ejercer los propios derechos como ciudadano.
> Sr. Orestes Pereyra, quien trabaja como herrero en Torreón y disfruta del respeto general de la clase trabajadora, conocido como simpatizante de las causas liberales y un hombre de convicciones sanas y humanas. Ha sido arrestado simplemente por la popularidad que goza a causa de sus ideas liberales.
> Don Enrique Adame Macías, un comerciante de Matamoros, que recientemente contendió para jefe político en Matamoros en contra del candidato de Carlos González. Se le reconoce como una persona que enérgicamente defiende sus derechos cuando siente que han sido violados y expresa su opinión política, favorable o desfavorable, en contra de los poderes gobernantes.[6]

Los tres fueron jefes revolucionarios, y Pereyra, jefe de la Brigada Primera de Durango de la División del Norte y, desde 1906, distribuidor de *Regeneración*.

En fin: en esos mismos años, el magonismo se fundió en el occidente de Chihuahua con otro tipo de disidencia: las congregaciones presbiterianas que desde 1887 se fueron difundiendo en la región, iniciadas por Teodoro Casavantes de Cusihuiriáchic, oficial juaristas y campañador muy reconocido, y el coronel Ignacio Orozco, Pascual Orozco Merino y Albino Frías Chacón, comerciantes acomodados de San Isidro. A esas congregaciones siguieron las de Ciudad Guerrero, Temósachic, Santo Tomás, San Pedro Madera y Namiquipa. En la primera década del siglo xx pertenecían a estas congregaciones José de la Luz Blanco, oriundo de Ciudad Guerrero, quien trabajaba una pequeña mina en Temósachic; Luis A. García, de Bachíniva, quien predicaba en el distrito Galeana, y, naturalmente, Albino Frías y Pascual Orozco hijos. También Marcelo Caraveo, primo de Pascual. Desde años antes de la Revolución el profesor Braulio Hernández, famoso predicador presbiteriano de Chihuahua, tenía nexos con los protestantes del distrito Guerrero. Algunos de ellos eran también magonistas y todos serían jefes revolucionarios.

No podemos terminar con la revisión de la inconformidad y la protesta social que desembocarían en el maderismo, sin atender a las organizaciones y la protesta de la clase trabajadora. Los mineros, los obreros textiles y los trabajadores ferrocarrileros de Chihuahua, agrupados por oficios, estallaron varias huelgas entre 1901 y 1910, generalmente exigiendo mejores condiciones económicas y de trato. Las mayores fueron las de los mecánicos del ferrocarril, en Ciudad Camargo y Chihuahua, en agosto de 1906; la de los garroteros y cabos del Ferrocarril Central, en septiembre de 1906, que terminó cuando la empresa aceptó las demandas salariales de los huelguistas; la de trescientos mineros de Santa Eulalia, que protestaron contra los pagos en vales, en febrero de 1907; la de los fogoneros y trabajadores de los talleres del ferrocarril, en Chihuahua, que en agosto de 1907 exigieron que los ascensos se hicieran en virtud de la antigüedad y capacidad de los trabajadores; y la de los trabajadores de la fundidora de la Asarco, por aumento de salarios, en junio de 1910. Los pocos datos encontrados sobre estas huelgas revelan, además de demandas que iban más allá de las salariales, la aparición de nuevos actores colectivos: la Sociedad «Benito Juárez» de Ciudad Camargo, que apoyó con fondos a los huelguistas y organizó una corrida de toros en su beneficio; la Unión de Mecánicos y la Gran Liga de Empleados del Ferrocarril.

Estas organizaciones y muchas otras tenían algunos militantes magonistas, pero se fundaban mayoritaria, doctrinariamente, en el catolicismo social. Las sociedades mutualistas incorporaron también a miembros de las clases medias urbanas: profesionistas liberales, comerciantes, militares retirados, maestros de escuela, burócratas y oficinistas. Después de 1903, estos sectores carecieron de acceso a la representación pública, salvo que fueran partidarios de los Terrazas-Creel. Y cuando llegó la crisis de 1907, muchos artesanos y comerciantes perdieron sus negocios. Siempre habían competido en desventaja contra los Terrazas y los capitales extranjeros, que gozaban de injustos privilegios fiscales, pero además tenían un acceso limitado al crédito, pues la banca local, monopolizada por los Terrazas, privilegiaba siempre a los miembros del clan. Por su parte, los empleados medios y los capataces de las compañías mineras y ferroviarias, así como los de las industrias y comercios propiedad de extranjeros, tenían muy pocas posibilidades de ascenso social, pues los puestos superiores eran ocupados, invariablemente, por extranjeros. Los profesionales, sobre todo los abogados, no tenían más opciones que la oscura medianía provinciana o la sumisión al clan Terrazas, que también tenía copados los cargos públicos y los puestos «de elección popular», que distribuían a su antojo.

De ahí que entre los fundadores del antirreeleccionismo en Chihuahua estuviesen numerosos miembros de estos sectores urbanos: Abraham González Casavantes, retoño de una poderosa familia venida a menos; los abogados Aureliano S. González, Pascual Mejía, Tomás Gameros, Julio S. Jaurrieta, Luis C. Rojas y Tomás Silva; los maestros de escuela Abel S. Rodríguez, Braulio Hernández y Manuel Chao; Juan B. Baca y sus hermanos Guillermo y Miguel, y otros comerciantes; militares en retiro como Perfecto Lomelí y José de la Luz Soto; los periodistas Silvestre Terrazas y Rafael Martínz, Rip-Rip, y muchos más. Muchos de ellos tenían un pasado común: su militancia católica y mutualista.

Ese catolicismo social es la interpretación que se dio en Chihuahua a la doctrina social de la Iglesia emanada de la encíclica *Rerum Novarum*, emitida por el papa León XIII en 1891 y que hasta 1931 fue la doctrina oficial de la Iglesia sobre la *cuestión social*, que era como llamaban a los problemas de pobreza económica y moral, injusticia y desigualdad generados por el capitalismo. Antiliberal y antisocialista a la vez, la *Rerum Novarum* proponía que era necesario promover la agrupación corporativa, autónoma, aunque interdependiente, de los integrantes del cuerpo social. Había que construir una sociedad que tuviera como cimiento la fe católica y como pilares la justicia y la caridad. Las herramientas para construir esa sociedad serían los sindicatos católicos, la participación activa en la política que impulsara reformas parlamentarias a favor del cooperativismo y la reglamentación de las relaciones entre capital y trabajo.

La mayoría de los obispos mexicanos recibió la encíclica con recelo, pero algunos militantes jóvenes la hicieron suya y la empezaron a difundir. Quizá los dos estados donde mayor impacto tuvo fueron Oaxaca y Chihuahua; en este último lugar, el joven secretario del arzobispo, Silvestre Terrazas y Enríquez, fundó en 1899 el periódico *El Correo de Chihuahua*, que si bien en un principio no se distinguió de otros diarios católicos, pronto, sin abandonar su militancia católica y su cercanía con la jerarquía, empezó a adoptar las novedosas ideas del papa León XIII.

En 1906 *El Correo* era el periódico de mayor circulación del estado y llegaba a sus poblaciones más remotas. Su director se había convertido en vocero y defensor de un pujante movimiento obrero que transitaba del mutualismo paternalista al sindicalismo y la oposición política. *El Correo* empezaba a funcionar como caja de resonancia de los problemas sociales y políticos del estado y vocero de las sociedades mutualistas que proliferaron entre 1903 y 1908 en Chihuahua, Camargo, Jiménez, Parral y Santa Eulalia, y con presencia también en Ciudad Juárez, San Isidro de las Cuevas, Santa Bárbara y Valle de Allende. La mayor parte de estas asociaciones eran mutualidades de artesanos y empleados organizadas de acuerdo con los oficios de sus miembros: la Unión Zaragoza de Sastres, la Sociedad Morelos de Carpinteros, la Sociedad Hidalgo de Pintores, la Unión de Canteros y Albañiles, la Sociedad Nicolás Bravo de Panaderos, la Unión de Tipógrafos Gutenberg, la Sociedad Católica de Artesanos, la Sociedad Mutualista de Empleados, el Círculo Mercantil Mutualista, la Unión de Obreras Mexicanas e incluso la Sociedad Coronado, que agrupaba a los presos de la penitenciaría. También existían cooperativas, como la Unión de Carpinteros Mexicanos.

Las organizaciones de este tipo, que estallaron varias huelgas entre 1906 y 1908, sobre todo en los talleres del ferrocarril, fueron principalmente la Gran Liga Ferrocarrilera, la Liga de Electricistas Mexicanos, la Unión de Caldereros Mexicanos, la Unión de Moldeadores Mexicanos, la Unión de Mecánicos Mexicanos y la Sociedad Juárez de Obreros (algunas de estas eran parte de organizaciones nacionales). Entre sus dirigentes hubo varios que se involucraron muy activamente en la oposición política local y desde 1909 en el antirreeleccionismo, como Cástulo Herrera, de los caldereros; Silvino Rodríguez, de los mecánicos; y artesanos como Rodolfo Ugalde (panadero), Jesús Ferrer (zapatero) y Teodosio Guerrero, de los obreros de Parral.

En 1907, la Unión de Caldereros Mexicanos, sucursal Chihuahua, citó a las demás sociedades mutualistas a una reunión para discutir los puntos que se presentarían a la Convención Nacional de dicha Unión. Presidieron la reunión Silvestre Terrazas y Silvino García, líder de los caldereros de Chihuahua. Del documento resultante podemos extraer las demandas concretas de aquellas organizaciones: igual salario para igual trabajo sin distinción de nacionalidad; jornada de ocho horas, declarando que la jornada extraordinaria no debía rebasar nunca las 14 horas; descanso dominical; prohibición del trabajo infantil; salario suficiente «para vivir decentemente»; educación del obrero y fomento del patriotismo (eran católicos pero juaristas o, mejor, católicos y juaristas, como lo muestran varios documentos); indemnizaciones por accidentes; combate al alcoholismo; y se añadían declaraciones bastante novedosas que mostraban la creciente politización obrera:

> VIII. La Convención procurará la unificación de los diversos gremios de la República, considerándose independientes entre sí y trabajando en mancomún por el bien general.

IX. La Convención cree y trabajará porque las clases obreras tengan representantes genuinos de ellas en las Cámaras Legislativas de los Estados de la Unión.

X. La Convención reconocerá el arbitraje como uno de los mejores medios para arreglar las dificultades entre el capital y el trabajo y al efecto, en casos ofrecidos, se nombrarán árbitros por ambas partes, a su satisfacción.

XI. La Convención cree que las huelgas, en general, han sido provocadas por desmedida ambición del capital, viéndose obligados los gremios a declararlas como último recurso y por instinto de conservación.[7]

De ahí a la politización solo había un paso, y en el mismo año de 1907 *El Correo de Chihuahua* fue arreciando sus críticas al gobierno de Creel, para en 1909 aparecer ya como francamente opositor al régimen. La propuesta cristiana que defendía Terrazas tenía como misión el impulso de leyes que defendieran a la pequeña propiedad agraria y artesanal del agio y la usura, que fomentara la propiedad colectiva de las corporaciones, que lograra el reconocimiento pleno del derecho de organización de los obreros y el derecho de las organizaciones a federarse nacionalmente. Estos sindicatos (ya se decía así) debían regular

> [...] todas las cuestiones profesionales, y especialmente la fijación de aquellas condiciones que en el contrato de trabajo interesan a este y al capital, como: salarios, duración y régimen de trabajo, admisión y despedida de obreros, aprendizaje, instrucción profesional, y reglamentación de la producción.[8]

Desde la publicación de la entrevista Díaz-Creelman, extensamente glosada en *El Correo*, Terrazas empezó a hablar de la democracia con énfasis cada vez mayor, y arreció sus críticas a la venalidad y el autoritarismo de la administración de Creel, iniciando sus ataques contra Porfirio Díaz. A partir de septiembre de 1908, empezaron a aparecer editoriales y artículos sobre el inminente cambio democrático para el que México debía prepararse y llamados a la formación del partido independiente, «ese partido cuya formación dijo el general Díaz [en la entrevista Creelman] que vería con gusto». En diciembre, los líderes mutualistas Silvino Rodríguez y Rodolfo Ugalde, con el respaldo de Silvestre Terrazas, llamaron a la formación del Club Político de Obreros Chihuahuenses. Dos o tres semanas después Silvestre Terrazas recibió *La sucesión presidencial en 1910*, un libro que le remitía su autor, Francisco I. Madero, un joven y exitoso hombre de negocios de La Laguna. Lo que siguió se contará en la segunda parte de esta historia: sobre la base de los mutualistas que estaban llegando a la militancia política, la ciudad de Chihuahua habría de convertirse en uno de los focos más importantes del antirreeleccionismo y, a través de la ciudad, las redes de la conspiración maderista habrían de adquirir una fuerza imprevisible, decisiva a la postre, en el estado grande.

4. Regionalización

Antes de abandonar este recuento de raíces y razones, me parece necesario mostrar lo que ha sido para mí la clave para comprender las particulares características del villismo como movimiento revolucionario (con un Ejército revolucionario): la vinculación de las corporaciones militares integrantes de la División del Norte con determinadas regiones y con caudillos revolucionarios particulares. De esta vinculación se desprende la estructura de la División del Norte, cuyo elemento principal son las brigadas.

En Chihuahua, Durango y La Laguna, los rebeldes que respondieron al llamado a las armas hecho por Francisco I. Madero en el Plan de San Luis lo hicieron de manera colectiva, más que como respuesta a una decisión individual. Se alzaron por pueblos, y los rebeldes de cada pueblo se dieron su jefe y tendieron a asociarse con los rebeldes de los pueblos vecinos, que solían tener agravios e impulsos rebeldes parecidos, además de añejos vínculos de sangre. Así surgieron los grupos guerrilleros que pulularon en las sierras y llanuras norteñas durante la rebelión maderista, y que en términos generales habrían de mantener su identidad corporativa y sus propios jefes durante las campañas militares que siguieron, hasta la formación de la División del Norte (el 29 de septiembre de 1913), conservándolos también en ella.

Así, logré identificar los pueblos de origen de cada una de las brigadas que constituyeron la División del Norte entre septiembre de 1913 y junio de 1914, y a los jefes de brigada, como dirigentes revolucionarios regionales con arraigo y liderazgo propios, cuyo mando se debía casi siempre a sus propios soldados y no a un mando político o militar de alcance suprarregional o nacional.

Dos autores me pusieron sobre la pista de esta regionalización. El gran cronista John Reed en dos momentos: en los primeros días de 1914 convivió en un rincón de las serranías de Durango con un centenar de harapientos guerrilleros mandados por un señor don Petronilo (Hernández), que dependían de un tal Tomás Urbina, un hombre del que se contaban infinitas leyendas y que tenía su cuartel general en Las Nieves, Durango. Reed, periodista de inagotable curiosidad, salió en búsqueda de Urbina. Subió y bajó las serranías, cruzó la desolada planicie del norte de Durango y platicó con gente que estaba harta de la guerra y había estado con Urbina, o tenía un primo, un amigo, un compadre que seguía con Urbina. En la crónica de Reed, a pesar del cansancio por una guerra ya larga, se leen unánimes elogios al misterioso caudillo. Toda aquella región era, verdaderamente, «el país de Urbina».[9]

«El país de Urbina» me puso sobre el rastro de los otros «países», como el de Contreras: un par de meses después de recorrer el país de Urbina, asistiendo a las batallas de La Laguna, John Reed, tratando de llegar a la línea del frente, se encontró con «dos jinetes mal encarados, con grandes sombreros, en que llevaban pequeñas efigies impresas de nuestra señora de Guadalupe», que partían hacia un puesto avanzado, y les pidió que lo llevaran.

¿Por qué deseaba ir con ellos? ¿Quién era yo, al fin de cuentas? Les mostré mi pase, firmado por el general Francisco Villa. Siguieron mostrándose hostiles.

Francisco Villa no es nadie para nosotros dijeron. ¿Y cómo sabemos si ese nombre fue firmado por él? Nosotros somos de la Brigada Juárez, de la gente de Calixto Contreras.[10]

La segunda fuente que me orientó hacia la regionalización fue Alberto Calzadíaz, un piloto aviador que, de niño, en Namiquipa, Chihuahua, vivió los estertores del villismo y que de adulto gustaba escuchar las historias de los veteranos de la Revolución, en su pueblo y en pueblos aledaños, y luego recogió esos testimonios. Quienes le contaban las historias recordaban siempre esos orígenes, lo mismo que muchos de los veteranos que ofrecieron sus testimonios a las investigadoras del INAH en las décadas de 1960 y 1970. Con base en esas y otras fuentes, construí la siguiente lista de brigadas, con sus respectivos jefes, para junio de 1914:

1. Brigada Villa. General José E. Rodríguez.
2. Brigada González Ortega. General Toribio Ortega Ramírez.
3. Brigada Cuauhtémoc. General Trinidad Rodríguez Quintana.
4. Brigada Morelos. General Tomás Urbina Reyes.
5. Brigada Benito Juárez. General Maclovio Herrera Cano.
6. Brigada Madero. General Máximo García Contreras.
7. Brigada Zaragoza. General Eugenio Aguirre Benavides.
8. Brigada Juárez de Durango. General Calixto Contreras Espinosa.
9. Brigada Primera de Durango. General Orestes Pereyra.
10. Brigada Robles. General José Isabel Robles.
11. Brigada Chao (o Hidalgo). General Manuel Chao Rovira.
12. Brigada Leales de Camargo. General Rosalío Hernández Cabral.
13. Brigada Ceniceros. General Severino Ceniceros Bocanegra.

La estructura militar de la División del Norte se complementaba en ese momento con tres tercios de infantería (generales Mateo Almanza, Martiniano Servín y José Herón González), con la Brigada de Artillería del general Felipe Ángeles, la Brigada Sanitaria, el Estado Mayor y la escolta de dorados, pero estas corporaciones no respondían a la lógica revolucionaria de aquellas 13 brigadas, sino a la necesaria especialización de un Ejército moderno. Hubo otra brigada, la Guadalupe Victoria, desaparecida cuando a la muerte de su jefe, el coronel Miguel González, durante la carga de caballería de Paredón, los jefes y soldados de la brigada decidieron por unanimidad integrase a la Cuauhtémoc: era natural, ambas brigadas procedían de la región sudoccidental de Chihuahua, donde Trinidad Rodríguez era un hombre de mucho prestigio y arraigada popularidad.

Identificadas las brigadas, y los oficiales y soldados por sus pueblos de origen, fue relativamente fácil la siguiente regionalización:

1. *El país de Villa*, cuna del pie veterano de las brigadas Villa y Cuauhtémoc. Un corredor imaginario que va desde Namiquipa y Cruces, en el norte, hasta Huejotitán y Balleza, en el sur, incluso el mineral de Guanacevi en el norte de Durango. Abarca de manera destacada pueblos pródigos en villistas como San Andrés, Santa Isabel, Satevó, San Lorenzo, Santa María de Cuevas y Santa Rosalía de Cuevas. También se incorporarían a esas brigadas la mayor parte de los revolucionarios de Cusihuiriachic y Carichíc, y los primeros en sumarse a la Revolución en la ciudad de Chihuahua.

2. *El país de Orozco*. Los valles fluviales de los distritos Galeana y Guerrero de Chihuahua, al pie de la Sierra Tarahumara, así como la misma Sierra, forma el país de Orozco. Y aunque Pascual Orozco fue enemigo de Villa desde 1912 hasta su muerte en 1915, y la mayor parte de los revolucionarios de estas comarcas siguieron a Orozco desde 1910 hasta 1913, a finales de ese año los vecinos de los pueblos de esas comarcas, hasta entonces mayoritariamente orozquistas, se volcaron en favor del villismo. Mu-

chos revolucionarios de legendario valor, orozquistas o villistas, fueron oriundos del distrito Galeana, de la cuenca del Papigochic y de los pueblos de las cumbres y barrancas de la Sierra de Chihuahua. En las filas villistas reforzaron las brigadas Villa y Cuauhtémoc, pero, a partir de 1914, principalmente otras brigadas de las que hablaré después, como las Guerrero, Cazadores de la Sierra, Bracamontes o Benito Artalejo.

3. *El país de Ortega*. Los primeros rebeldes del oriente de Chihuahua salieron de Cuchillo Parado el 14 de noviembre de 1910 a las órdenes de Toribio Ortega. Tres años después, el general Ortega, jefe de la Brigada González Ortega (cuyo nombre honraba al héroe de Calpulalpan en 1860 y de Puebla en 1863) era el caudillo indiscutible de los villistas del desierto de Chihuahua, entre los ríos Bravo y Conchos y los límites con Coahuila. En 1913 extendió su área de influencia río Bravo arriba, casi hasta Ciudad Juárez, y a la región de Villa Aldama.

4. *El ya descrito país de Urbina*: los valles y serranías del norte y centro de Durango, en los partidos de Indé, El Oro, San Juan del Río y, parcialmente, Nazas y Durango. Casi toda la gente de esos rumbos se incorporó a la Brigada Morelos, aunque algunos revolucionarios del centro del estado y de la capital también lo hicieron en la Brigada Primera de Durango, de Orestes Pereyra.

5. *La región minera de Parral y Santa Bárbara*, que se extendía hasta la cuenca del río Florido, en el sur de Chihuahua, nutrió dos brigadas de la División del Norte: Benito Juárez e Hidalgo, de Maclovio Herrera y Manuel Chao, a quienes separaba una fuerte rivalidad. La defección de Herrera, en septiembre de 1914 (fue el único jefe de brigada villista que se unió al carrancismo), lo dejó casi sin hombres, pues la mayoría siguieron a Villa, de modo que podríamos llamar a esta región, el *país de Chao*.

6. *En la Comarca Lagunera* habían vivido los comandantes, la mayoría de los oficiales y el grueso de los soldados de las brigadas Zaragoza, Robles, Madero y Primera de Durango. No es fácil subregionalizar, pero sí podemos decir que la Zaragoza se originó en Torreón en 1912, cuando Eugenio Aguirre Benavides era presiden-

te municipal de esa ciudad, y que militaban en ella muchos allegados de Pancho Madero, como sus propios hermanos, Raúl y Emilio. En la Brigada Robles se hallaban muchos de los rebeldes originales de Matamoros, Viesca y San Pedro de las Colonias. En la Madero identificamos a labriegos y propietarios de la porción duranguense. Y en la Primera de Durango, obreros de Gómez Palacio, mineros de Mapimí y gente de muchas regiones de Durango.

7. *El país de Contreras*. Básicamente el partido de Cuencamé, Durango, y algunas regiones adyacentes de los valles de Durango y Zacatecas. La oficialidad y el pie veterano de las brigadas Juárez de Durango y Ceniceros provenían de esta región a la que se le llamó la *fábrica de generales* durante la lucha armada.

8. *El país de Hernández*. Rosalío Hernández Cabral y los oficiales de la Brigada Leales de Camargo procedían mayoritariamente de la región agrícola de riego del curso medio del río Conchos, y de otros pueblos del distrito Camargo, de Chihuahua. También hay que mencionar aquí el único distrito de Chihuahua que quedó fuera de estas ocho regiones, en el que no hubo un caudillo como los mencionados: el distrito Jiménez. Identifiqué a numerosos rancheros, vaqueros y trabajadores de esa región en las brigadas leales de Camargo, Cuauhtémoc y Villa.

De los 13 jefes de brigada enlistados, dos murieron en la batalla de Zacatecas, en junio de 1914 (Ortega y Trinidad Rodríguez); uno defeccionó en septiembre de 1914 (Herrera); y otros dos en enero (Aguirre Benavides y Robles). Sin embargo, heredaron sus liderazgos en las regiones señaladas Porfirio Ornelas e Isaac Arroyo (electos jefes de las brigadas González Ortega y Cuauhtémoc, respectivamente, por los soldados de esas corporaciones); Manuel Chao, que se libró de la rivalidad de Maclovio en la región de Parral; Emilio y Raúl Madero reemplazaron el liderazgo de Aguirre; y Canuto Reyes y Sixto Ugalde el de Robles.

Para afrontar la guerra civil contra el carrancismo, que se hizo evidente desde junio de 1914 y estalló en noviembre del mismo año, los villistas aprovecharon el control de los recursos económicos de Chihuahua y La Laguna, y la paz parcial que vivieron en los territorios que dominaban (Chihuahua, Durango, La Laguna y Zacatecas), para acrecentar su poder de fuego. De esa manera, nacieron nuevas brigadas, con jefes y oficiales que reproducían la adscripción regional antevista: el 24 de septiembre, cuando se anunció la ruptura de la División del Norte con el carrancismo, desfilaron en Chihuahua las fuerzas villistas, mostrando que al menos tres brigadas habían duplicado o triplicado sus efectivos y su organización. Se presentaron ahí la 2ª Brigada Villa y la 3ª Brigada Villa. También por tres se había multiplicado la Brigada Morelos y por dos la Brigada Chao. Asimismo, desfilaron nuevas brigadas con jefes y oficiales chihuahuenses, como la Guerrero, Cazadores de la Sierra y Benito Artalejo; alguna con oficiales sonorenses enemigos de Obregón, la Brigada Bracamontes; y otras más, como la Brigada Fierro.

Durante esos mismos meses, grupos revolucionarios de otros lugares del país se fueron aliando al villismo. Una de estas alianzas sería en pie de igualdad y daría sustento a la corriente popular de la Revolución y a un proyecto de revolución social: la alianza entre la División del Norte y el Ejército Libertador del Sur. El resto de los grupos nacionales se aliaron de manera subordinada al eje político militar del villismo y el zapatismo. Ya hablaremos de esas alianzas, pero hay que decir que algunos de los nuevos aliados, durante parte de 1914 y algunos hasta 1916, se consideraron villistas: los zacatecanos que mandaba Pánfilo Natera, los tamaulipecos y potosinos de Alberto Carrera Torres y los jaliscienses de Julián C. Medina. Más entrado 1915, también se sumaron al villismo otros contingentes, como los de Juan Banderas y Benjamín Argumedo.

La mayor parte de los nuevos aliados dejarían de serlo tras la derrota militar de la División del Norte, consumada en diciembre de 1915. Incluso muchísimos villistas de 1913 y 1914 aceptaron la amnistía ofrecida por el gobierno de Carranza ese mismo diciembre de 1915. Ahí inició una nueva etapa del villismo: la resistencia guerrillera en las ocho regiones originales.

Con base en lo anterior, podemos periodizar el movimiento cuya historia está a punto de empezar, en cuatro grandes períodos:

1. Las campañas guerrilleras y políticas en las cuales se va formando el villismo, de noviembre de 1910 a septiembre de 1913.
2. La revolución política: la destrucción militar del huertismo y la construcción de un proyecto y un Ejército revolucionarios, de septiembre de 1913 a noviembre de 1914.
3. La guerra civil, que tras la derrota del antiguo régimen enfrentó a quienes pretendían únicamente una revolución política, encabezados por Carranza, contra quienes buscaban la revolución social, que dirigían Villa y Zapata (noviembre de 1914 a diciembre de 1915).
4. La resistencia guerrillera (1916 a 1920).

Y ahora que hemos presentado las raíces y las causas del villismo y los antecedentes de algunos de sus personajes clave, te invito, lectora, lector amigo, a pasarle a lo barrido.

Notas

[1] José Agustín de Escudero, *Noticias estadísticas del estado de Chihuahua*, México, Juan Ojeda, 1834, pp. 211-253.

[2] *Periódico Oficial del Estado de Chihuahua*, 13 de agosto de 1908, pp. 16-17.

[3] Citado por Friedrich Katz, *Pancho Villa*, tomo I, México, Era, 1998, pp. 25 y 48-49.

[4] En un memorial dirigido por el general Severino Ceniceros al jefe del Departamento de Estado Mayor de la Secretaría de Guerra y Marina, fechado en Cuencamé el 31 de diciembre de 1919, en ACSDN, expediente XI/III/2-156, f. 110.

[5] *El Correo de Chihuahua*, 22 y 25 de junio, 24 de noviembre y 27 de diciembre de 1908.

[6] Citado por William K. Meyers, *Forja del progreso, crisol de la revuelta. Los orígenes de la Revolución Mexicana en la Comarca Lagunera, 1880-1911*, México, INEHRM-UIA, 1996, p. 261.

[7] *El Correo*, 25 de junio de 1907. El diario, además, informó a sus lectores del desarrollo de la Convención Nacional en sus ediciones de los días 2, 4, 11 y 18 de julio de 1907.

[8] *El Correo*, 9 de marzo de 1908.

[9] John Reed, *México insurgente,* 3ª ed., México, Ediciones de Cultura Popular, 1975, pp. 21-26.

[10] *Ibidem*, pp. 192-205.

Capítulo II
LA CONFORMACIÓN DEL VILLISMO

1. Antirreeleccionistas

La sucesión presidencial tuvo una enorme resonancia por su oportunidad: desde que en la famosa entrevista concedida a James Creelman (publicada en parte por *El Imparcial* en marzo de 1908), el general Díaz había anunciado su retiro —lo que abrió una inesperada puerta a la participación política—, se incrementó notablemente la discusión sobre los problemas del país y la organización política. Es cierto que desde antes existía una oposición organizada, pero el impulso del que nacería el movimiento antirreeleccionista fue dado por el propio dictador en aquella célebre entrevista. A su vez, el libro de Madero contribuyó a desatar la Revolución a pesar de los defectos que desde el principio se le señalaron, por «la falta de sistema» de la exposición de las ideas y lo inseguro y errático de la forma, como señaló Emilio Rabasa en 1912.

Madero participaba de las posiciones políticas liberales de amplios sectores de las clases medias urbanas y rurales, entre las cuales pudo articularse un movimiento de oposición a la dictadura de dimensiones nacionales, que encontró en Madero su vocero y líder. Con la democracia y el restablecimiento del orden constitucional como banderas, que difundió con auténtica pasión, Madero fascinó a crecientes sectores de las clases medias lo mismo que a amplios sectores de las masas populares, opuestos unos y otros a una dictadura que, tras la entrevista Díaz-Creelman, había entrado en un proceso de crisis irreversible.

Madero quería un cambio político, convencido de que todas las transformaciones que el país necesitaba vendrían como ineludible consecuencia. No es cierto que haya sido ciego ante los problemas sociales que empujaron a miles de mexicanos a la lucha armada, sino que veía en la transformación política, en la democracia y la legalidad, el más sólido punto de apoyo para la solución de tales problemas. No era un revolucionario, no buscaba nuevas relaciones sociales ni una nueva forma de Estado, sino la aplicación del marco legal vigente, dentro del cual podrían instrumentarse las reformas necesarias.

Mientras las élites políticas debatían la sucesión de Porfirio Díaz y una parte de ellas se escindía del régimen en torno a Bernardo Reyes, Madero proponía la restauración de la democracia. El gobierno se preocupó mucho más por el reyismo que por el movimiento que empezaba a organizar Madero, y ante las crecientes presiones del gobierno, el general Reyes cedió, renunció al gobierno de Nuevo León, se deslindó de sus partidarios y aceptó un exilio disfrazado. Muchos reyistas abandonaron (temporalmente) la política, pero otros, entre los que destacaban el doctor Francisco Vázquez Gómez y Venustiano Carranza, se incorporaron a una nueva opción: el antirreeleccionismo.

La diligente actividad de Madero fue el motor de la creación del Centro Antirreeleccionista de México, que se fundó oficialmente el 22 de mayo de 1909. Su mesa directiva, presidida por el licenciado Emilio Vázquez Gómez, quedó conformada por un próspero hacendado (Madero), cuatro abogados de prestigio (dos cincuentones y dos al filo de la treintena), tres dueños de periódicos más o menos críticos y un par de profesionistas liberales. Entre las ochenta personas que concurrieron a la primera reunión la mayoría eran profesionales e intelectuales.

No menos de la mitad de los asistentes habían sido convocados por Madero, quien desde diciembre de 1908 envió a sus corresponsales copias de *La sucesión residencial*. A principios de 1909 se trasladó a México, donde buscó al licenciado Emilio Vázquez Gómez, quien durante 15 años había sido el más obstinado y consistente crítico de la reelección indefinida y, junto con él, redactó la convocatoria para crear un partido político independiente basado en el principio de la no reelección. A propuesta de Madero, en la reunión del 22 de mayo el licenciado Vázquez Gómez fue electo presidente del recién nacido Centro Antirreeleccionista de México.

El 15 de junio se anunció al público la existencia del Centro mediante un encendido manifiesto que denunciaba los males causados por la dictadura y se invitaba al pueblo a formar clubes antirreeleccionistas en todo el país, que lucharan por los principios «Sufragio Efectivo, No Reelección».

Apenas publicado este manifiesto, Madero inició una serie de giras por buena parte del país, fomentando la fundación de clubes antirreeleccionistas. Nunca en el país se había hecho política de esa forma. Madero habló ante miles de personas, expresando su oposición a la reelección y convocando a una lucha cívico-electoral. Aunque en los documentos de Madero están consignados 120 clubes, otras documentaciones nos permiten saber de la existencia de al menos otros tantos que no acudieron al Congreso Nacional celebrado en abril de 1910.

Siguiendo la ruta de Madero por las tierras en que empezaría a conformarse el villismo poco después, encontramos la fundación de una docena de clubes en la Comarca Lagunera, dirigidos por médicos, abogados, profesores, tenderos y rancheros acomodados. En Durango fue más difícil el trabajo de organización, pero la gira de Madero dejó establecido un Club central en la capital, dirigido por el ingeniero topógrafo Pastor Rouaix. Apenas hay datos de propaganda, no de organización, en poblaciones que habrían de participar muy activamente en la rebelión, como Cuencamé, Mapimí, Santiago Papasquiaro, Guanaceví, Villa Ocampo, Indé y El Oro.

En Chihuahua, en cambio, la organización fue rápida y muy ramificada: sobre la base del Club Político de Obreros Chihuahuenses, desde el cual Silvestre Terrazas y otros dirigentes llamaban ya abiertamente a la acción política, se fundó en julio de 1909 el Centro Antirreeleccionista Benito Juárez, con el licenciado Aureliano S. González como presidente, el profesor Braulio Hernández como secretario y don Abraham González Casavantes como tesorero, junto con el periodista Rafael Martínez, Rip-Rip, y abogados, ingenieros y varios destacados dirigentes mutualistas. *El Correo de Chihuahua*, el diario de mayor circulación del estado, se convirtió en el vocero oficioso del antirreeleccionismo.

En las elecciones municipales de 1909 *El Correo* hizo suyas diversas planillas «independientes» (antirreeleccionistas). Por supuesto, ninguno de los postulantes ganó las elecciones, pero todos estuvieron involucrados en la campaña electoral de Madero el año siguiente y varios en el levantamiento armado. Bajo el impulso del Club Benito Juárez y *El Correo*, antes de que terminara 1909 surgieron clubes antirreelecionistas en Ciudad Juárez, Parral, Ciudad Guerrero, San Isidro de las Cuevas, Moris y Nonoava; y otros clubes, de los que Madero no tomó nota, pero muy activos, en Cuchillo Parado, San Andrés, Santa Isabel y Santa Bárbara.

En su tercera gira, Madero visitó Ciudad Juárez, Chihuahua y Parral. Le contó sus impresiones a Emilio Vázquez Gómez:

> La impresión general que me produjo mi paso por el estado de Chihuahua es que todo el pueblo, y aun las clases acomodadas, simpatizan de tal manera con nuestro movimiento, que cuando no se les ponen trabas a sus manifestaciones, como en Parral, su entusiasmo es desbordante y concurren en masa a nuestras reuniones.[1]

La visita de Madero acrecentó el entusiasmo de los antirreeleccionistas de Chihuahua, y los días 6 y 13 de febrero de 1910 los clubes Benito Juárez e Ignacio Allende proclamaron la candidatura presidencial de Francisco I. Madero, adelantándose a la Convención Nacional que el antirreeleccionismo celebró del 15 al 17 de abril, con la presencia de 120 delegados de todo el país. De la Convención surgieron las candidaturas de Madero a la presidencia y Francisco Vázquez Gómez a la vicepresidencia, la elección de la mesa directiva del Partido Nacional Antirreeleccionista encabezada por Emilio Vázquez Gómez y la aprobación de la plataforma electoral. Abraham González, jefe de la delegación chihuahuense, presidió los debates del tercer día de la Convención.

La fuerza mostrada por el antirreeleccionismo en esa Convención, así como un multitudinario mitin en la Ciudad de México, el 1º de mayo de 1910, hicieron que el régimen dejara de ignorar al movimiento. En las siguientes semanas varios dirigentes locales fueron encarcelados y el propio Madero fue aprehendido en Monterrey durante su última gira y conducido a la penitenciaría de San Luis Potosí, a la que llegó el 21 de junio.

Cinco días después se celebró la primera ronda electoral en medio, según versiones de los antirreeleccionistas, de «omisiones, comisiones y abusos de toda especie». La segunda vuelta, el 10 de julio, fue de mero trámite, pues ya los porfiristas se habían asegurado los votos de casi todos los electores. Para los maderistas se había tratado de un fraude electoral con todos los agravantes, en el que, si bien en general no se usó la fuerza, sí se pusieron todos los recursos del gobierno al servicio de la reelección. En ausencia de los principales dirigentes, presos o fuera del país, Federico González Garza documentó el fraude y presentó un *Memorial* a la Cámara de Diputados, erigida en Colegio Electoral, en el que reclamaba, fundadamente, la nulidad de las elecciones. Los diputados le respondieron: «No ha lugar».

Una vez agotados los recursos legales, Madero abandonó San Luis Potosí y en San Antonio, Texas, se reunió con Federico González Garza, Juan Sánchez Azcona, Salvador Alvarado, Aquiles y Carmen Serdán, José Perfecto Lomelí, Braulio Hernández y otros partidarios suyos, a los que consultó durante la redacción de un plan insurreccional, fechado en San Luis Potosí el 5 de octubre.

El Plan de San Luis es uno de los documentos de mayores efectos prácticos en nuestra historia. En él se declaraba burlada la soberanía nacional, cuya representación asumía Madero, se desconocían todos los poderes electos en julio y se llamaba a la rebelión contra el gobierno a partir del 20 de noviembre. En el artículo 3º se agregaba un párrafo de imprevisibles consecuencias:

Abusando de la ley de terrenos baldíos, numerosos pequeños propietarios, en su mayoría indígenas, han sido despojados de sus terrenos por acuerdo de la Secretaría de Fomento o por fallos de los tribunales de la República. Siendo de toda justicia restituir a sus antiguos poseedores los terrenos de que se les despojó de un modo tan arbitrario, se declaran sujetas a revisión tales disposiciones y fallos y se les exigirá a los que los adquirieron de un modo tan inmoral, o a sus herederos, que los restituyan a sus primitivos propietarios, a quienes pagarán también una indemnización por los perjuicios sufridos.[2]

El Plan terminaba con una nota que instruía a los conjurados a no difundirlo fuera de los círculos más seguros, sino hasta después del 15 de noviembre, pero la verdad fue que circuló con mayor profusión de la prevista y las redes antirreeleccionistas fueron transformándose parcialmente en redes de la conspiración, aunque hubo un necesario recambio de líderes, pues no todos los que habían figurado en primera fila en la lucha política estaban dispuestos a encabezar una rebelión (caso señalado el de los hermanos Vázquez Gómez), y muchos que habían visto con escepticismo aquella se comprometieron de inmediato con la lucha armada (como Calixto Contreras y Pascual Orozco).

El círculo cercano a Madero se convirtió en una especie de Cuartel General que extendió nombramientos de jefes de la rebelión en las distintas entidades o regiones a personajes que, a su vez, nombraron jefes regionales o subalternos. Así fue como Abraham González fue designado jefe de la rebelión en Chihuahua y, por su parte, extendió nombramientos de jefes a Guillermo Baca en Parral, Albino Frías en San Isidro, José Perfecto Lomelí en Ojinaga, José de la Luz Blanco en Temósachic, Pancho Villa en San Andrés, Cástulo Herrera en Chihuahua y Toribio Ortega en Cuchillo Parado. En La Laguna recibió el nombramiento de jefe de la rebelión don Mariano López Ortiz, quien a su vez delegó responsabilidades a Sixto Ugalde en Matamoros y a Calixto Contreras en Cuencamé.

Los grupos que se preparaban para la rebelión empezaron a reunir armamento: Pancho Villa pidió a Abraham González Casavantes, en su primera entrevista, que le mandara elementos de guerra, y este pudo remitirle unos treinta fusiles. En Gómez Palacio los conspiradores también hicieron varios entierros de armas, enviadas desde Texas. Pero en muchas regiones del norte los hombres que habrían de hacer la Revolución ya estaban armados.

2. REBELDES

Francisco I. Madero creía que su llamado a las armas tendría una respuesta masiva y espectacular. Pensaba que más que una guerra civil, una especie de huelga armada derribaría en pocos días a la dictadura, pero estos planes fallaron por completo: el 20 de noviembre apenas una ciudad de mediana importancia, Gómez Palacio, Durango, cayó en manos de los maderistas, que fueron inmediatamente desalojados y dispersados, y solo remotas poblaciones en diversos estados del país fueron controladas por grupos de hombres que se pronunciaron contra el gobierno. En el estado de Chihuahua se produjeron los más significativos de estos pronunciamientos y, en menos de una semana, los rebeldes obtuvieron resonantes victorias en escaramuzas todavía poco importantes, pero que empezaban a preocupar al gobierno por el incremento notable de la revuelta. Antes de que terminara el mes, fuertes contingentes de soldados federales empezaron a llegar al estado grande. El ruido que los chihuahuenses hicieron y la entrada de Madero al país para ponerse al frente de la revuelta fueron poderosas inyecciones al ánimo de los maderistas de toda la nación, lo que alentó la multiplicación de las partidas rebeldes a partir de febrero de 1911, hasta llegar a un punto, en mayo, en que los sueños maderistas del levantamiento masivo de la ciudadanía parecían acercarse a la realidad.

Fue, pues, el éxito o la persistencia de los guerrilleros norteños, oriundos de los territorios que presentamos en la primera parte, lo que permitió el levantamiento nacional que entre febrero y mayo de 1911 rebasó la capacidad de respuesta de las fuerzas del gobierno y precipitó su caída. Aunque la victoria de la revuelta solo puede atribuirse a la multiplicación nacional de las partidas guerrilleras, fue un grupo en particular el que mayor ruido hizo, el que obligó al gobierno a concentrar sus fuerzas en el norte desguarneciendo otros territorios y alentando así el surgimiento de nuevos rebeldes. Este grupo combatió principalmente en los distritos Guerrero y Galeana de Chihuahua, y tuvo por jefe a Pascual Orozco Vázquez.

Pero además de este grupo, en distintas partes de Chihuahua, Durango y La Laguna, otros rebeldes fueron muy activos desde los primeros días, impidiéndole al gobierno concentrar todas sus fuerzas contra Orozco. Antes de hablar de Orozco revisaremos cómo se conformaron esos grupos secundarios y sus jefes, en su mayoría caudillos que emergieron durante la lucha.

La toma de Gómez Palacio por los maderistas, en la madrugada del 20 de noviembre, aunque de pocas consecuencias prácticas, fue una sonora campanada, una muestra de que la Revolución convocada por Madero no era una quimera. Los maderistas de Gómez Palacio y Matamoros, reunidos en un desolado paraje en la noche del 19 al 20 de noviembre, decidieron atacar Gómez y no Torreón ante la ausencia de conspiradores en esta última. A alguna hora de la madrugada entraron en la industriosa ciudad y se adueñaron de los edificios públicos tras vencer la resistencia del puñado de gendarmes que no estaban durmiendo en sus casas. Pero el jefe político de Lerdo y el comandante de la guarnición de Torreón reaccionaron con prontitud y enviaron tropas a Gómez Palacio, que obligaron a los rebeldes a huir rumbo a la agreste serranía de San Jacinto. Los días 22 y 23 hubo algunos combates y a partir del 24 la calma pareció regresar a la Comarca. El mismo 20 de noviembre, Benjamín Argumedo se pronunció contra el gobierno en El Gatuño, y Enrique Adame Macías en las cercanías de San Pedro de las Colonias.

Tras el fracaso de la toma de Gómez, los rebeldes se dividieron en pequeños grupos de diez o veinte hombres y durante las semanas siguientes sus acciones no fueron muy distintas de las del bandolerismo tradicional. En la vecina región de Cuencamé, apenas el 3 de diciembre los seguidores de Calixto Contreras entraron en acción, ocupando predios de la hacienda de Sombreretillos de Campa, tras lo que se remontaron a las serranías.

Además del fracaso de los planes originales, otro factor contribuyó a que los tres primeros meses de la rebelión tuvieran ese cariz en la Comarca: luego de dos años malos, la cosecha de algodón fue extraordinaria en 1910, además de que subió el precio mundial de la fibra, de modo que la pizca se prolongó hasta enero de 1911. Pero terminada la pizca, muchos jornaleros eventuales, en lugar de irse como hacían siempre, decidieron quedarse y reforzaron las bandas armadas que pululaban en las serranías.

En el oriente de Chihuahua, los maderistas de Cuchillo Parado se pronunciaron el 14 de noviembre para evitar ser aprehendidos por los rurales que ya venían por ellos. En la Sierra del Pegüis esperaron hasta la noche del 19, cuando se movieron hacia los barrancos de Guadalupe, donde los esperaban Abraham González, José Perfecto Lomelí y José de la Luz Soto, además de medio centenar de hombres de Ojinaga y sus alrededores convocados por José de la Cruz Sánchez. Con Lomelí como jefe y Sánchez como segundo, los rebeldes, probablemente un centenar, amenazaron Ojinaga y luego se disgregaron en varias partidas. Durante las siguientes semanas ocuparon los pueblos del desierto y redujeron el control del gobierno a las ciudades de Ojinaga y Coyame. Durante los combates más importantes, entre el 11 y el 21 de diciembre, Toribio Ortega fue convirtiéndose en el verdadero jefe sobre el terreno.

A fines de año, se fueron González, Lomelí y Soto, y don Toribio quedó como jefe indiscutible de la rebelión en su rinconcito del país, con Porfirio Ornelas como segundo y los comandantes regionales pueblerinos: Epitacio Villanueva al frente de los de Cuchillo Parado, La Mula y El Mulato; José de la Cruz Sánchez mandando a los de Ojinaga, Maraijoma y Polvorillas; y Manuel Benavides como jefe de los de San Carlos, San Antonio y Santa Elena. Era tal su posición que el gobierno debió enviar al general Gonzalo Luque con mil hombres a combatirlos.

A su vez, en Hidalgo del Parral unos treinta o cuarenta hombres mal armados, dirigidos por Guillermo Baca, Pedro T. Gómez, Juan B. Rosales y Maclovio Herrera, se reunieron en el Cerro de la Cruz (casi en el centro de la ciudad) en la noche del 19 al 20 de noviembre. Al amanecer intentaron adueñarse por sorpresa de la ciudad, pero fueron incapaces de vencer la resistencia de los partidarios del gobierno, y al mediodía del 21, al enterarse de que estaba por llegar una columna federal, se retiraron rumbo a Santa Bárbara; en el camino, cayó preso Juan B. Rosales. Los rebeldes se establecieron en Balleza unos días, hasta que empezó a seguirlos de cerca una columna de caballería que los persiguió por la Sierra. Gómez murió, Baca fue herido y la columna se dispersó el 31 de diciembre. Herrera, con media docena de leales, se escondió.

El gobierno dio por terminada la campaña en la zona de Parral y envió contra Orozco a las tropas que habían participado en ella, lo que aprovechó Maclovio Herrera para reactivar la lucha. A diferencia de los jefes malogrados, artesanos e intelectuales urbanos, Maclovio era un hombre joven, de a caballo, con extensas redes de parentesco y amistad en los valles que bajan de Parral hacia los ríos Conchos y Florido, y al que las repetidas derrotas de diciembre y enero habían enseñado los rudimentos del arte militar, de modo que dedicó el mes de febrero a reclutar un nuevo grupo para reiniciar la campaña en marzo.

Habíamos dejado a Pancho Villa el 19 de noviembre en lo alto de la Sierra Azul al frente de sus compañeros, con los que bajó a la cañada de Mena para reunirse el 20 de noviembre con los veinte o treinta hombres que habían llegado de Chihuahua con Cástulo Herrera, quien, de acuerdo con las instrucciones de don Abraham González, recibió el mando, quedando Villa como segundo. Al amanecer del 21 de noviembre, los rebeldes ocuparon San Andrés, y en la tarde de ese día, al frente de cien hombres, Villa atacó un tren militar que llevaba tropas federales a Ciudad Guerrero. El día 24 los alzados tomaron Santa Isabel y el 27 recibieron su auténtico bautizo de fuego, cuando en un punto llamado Las Escobas, entre Santa Isabel y Chihuahua, cincuenta valientes encabezados por Villa se enfrentaron imprudentemente con una columna federal de ochocientos hombres que había salido de Chihuahua rumbo a Ciudad Guerrero. El combate costó la vida a Eleuterio Soto, Santos Estrada, Leónides Corral y otros jefes: Pancho Villa pagó muy cara su novatada, pero acababa de dirigir su primer combate en campo abierto y su prestigio crecía a ojos vistas, mientras disminuía el de Cástulo Herrera, quien se había mantenido a prudente distancia.

Tras el combate en Las Escobas, los rebeldes se remontaron a la Sierra Azul y regresaron a San Andrés, donde el 5 de diciembre Villa recibió un telegrama en el que Pascual Orozco Vázquez le comunicaba que acababa de tomar Ciudad Guerrero y lo invitaba a pasar a esa plaza a abastecerse de material de guerra. En Ciudad Guerrero, el 10 de diciembre, se tomaron dos decisiones fundamentales: Pascual Orozco fue ratificado como jefe efectivo de la Revolución por los caudillos pueblerinos ahí reunidos, Villa incluido, y Cástulo Herrera fue enviado a Texas a buscar a Pancho Madero, con lo que Villa quedó al frente de unos cuatrocientos soldados.

Las fuerzas de Pancho Villa tomaron parte activa en las batallas de Cerro Prieto y El Chopeque, mandadas por Pascual Orozco, y con la aprobación de Orozco se separaron de la principal columna revolucionaria y regresaron a San Andrés el 14 de diciembre. Desalojado del pueblo por los federales, Villa dividió a sus fuerzas en varios destacamentos, que acrecentaron el espíritu revolucionario en una vasta región del centro-sur de Chihuahua.

Pancho ocupó Valle de Zaragoza y Santa Cruz del Padre Herrera, desde donde salió a explorar personalmente las defensas de Parral. Fue batido en Parral y lo dieron por muerto, pero reapareció en Satevó, que estaba en manos de la guerrilla de su compadre Fidel Ávila. Desde ahí escribió a sus capitanes:

> En Satevó establecí mi cuartel general. Dispuse desde luego mandar correos con comunicaciones: uno para la Ciénega de Ortiz, donde se encontraba el capitán Javier Hernández; otro a Santa Isabel, donde

se encontraba el capitán Feliciano Domínguez; otro a San Andrés, donde se encontraban los capitanes Encarnación Márquez, Lucio Escárcega, José Chavarría y otros.[3]

Dos semanas tardó Pancho Villa en volver a reunir a sus soldados. A principios de febrero, estaba al frente de unos setecientos hombres, listo para pasar a la nueva fase de la lucha. No regresaron Tomás Urbina ni Trinidad Rodríguez, a quienes los mensajeros de Villa no encontraron. El segundo merodeó por su natal Huejotitán, en tanto que el primero se había marchado hasta la región de Las Nieves, Durango, de donde era oriundo. En el norte de Durango, Urbina empezó a escribir su propia historia.

Entre los setecientos hombres que se reunieron en Satevó, además de los rebeldes que habían hecho la campaña anterior a las órdenes de Pancho Villa, estaba la gente de Carichic, Nonoava, Baqueteros, Cusihuiriachic y Bocoyna. En Carichic, Daniel Rodríguez y Julián Granados se habían pronunciado el 20 de noviembre, y mientras Rodríguez marchaba a incorporarse a Pascual Orozco, Granados quedó revolucionando en la zona, tomó Carichic el 2 de diciembre y ocupó pacíficamente Satevó cuatro días después. Ahí se le unieron los hombres de Fidel Ávila, el 22 de diciembre, y Pancho Villa el 15 de enero, más los recientes rebeldes de Nonoava, mandados por Epifanio Durán, y de Baqueteros, encabezados por Manuel Chao. También llegaron en enero a Satevó los hombres que, a las órdenes de Pantaleón Bustillos y Matilde Romero, se pronunciaron en Cusihuiriachic el 20 de diciembre, y los que en Bocoyna lo hicieron por esos días, encabezados por Manuel T. González.

Pancho Villa reinició sus actividades en febrero, moviéndose en un amplio semicírculo en torno a Chihuahua, desde Santa Isabel, que ocupó pacíficamente el 7 u 8 de febrero, hasta Ciudad Camargo, que atacó el día 28. Mientras, ocupó Naica y Santa Cruz del Padre Herrera, destrozó un destacamento enemigo cerca de Ciénega de Ortiz, regresó a Satevó y ya entrado marzo se estableció con sus fuerzas en San Andrés. Su fama creció enormemente al ritmo de estas acciones. En San Andrés, Pancho Villa recibió un mensaje de Madero, presidente provisional de la República, para que se le uniera en la cercana hacienda de Bustillos, donde estaba el Cuartel General de la Revolución. Hacia allá marchó Villa, y ahí volveremos a encontrarlo.

Ahora bien, si el coronel Francisco Villa pudo establecerse en Satevó y reconcentrar ahí a su gente para atacar Ciudad Camargo y recuperar San Andrés, fue porque las fuerzas del gobierno estaban sumamente ocupadas tratando de apagar el colosal incendio social que ardía en el occidente del estado.

En esas comarcas, el 20 de noviembre se pronunciaron contra el gobierno, apoderándose de esas poblaciones, los maderistas de Santo Tomás, encabezados por José de la Luz Blanco; los de Bachíniva, de Luis A. García y Heliodoro Olea; los de Moris, encabezados por Nicolás Brown, Francisco Valderráin y José María y Baudelio Caraveo; los de Carichic, que mandaban Daniel Rodríguez y Julián Granados; los de Batopilas, conducidos por Apolonio Rodríguez; y los de San Isidro (que no ocuparon ese pueblo, sino Miñaca), acaudillados por Albino Frías, en cuyo contingente iban su consuegro-primo y su yerno-sobrino, Pascual Orozco Merino y Pascual Orozco Vázquez, así como la gente de Miñaca, Pedernales, Pachera, Ranchos de Santiago y otros poblados. Además, se pronunciaron, sin ocupar sus pueblos, los rebeldes de Namiquipa, Cruces, Guazapares, Témoris, Matachic, Temósachic, Uruachic, Ciudad Guerrero y otras poblaciones. Poco después Isaac Arroyo se levantó al frente de un grupo de hombres del mineral La República, distrito Rayón. Es decir, desde el primer día cayeron en manos de los rebeldes una cabecera de distrito y cinco pueblos de cierta importancia, y se levantaron en armas casi tantas partidas como en el resto del país.

Los rebeldes de la Sierra ocuparon rápidamente las principales poblaciones, salvo Chínipas (relativamente bien comunicada con Álamos, Sonora, y plataforma de los intentos gobiernistas por recuperar la Sierra), y en su mayoría bajaron a incorporarse a Orozco, con excepción de Apolonio Rodríguez, quien intentó defender Batopilas, pero la perdió el 1º de enero y una semana después se rindió con ochenta hombres, caso único en la revolución chihuahuense.

Por su parte, José de la Luz Blanco reunió bajo su mando a la gente de Namiquipa y Cruces que mandaban José Rascón Tena, José María Espinosa, José de la Luz Nevárez, Andrés U. Vargas y Candelario Cervantes; y los de Temósachic y Tejolocachic, cuyos jefes eran Fortunato Casavantes, José y Emilio Bencomo Casavantes, Agustín Estrada y Elfego Bencomo. Con esa gente ocupó los pueblos de la parte septentrional del valle del Papigochic, remontándose hasta San Pedro Madera. A su vez, el grupo que nominalmente mandaba Albino Frías, pero cuyo jefe real fue desde el principio Pascual Orozco Vázquez, se unió a los serranos, a la gente de Bachíniva y al grupo llegado de Carichic con Daniel Rodríguez, y con ellos limpió de partidarios del gobierno la región de Ciudad Guerrero y puso sitio a esa plaza el 21 de noviembre (A partir de este momento, Pascual Orozco u Orozco a secas será el joven caudillo; cuando nos refiramos a su padre, diremos Orozco Merino u Orozco padre).

El 27 de noviembre, Orozco emboscó a una columna federal en Pedernales, y tomó Ciudad Guerrero el 4 de diciembre. Más de quinientos rebeldes entraron a la plaza, donde formalizaron el mando de Orozco, ratificado seis días después por los principales jefes de guerrilla que se concentraron en esa ciudad, entre los que destacaban Pancho Villa y José de la Luz Blanco.

Unidos los principales grupos rebeldes, salieron hacia el oriente a enfrentar a 1 200 soldados del general Juan J. Navarro que venían desde Chihuahua. Fue esa columna la que batió a Villa en Las Escobas el 27 de noviembre y es muestra de la lentitud de los federales, pues mientras Pancho estaba activísimo y luego se reuniría con Orozco en Ciudad Guerrero, Navarro apenas llegaba a Cerro Prieto el 11 de diciembre. Ese día y el siguiente, rebeldes y federales se batieron con furia en Cerro Prieto y El Chopeque. Los federales sufrieron bajas de consideración y se retiraron a Pedernales, donde fueron sitiados. Los rebeldes, a su vez, mostraron la falta de coordinación entre los mandos (Salido, Villa y Blanco no fueron capaces de seguir las instrucciones de Orozco) y perdieron un centenar de hombres.

La fama de Orozco siguió en ascenso: el 12 de diciembre, sin levantar el sitio puesto a Navarro, despedazó en el cañón de Malpaso a un batallón federal que venía de Chihuahua. Nuevos contingentes enviados desde el centro del país fueron movilizados rumbo al distrito Guerrero: el general Gonzalo Luque, con 1 100 hombres, rescató a Navarro de su encierro en Pachera y juntos entraron a Ciudad Guerrero el 6 de enero. Orozco no los esperó: se dedicó a reclutar gente en las cercanías y a fines de mes emprendió el camino rumbo al distrito Galeana.

La Revolución ya había empezado ahí: el 19 de diciembre entraron a territorio nacional 22 magonistas, entre los que se contaban Práxedis Guerrero, Leónides Vázquez, Prisciliano Silva, José Inés Salazar y Lázaro Alanís, y en las cercanías de Janos se reunieron con los conspiradores de Casas Grandes, que mandaban José C. Parra, Rodrigo M. Quevedo y Enrique Portillo, y los de Janos, con Porfirio Talamantes al frente. Los rebeldes asaltaron un tren, quemaron una estación, amagaron Casas Grandes y el 29 de diciembre atacaron Janos, donde sufrieron la irreparable pérdida de Práxedis Guerrero. El mando del desmedrado grupo recayó en José Inés Salazar, que se movió hacia el sur en busca de su antiguo compinche, Pascual Orozco.

La gente de Orozco tomó Buenaventura y Janos el 18 y 19 de enero, y luego Pascual amagó Ciudad Juárez para obligar a Juan J. Navarro a abandonar el distrito Guerrero, lo que logró a principios de febrero. Su amago a Ciudad Juárez facilitó la entrada de Madero a territorio nacional, verificada el 14 de febrero. Lo acompañaban su hermano Raúl, Abraham González, José de la Luz Soto, Eduardo Hay, Eleuterio Hermosillo, Giuseppe Garibaldi (un aventurero sin más mérito que su nombre), Benjamín Viljoen (general *boer* veterano de la guerra sudafricana, residente en Camargo, Chihuahua), y cerca de cincuenta exiliados. Los esperaban Roque González Garza y Máximo Castillo, quienes los condujeron rápidamente a Guadalupe de Bravos, que poco antes habían ocupado las fuerzas de Máximo Castillo y Fortunato Casavantes. Ahí, Madero tuvo un primer enfrentamiento con los magonistas, cuando ordenó desarmar a Prisciliano Silva por negarse a reconocer su jefatura. De ahí, marcharon a San Buenaventura.

El 6 de marzo Madero ordenó el asalto a Casas Grandes. Tres columnas mandadas por Eduardo Hay, José de la Luz Soto y Giuseppe Garibaldi atacaron de frente y los defensores, quinientos hombres, pusieron en fuga a los seiscientos rebeldes. Soto y Garibaldi huyeron con los soldados y solo Hay hizo esfuerzos por contener la fuga a fin de evitar una masacre y salvar a Madero, herido en un brazo. Para fortuna de Madero, Orozco acababa de llegar a Galeana con su gente y envió a Heliodoro Olea y Luis García a rescatarlo, a la vez que mandaba emisarios a reunir a los dispersos. Para Madero, una sola cosa buena resultaba de esta acción de armas: había demostrado tal valor personal que los rebeldes encontraron una razón más para seguirlo, a pesar del fracaso.

La siguiente escala fue la hacienda de Bustillos, donde Madero estableció su Cuartel General el 24 de marzo. Por instrucciones de Alberto Madero, los administradores de Bustillos pusieron la hacienda a disposición de los revolucionarios, que permanecieron en ella dos semanas mientras se concentraban ahí los principales núcleos rebeldes, entre ellos el de Pancho Villa. Fue ahí que los rebeldes de Namiquipa y Cruces, que mandaban Andrés U. Vargas, Telésforo Terrazas y Candelario Cervantes, más Pablo y Martín López, y José Almeida, de Temósachic, se unieron a la gente de Villa, autorizados por Orozco.

Mientras el grueso de los revolucionarios se concentraba en Bustillos, la Revolución ardía en las regiones de Ojinaga y Parral, y nuevos grupos incursionaban en Villa Aldama y Ciudad Camargo, al mismo tiempo que los rebeldes del norte de Durango y La Laguna acrecentaban sus acciones. Todo esto obligó a los federales a abandonar la mayor parte de Chihuahua, concentrándose en algunas ciudades y tratando de mantener expedita la vía del ferrocarril entre Juárez y Torreón. En su rápido raid por tierras camarguenses, Villa había saboteado las vías, pero los ingenieros federales las habían reparado; 5 000 hombres conservaba el Ejército federal en el estado, a las órdenes del valiente general Lauro Villar.

Una junta de jefes tomó en Bustillos la decisión de atacar Ciudad Juárez. El 7 de abril las fuerzas revolucionarias se embarcaron en la estación de Bustillos y llegaron a Casas Grandes el día 12. Ahí se suscitó un incidente altamente significativo entre Madero y los jefes magonistas de Galeana que habían ocupado los cinco pueblos del distrito tras la retirada de los federales, que terminó (momentáneamente) cuando Madero ordenó a Francisco Villa desarmar a la gente de Lázaro Alanís, Luis A. García, José Inés Salazar, José C. Parra, Leónides Zapata y Tomás Loza, y arrestar a esos jefes. Una orden que quizás Orozco habría objetado fue ejecutada por Villa con orden y rapidez.

El 16 de abril la vanguardia de los rebeldes combatió contra las avanzadas enemigas en estación Bauche y el 19 quedó formalmente sitiada Ciudad Juárez. Lo que pasó después parece una verdadera comedia de equivocaciones y nada más por eso vale la pena referirlo por enésima ocasión. Los federales eran cerca de novecientos, mandados por el general Juan J. Navarro, que tanto había combatido en el distrito Guerrero a los revolucionarios. Estos sumaban alrededor de 2 000 hombres y estaban nominalmente a las órdenes de Madero, aunque en realidad solo obedecían a sus jefes natos, sobre todo a Orozco y Villa, cuya autoridad sobre los otros jefes terminó de imponerse durante las casi cuatro semanas que estuvieron acampando frente a Ciudad Juárez. Según testigos, «no se separaban de Villa un grupo de cabecillas que habían visto en él a su futuro jefe», entre los que estaban, además de sus compañeros originales de San Andrés, Santa Isabel, Satevó y Huejotitán (Fidel Ávila, Javier Hernández, Feliciano Domínguez, etc.), los capitanes Agustín Estrada, Faustino Borunda, Isaac Arroyo, Isidro Chavira, Julián Granados, Andrés U. Vargas, Nicolás Fernández, Félix Terrazas, Fortunato Casavantes y Porfirio Talamantes, es decir, gente del occidente y sur de Chihuahua, más el sonorense Miguel S. Samaniego.[4]

También frente a Ciudad Juárez, Madero presentó a Silvestre Terrazas con Pancho Villa. Según el relato posterior de Terrazas, Villa, «un hombre de recia contextura, de pocas palabras», era tratado con mucha deferencia por el señor Madero, quien se lo presentó en términos muy elogiosos. Según los relatos de otros testigos, Terrazas estaba con Madero cuando vio desfilar a una fuerza de caballería e impresionado por la disciplina y marcialidad de la tropa y por la arrogante presencia de su jefe, que se presentó poco después a pedir órdenes, suplicó a Madero que se lo presentara, y Madero, en un arranque de entusiasmo, exclamó: «¡Cómo no! ¡Conozca usted a Pancho Villa!».[5]

Solo tres días combatieron los rebeldes contra las avanzadas de las fuerzas federales encerradas en Ciudad Juárez cuando el 23 de abril Madero aceptó el armisticio propuesto por los representantes del gobierno. Hasta el 8 de mayo los revolucionarios acamparon frente a Ciudad Juárez sin combatir, mientras las negociaciones de paz se empantanaban. El armisticio nada más era válido para un cuadrado comprendido entre Ciudad Juárez, Casas Grandes, Miñaca y Chihuahua, por lo que en el resto del país continuó la lucha.

La larga inactividad frente a Ciudad Juárez hizo que en las filas revolucionarias se impacientaran. Las vacilaciones, las rencillas pueblerinas, las murmuraciones y las peleas que empezaban a aflorar fueron advertidas por Orozco y Villa, quienes decidieron ponerles fin. El 7 de mayo, en una larga reunión que sostuvieron con sus capitanes, diseñaron un plan para romper el armisticio y forzar la batalla. De acuerdo con ese plan lograron provocar el fuego mientras ellos dos tomaban un helado en El Paso, Texas, ante numerosos testigos, y ahí los encontraron los enviados de Madero, quien los mandó llamar con urgencia.

Aunque Madero les ordenó parar el fuego, Orozco y Villa lograron que pareciera que así lo hacían cuando en realidad se encargaban de acrecentarlo. Finalmente, Madero autorizó la batalla. Orozco y Villa se abrazaron y volaron a sus campamentos a dictar las órdenes pertinentes. La batalla duró dos días más, y pasado el mediodía del 10, el general Juan J. Navarro, encerrado en su cuartel con las últimas tropas que le quedaban, se rindió a las fuerzas de Pancho Villa. Los federales combatieron con valor y los revolucionarios con enorme entusiasmo, aprendiendo sobre la marcha el arte de la lucha callejera. Durante la batalla, fuerzas de Marcelo Caraveo y Agustín Estrada contuvieron en Bauche a una columna federal de auxilio que mandaba Antonio Rábago. Con la toma de Ciudad Juárez terminó la guerra en Chihuahua y empezaron los problemas de la paz, de los que nos ocuparemos luego.

La caída de Ciudad Juárez en manos de los revolucionarios se ha considerado como la batalla decisiva de la rebelión maderista. Esta versión se complementa con el argumento de que la revuelta se concentró en el occidente de Chihuahua y que el presidente Díaz renunció obligado más por la opinión pública (y por su dolor de muelas) que por la fuerza de las armas. Los rebeldes apenas presentaron unas cuantas batallas, entre las cuales la decisiva —por simbólica— fue la toma de Ciudad Juárez. Sin embargo, análisis mucho más concienzudos de las fuentes de la época muestran que lo decisivo, en realidad, fue la proliferación nacional de motines, revueltas y guerrillas a partir de febrero de 1911, fue impulsada tanto por el éxito de los guerrilleros chihuahuenses (porque un porcentaje cada vez mayor de las fuerzas operativas del Ejército se concentraran en ese estado) como por la entrada de Madero al país para encabezar personalmente la rebelión. Esta rebeldía múltiple llevó al Ejército nacional al borde del colapso en mayo de 1911. Y para evitarlo, el gobierno ofreció la transacción política plasmada en los Acuerdos de Ciudad Juárez.

¿Cómo fue esta rebelión en los territorios en los que estaban formándose los futuros villistas?

Dejamos a Toribio Ortega a principios de 1911, esperando en los pueblos del desierto la llegada de los 1 000 federales del general Luque, quien tomó Cuchillo Parado e intentó echar a los rebeldes al desierto, pero luego de varias escaramuzas exitosas para su causa, Ortega lo derrotó por completo en El Mulato, obligándolo a encerrarse en Ojinaga; Ortega quedó así, otra vez, dueño de la región. Por su parte, José de la Cruz Sánchez adquirió en Estados Unidos algunos elementos de guerra que permitieron a seiscientos revolucionarios poner sitio formal a Ojinaga el 10 de marzo. Sánchez, por nombramiento de Madero, quedó como jefe de la columna, y así se postergó una vez más a Toribio Ortega.

Un mes estuvo sitiada la plaza de Ojinaga sin que Sánchez se atreviera a ordenar el ataque, a pesar de las reiteradas exigencias de Ortega. En abril se incorporaron a los sitiadores sesenta hombres del desierto de Coahuila, al mando de Cesáreo Castro y Jesús Carranza, y treinta más que llegaron desde Villa Aldama, a las órdenes de Severiano Muñoz, que eran el último resto organizado de una partida levantada en armas en la región de Villa Aldama y Santa Eulalia. También se incorporaron trescientos voluntarios organizados en El Paso, Texas, por el antiguo magonista y ahora convencido maderista Antonio I. Villarreal, que llevaba entre sus oficiales al lagunero Eugenio Aguirre Benavides. Así, a fines de abril las fuerzas mandadas por Sánchez ascendían a 1 000 hombres, por lo que este jefe ordenó por fin un ataque general para el 1º de mayo; pero se dio contraorden porque los rebeldes se enteraron de que se acercaba el coronel Gordillo Escudero con setecientos federales.

Ortega y Villarreal convencieron a Sánchez de que la gente de la región emboscara a Gordillo en la Cuesta del Gato, mientras Villarreal mantenía el sitio con los coahuilenses y los braceros reclutados en Texas. El 3 de mayo se trabó el combate y ante una maniobra envolvente de los federales, Sánchez y Muñoz huyeron con su gente, y solo Ortega se retiró en buen orden. Muñoz estuvo haciendo tropelías en la zona de Ranchos del Norte; la gente de Sánchez se dispersó y este jefe, herido, se unió a Villarreal, quien levantó precipitadamente el sitio de Ojinaga y marchó rumbo a Ciudad Camargo por la ruta de El Mulato. Su retaguardia, formada por la gente de Coahuila, fue despedazada por los federales. Así, en vísperas de la caída de Ciudad Juárez, Ortega quedó como jefe de la Revolución en la región.

El 10 de mayo, al recibir la noticia de la caída de Ciudad Juárez, los mandos federales ordenaron a Luque y Gordillo replegarse a

Chihuahua con toda su gente. Ortega ocupó pacíficamente Ojinaga y siguió a la columna enemiga hasta Villa Aldama, donde recibió un telegrama de Abraham González en que se le ordenaba suspender las operaciones en virtud de haberse firmado la paz. Así Ortega, con el grado de coronel, al frente de quinientos hombres, quedó dueño de los municipios de Ojinaga, Coyame y Aldama.

Otros grupos, de acciones menores pero sumamente efectivas en conjunto, pulularon por el centro y sur de Chihuahua, y reconocían a veces de manera nominal la jefatura de Pascual Orozco o Francisco Villa. Una de estas partidas fue la que mandaba Francisco Portillo, que merodeaba en los municipios de Chihuahua, Santa Eulalia y Villa Aldama, y que fue despedazada el 1º de abril en esta última población, por lo que los restos de su gente se integraron a la de de Toribio Ortega.

El 16 de mayo de 1911, luego de dos días de cruentos combates, Ciudad Camargo cayó en manos de los maderistas. Los rebeldes que ocuparon la plaza venían de rumbos distintos: desde Ojinaga habían llegado Villarreal y Aguirre Benavides con unos doscientos hombres; unos cien traía Mariano López Ortiz de la región de Cuencamé; y otros tantos se habían levantado en armas en la región de Camargo y los aislados ranchos del desierto que estaban entre esa ciudad y Sierra Mojada, Coahuila, y que reconocían por jefe a Rosalío Hernández Cabral. Luego de tomar Camargo, donde quedó Villarreal, López Ortiz se movilizó hacia Chihuahua, apoderándose de Santa Eulalia antes de recibir la orden de suspender las hostilidades.

A mediados de mayo, los federales se retiraron de Parral, inmediatamente ocupado por Maclovio Herrera, quien había reaparecido en marzo al frente de una guerrilla que no dio tregua a los rurales en el sur del estado. Trinidad Rodríguez, quien se había separado de Pancho Villa luego de la falsa noticia de la muerte del Centauro, llevó a cabo una campaña guerrillera en su región natal, y en mayo, ante la retirada de los federales, se apoderó de Huejotitán, Balleza y Santa Bárbara. Al mismo tiempo, Marcial Cavazos se adueñó de San Francisco del Oro, también desocupado por la guarnición. Tomás Ornelas, destacado por Villarreal y Hernández desde Camargo, ocupó Ciudad Jiménez. De esta manera, todo el sur de Chihuahua quedó en poder de los revolucionarios.

En la Sierra, las fuerzas del gobierno recuperaron las cabeceras distritales tras la rendición de Apolonio Rodríguez, y apenas en febrero se reactivó la rebelión, cuando Orozco envió una columna comandada por Manuel Loya y José María Caraveo. Los rebeldes, divididos en varios grupos, combatieron a las fuerzas del gobierno a lo largo de marzo en los distritos Rayón y Arteaga. En abril, cuando parte de la guarnición de Chínipas fue enviada a las plazas fronterizas de Sonora, los serranos se apoderaron de Moris, Uruachic y otras poblaciones, y pusieron sitio a Chínipas, plaza que solo se entregó a los revolucionarios el 20 de junio. Un poco antes, Juan Banderas, jefe rebelde de las cañadas de Sinaloa, se había apoderado de Guadalupe y Calvo.

Luego de disolver a las fuerzas de Pancho Villa creyendo que este había muerto, Tomás Urbina se refugió en las cercanías de Valle de Allende, donde Nicolás Fernández puso a su disposición un buen hato de caballos de la hacienda de los Lozoya y un corto número de vaqueros. A principios de marzo, Urbina se apoderó pacíficamente de Valle de Allende, y marchó luego hacia el norte de Durango, donde se le unió Petronilo Hernández, quien al frente de unos cincuenta rebeldes había estado merodeando Indé desde febrero. Sin presentar combate, Urbina fue reclutando voluntarios en Indé, El Oro, Villa Ocampo y Las Nieves, y a principios de abril atacó sin éxito Indé (que poco después fue ocupada brevemente por revolucionarios laguneros). Un mes después volvió a atacar la misma población, que cayó en sus manos poco antes de la firma de los acuerdos de paz. Desde Indé, Urbina lanzó otras ofensivas de modo que al fin de las hostilidades era dueño de los partidos de Indé y El Oro.

El fin de la pizca del algodón reactivó de tal modo la rebelión en la Comarca Lagunera que para fines de enero había más de 2 000 hombres en armas, agrupados en cuarenta o cincuenta bandas poco coordinadas. Aunque todavía eran poco aptos para el combate e incapaces de enfrentar eficazmente a sus perseguidores (algunos destacamentos de rurales, porque los soldados federales se limitaban a resguardar las ciudades), los guerrilleros eran obedientes a sus líderes y peleaban con gran entusiasmo.

En febrero las acciones guerrilleras fueron creciendo en número e importancia. Ugalde, Adame y Argumedo ocuparon temporalmente Matamoros; Calixto Contreras se adueñó de Cuencamé; Orestes Pereyra tomó Nazas y Martín Triana sentó sus reales en San Juan de Guadalupe. En esas acciones murieron los jefes Melesio García de León y Víctor Contreras, hijo de don Calixto.

En marzo, los jefes rebeldes se plantearon la necesidad de unificar las diversas guerrillas como paso obligado para ocupar definitivamente plazas como Matamoros, Mapimí o Cuencamé, y atacar las tres ciudades del corazón de la Comarca (Torreón, Lerdo y Gómez Palacio). No hubo hechos de armas como los de febrero, pero se mantuvo la actividad guerrillera, sobre todo en torno a las vías férreas. Los capitanes guerrilleros pudieron dedicarse tranquilamente a unificar sus tropas porque los federales no los atacaban: trenes y trenes llenos de soldados llegaban a Torreón, pero no se detenían ahí: iban rumbo a Chihuahua. A principios de abril se consolidaban los liderazgos de Jesús Agustín Castro y Orestes Pereyra en la zona alta, de Sixto Ugalde en la zona baja y de Calixto Contreras en la región de Cuencamé.

Francisco L. Urquizo, joven ranchero de San Pedro de las Colonias que desde febrero se había incorporado a la lucha armada, muchos años después, ya general afamado y escritor de renombre, pintó la organización militar de aquellos meses:

> No había regimientos ni escuadrones, sino grupos personalistas: la gente de don Sisto (la de Sixto Ugalde), la gente de don Oreste (la de Orestes Pereyra).
>
> Nadie se consideraba entre aquellas gentes con la obligación precisa de luchar, sino de «ayudar».
>
> ¿De qué gente eres? se le preguntaba a alguno.

Ando ayudando a don Sisto Ugalde.

Es decir, que don Sixto era el de la obligación de pelear y no el afiliado a su partida.[6]

Pero a fin de cuentas hombres de campo, acostumbrados a la vida ruda, diestros jinetes y hechos al manejo de las armas (como los pinta el propio Urquizo), aun sin organización ni experiencia fueron dominando la región. Entre el 28 de marzo y el 28 de abril cayeron en manos de los rebeldes Cuencamé, Velardeña, San Juan de Guadalupe, Indé, Parras, Viesca, Matamoros, San Pedro de las Colonias, Ciudad Lerdo y Mapimí, y en la primera semana de mayo, de 5 000 a 7 000 rebeldes empezaron a acercarse a Torreón y Gómez Palacio: desde el oriente llegaron unos 2 000 jinetes mandados por Benjamín Argumedo y Enrique Adame Macías, que habían tomado y defendido Parras y Matamoros; de las montañas de Mapimí bajó Jesús Agustín Castro con 1 200 soldados; de la zona de Tlahualilo llegó Orestes Pereyra con un nutrido contingente. Al mismo tiempo, Calixto Contreras y otros rebeldes de Durango ponían sitio a la capital de ese estado. Un poco antes de que Torreón y Durango quedaran cercadas, llegó a La Laguna Emilio Madero González, hermano de don Panchito, con el nombramiento de jefe de la Revolución en Coahuila y Durango. Castro, Pereyra y Ugalde reconocieron rápidamente su autoridad.

El 4 de mayo, Gómez Palacio cayó en manos de los rebeldes: los federales evacuaron la plaza para concentrarse en Torreón, que quedó sitiada el día 12. Luego de tres días de recios combates, los defensores, menos de 1 000, evacuaron la plaza silenciosamente en la madrugada del 15 de mayo. Emilio Madero, Jesús Agustín Castro, Orestes Pereyra, Sixto Ugalde y Gregorio García pasaron la noche en Gómez, y acampados frente a Torreón, con sus hombres, solo estaban algunos jefes secundarios. Tan pronto como los rebeldes notaron la ausencia de los federales, algunos grupos empezaron a entrar a la plaza y unidos a los habitantes más pobres de Torreón, notoriamente bebidos unos y otros, saquearon los principales comercios y perpetraron una terrible matanza de chinos. El único jefe de cierta significación que estuvo presente fue Benjamín Argumedo, a quien después quiso usarse como chivo expiatorio, pero que terminó siendo exonerado por los jueces de la causa. Tarde para los chinos, Orestes Pereyra y Emilio Madero lograron poner fin a los desmanes.

El saqueo de Torreón y la matanza de chinos aterrorizaron a los vecinos de la ciudad de Durango, sitiada entonces por las fuerzas de Calixto Contreras, Domingo Arrieta, Matías Pazuengo, José Maciel y otros jefes de menor importancia. Algunos notables lograron ponerse en contacto con Emilio Madero y le pidieron que evitara una toma violenta, prometiéndole la entrega de la plaza. Emilio puso a las fuerzas rebeldes que quedaron en Torreón a las órdenes de Orestes Pereyra, dejó la autoridad civil en manos del doctor José María Rodríguez y del profesor Manuel N. Oviedo y se fue con Agustín Castro a recibir la rendición de Durango, que fue ocupada pacíficamente el 30 de mayo. Para entonces ya se habían firmado los Acuerdos de Ciudad Juárez, y Porfirio Díaz iba camino de Francia, de manera que los rebeldes maderistas estaban entrando en son de triunfo en muchas ciudades del país.

3. Colorados e irregulares

Ciudad Juárez cayó en manos de las fuerzas de Pascual Orozco y Pancho Villa el 10 de mayo, y más tardaron los rebeldes en dejar de echar bala contra los federales que en empezar a pelearse entre ellos. Mientras se reanudaban las negociaciones con los representantes del gobierno, arreciaban los incidentes desagradables entre los revolucionarios chihuahuenses y el grupo de civiles que habían acompañado a Madero en sus campañas políticas y que ahora empezaban a arribar a Juárez o El Paso.

Muy significativo fue el rechazo por parte de Orozco, Villa y la mayoría de los jefes rebeldes de extracción popular al nombramiento de Venustiano Carranza como encargado del despacho de Guerra en el gabinete que formó Madero. En primer lugar, recordaban los antecedentes de Carranza como senador porfirista, su pasado reyista y, sobre todo, que no había disparado un solo tiro durante la lucha precedente a pesar de haberse comprometido a hacerlo. Al mismo tiempo, esos capitanes se insubordinaron cuando Madero perdonó la vida del general federal Juan J. Navarro —quien había fusilado a los rebeldes presos y heridos en la batalla de Cerro Prieto—, y el zafarrancho resultante estuvo a punto de terminar mal.

Estos y otros conflictos menores fortalecieron en el ánimo de Madero las voces de los segmentos más conservadores del movimiento, que lo instaban a buscar una negociación con el gobierno que librara «a la patria de los revolucionarios»,[7] es decir, de esos jefes populares atrabiliarios e impetuosos que empezaban a disentir de sus propósitos. Y así, el 21 de mayo de 1911 se firmó un «Convenio» que daba por terminadas las hostilidades «entre las fuerzas del gobierno del general Díaz y las de la Revolución, debiendo estas ser licenciadas» conforme se restableciera el orden público. Este convenio, por el que «la Revolución» (sujeto activo) daba por terminada la lucha contra el gobierno de Porfirio Díaz, estaba precedido por los considerandos de rigor, según los cuales el presidente Porfirio Díaz y el vicepresidente Ramón Corral renunciarían a sus cargos, y asumiría la primera magistratura del país el licenciado Francisco León de la Barra, secretario de Relaciones Exteriores, quien se comprometía a atender «dentro del orden constitucional» los problemas causantes de la Revolución. No se escribió en el convenio, pero quedó sobreentendido, y así se hizo, que León de la Barra formaría un «gobierno de transición» en que estuvieran significativamente representados los revolucionarios. Con este acto formal se dio por terminada la rebelión maderista.[8]

Muchas veces se ha dicho que este «Convenio», llamado Acuerdos de Ciudad Juárez, dejó intacto el aparato porfirista. La verdad es que en los siguientes meses todo el personal ejecutivo de gobierno sería reemplazado; que la verdadera fuerza operativa del

Estado, los Rurales de la federación, serían sustituidos desde 1911 y sobre todo en 1912 por «irregulares» de origen maderista; y que en septiembre de 1912 asumió una Cámara de Diputados con mayoría maderista. Pero de momento demasiados jefes populares de la Revolución pensaron que dejar la transición en manos del aparato porfirista y desarmar al Ejército revolucionario evitando la destrucción militar del enemigo les parecía, como mínimo, un acto de ingenuidad, aunque para otros era claramente una torpeza política y no faltaron quienes desde los primeros días lo señalaron como una traición (y aunque no fue así, esa idea ha prevalecido hasta la fecha).

Roque González Garza, miembro representativo de los jóvenes maderistas de extracción urbana y futuro villista, contó después que «muchos nos opusimos [a la firma de los acuerdos], alegando que era parcial la derrota del ejército federal, que [...] estaba casi íntegro, que valía más y era mucho más conveniente para los fines que servía el movimiento» que la guerra continuara hasta la destrucción militar del enemigo.[9]

Pancho Villa y sus capitanes también rechazaron los acuerdos. Según testimonios de supervivientes, un grupo de capitanes entre los que estaban Andrés U. Vargas, Félix Chávez, Miguel Samaniego, Agustín Estrada, Faustino Borunda, Isaac Arroyo y Julio Acosta tuvieron varias reuniones con Villa e incluso con Abraham González, jefe político del maderismo en Chihuahua y muy pronto gobernador provisional del estado, en las que externaron sus dudas: ¿qué iba a pasar con el asfixiante control económico del clan Terrazas?, ¿qué con las tierras que los rebeldes exigían?, ¿en qué situación iban ellos a quedar tras el «licenciamiento» de las fuerzas rebeldes? Los capitanes expresaron que no se habían levantado en armas únicamente contra un fraude electoral, sino contra la opresión y el despojo. En una de las reuniones con Abraham González, ya siendo este gobernador, les habría dicho: «A su tiempo se hará del conocimiento público, ante quién se harán las solicitudes para adquirir terreno nacional, en compra, en qué términos y con facilidades de pago».

Esta respuesta creó una enorme inconformidad y los capitanes fueron a ver a Villa, quien los acompañó a casa del gobernador. «Don Abraham les dio una larga explicación de la alteza de miras del señor Madero y les recomendó guardar compostura y esperar, porque todo se iba a atender a su debido tiempo». De regreso en casa de Villa volvieron a externar sus dudas, y Pancho les pidió lealtad y paciencia, y con eso terminó la reunión. Los soldados recién licenciados regresaron a sus respectivos pueblos, y Pancho Villa se fue a San Andrés, donde lo esperaba su prometida, la señorita Luz Corral, para casarse. Con 10 000 pesos que como obsequio personal le dio Madero, se estableció como carnicero en Chihuahua.

También creó enorme agitación y descontento el licenciamiento de las fuerzas rebeldes. Desde fines de junio de 1911 el gobernador de Chihuahua, Abraham González, empezó a recibir numerosos telegramas de las autoridades municipales quejándose por la actitud de los rebeldes licenciados: el 26 de junio recibió una carta del coronel Orestes Pereyra, jefe de armas de Torreón, quien le informaba que «gente licenciada de Tomás Urbina anda haciendo escándalos en Villa Hidalgo, Durango» y que, por lo tanto, había girado órdenes «a dicho señor Urbina» para que desarmara a esos hombres. El 27 de junio recibió un telegrama del coronel José de la Luz Soto, quien le informaba «que los licenciados exsoldados insurrectos, andan cometiendo actos bandálicos [*sic*] en Valle de Zaragoza». Entre el 7 y el 15 de julio le llegaron varios telegramas que acusaban a Homóbono Reyes, de Palomas, de negarse a desarmar a su gente y que lo mismo pasaba con Heraclio Lozano, quien había peleado a las órdenes de Cástulo Herrera. Desde fines de julio se recibieron informes del remoto mineral de Guadalupe y Calvo, en los que se acusaba al jefe rebelde Juan Banderas (sinaloense, que desde las cañadas de su estado había subido a Guadalupe y Calvo) de destruir los archivos y negarse a desarmar a sus hombres. El 27 de septiembre, José de la Luz Soto acusaba a Trinidad Rodríguez de proteger a exrebeldes metidos a bandoleros, y decía que la única solución al bandolerismo en la región de Santa Bárbara consistiría en aprehender al dicho Trinidad Rodríguez y confiscarle «todo lo que tiene, que es robado en la época de la Revolución». En fin, de todos lados llegaban reportes de la inconformidad de los rebeldes supuestamente licenciados.[10] Uno de los documentos más explícitos, enviado el 27 de septiembre por el presidente municipal de Satevó, decía

> [...] que es ya escandaloso el bandolerismo y principalmente abigeato en esta Municipalidad a mi cargo, debido al apoyo que Pancho Villa imparte a toda clase de gente insubordinada y amante de vivir de lo ajeno y a la mal fundada razón que muchos exponen de que prestaron sus servicios a la Revolución y que con este motivo pueden disponer de haciendas que no les pertenecen.
>
> La mayoría se rehúsan a respetar a las autoridades y a caminar de acuerdo con ellas; no quieren sujetarse a las leyes sino a su voluntad.[11]

La correspondencia recibida por don Abraham reflejaba también el malestar creciente de los licenciados. El 7 de julio, Pablo López, que alcanzaría enorme fama como guerrillero, le escribió quejándose airadamente porque Maclovio Herrera, a cuyas órdenes había quedado desde abril, pretendía licenciarlo con tan solo treinta pesos. El 20 de julio, Fortino Gámez informaba al gobernador que numerosos rebeldes se negaban a ser desmovilizados en Chínipas, porque se pretendía pagarles solamente 25 pesos, además de requisarles su arma.[12] El 10 de agosto, el coronel (licenciado) Tomás Urbina, escribió una larga carta a don Abraham, con copia a Madero, en que exponía la situación de sus hombres y la actitud de muchos de los jefes licenciados:

> Tengo el gusto de acompañar a Ud. una lista de varios soldados del Estado de Durango que trabajaron conmigo durante todo el tiempo de la Revolución o más bien dicho, gran parte de la Revolución y conforme a las órdenes superiores fueron dados de baja y liquidados en Jiménez durante la segunda quincena de junio y, al volver a sus hogares, con la sana intención de dedicarse al trabajo, los han perse-

guido brutalmente varias autoridades de Durango. Como Ud. comprenderá, debido a la Revolución en todas partes en que operamos nos contrajimos muchas enemistades, en virtud de habernos provisto de fondos, mercancías y caballos para la subsistencia de nuestra tropa y en virtud de estar autorizados por el Plan de San Luis Potosí; pero como en el estado de Durango predomina el elemento antiguo, o sea el caciquismo y la influencia de los científicos, son a estos a lo que obedecen las persecuciones injustas que sufren actualmente nuestros hermanos; por lo mismo, han recurrido [*sic*] a mí los individuos que forman la lista que adjunto, para evitar el derramamiento de sangre que sería perjudicial a nuestros hermanos y a la causa de la República. En tal virtud, suplicamos a Ud. se sirva interponer sus influencias ante el Primer Magistrado de la Nación, a fin de que se libren las órdenes respectivas [...] al Gobernador de Durango y a las demás autoridades militares para que no sean molestados en ninguna manera ninguno de nuestros repetidos hermanos, en la inteligencia de que si no es atendida nuestra respetuosa súplica, indudablemente nos veremos obligados por la fuerza.[13]

Es decir, que la forma en la que se estableció (o se intentó establecer) la paz, fue semilla de nuevas discordias, que dividirían a los rebeldes maderistas de Chihuahua y La Laguna en dos grandes grupos, *irregulares* y *colorados*. Aunque la ruptura sería temporal, pues casi todos los jefes colorados (con la notable excepción de Pascual Orozco) se aliarían con el villismo o el zapatismo en 1914.

A los irregulares los definió magníficamente, desde la trinchera enemiga y con muy mala fe, el huertista Jorge Vera Estañol, para tratar de explicar la rapidez con la que cundió la rebelión contra Huerta desde el mismo 18 de febrero de 1913, cuando Madero fue depuesto por el golpe militar:

Se recordará que durante el interinato de De la Barra núcleos bastante numerosos de la huestes maderistas fueron paulatinamente sujetándose al control de la Secretaría de Gobernación; pero en lugar de desleír estos elementos en las fuerzas ya organizadas del gobierno, a instancias del propio Madero se siguió la doble política de ir licenciando a los soldados de línea que pedían sus bajas, aun cuando no hubieran cumplido su período de enganche, y de formar cuerpos especiales con los rebeldes regimentados, poniendo a su frente oficiales elegidos entre los cabecillas revolucionarios [...].

De espíritu congénitamente levantisco, y soliviantados además por la atmósfera bien perturbada que había dejado la revolución, los nuevos cuerpos rurales no llegaron a conocer propiamente la disciplina, estuvieron constantemente en conflicto con las tropas federales, causaron no pocas inquietudes al gobierno por sus desórdenes y desenfreno y fueron en todo tiempo materia dispuesta para la insubordinación.[14]

Expliquemos: ante la inconformidad generada entre muchos rebeldes maderistas por el licenciamiento a que los obligaban los Acuerdos de Ciudad Juárez, muchos reaccionaron con un disgusto que pintó Francisco L. Urquizo, el cronista del soldado lagunero:

¿Te dieron tus cuarenta pesos, mano?

Sí, pero nomás les di un arma vieja y descompuesta. A la buena, si les iba yo a entregar la mera petatera.

¡Claro, pos de tonto!

Estamos retecontagiados por todos los ranchos, y ni modo de andar sin arma [...]. Oye, me dijo un amigo de por ahí de «El Compás», que Cheché Campos quiere armar bola contra Madero.

Pos pué que tenga razón. Ya ves estos... cómo lo corren a uno apenas ganaron.

En balde la ayudada que les dimos [...].

Vente, vámonos acercando por el lado de Cheché Campos, por all' ha de reventar la bola.[15]

Por ello, el secretario de Gobernación, Emilio Vázquez Gómez, y varios gobernadores maderistas (en mayo y junio, como parte de la transición, se dio el recambio negociado de todos los gobernadores del país), entre los que destacaron Abraham González, de Chihuahua, y Venustiano Carranza, de Coahuila, gestionaron y obtuvieron que una fracción de los rebeldes maderistas se transformaran en gendarmes, rurales o, genéricamente, «irregulares de la federación», que pronto sustituyeron a los antiguos rurales porfiristas en la custodia del orden y la defensa del gobierno en el campo. En 1912, parte de estos irregulares se sublevaron contra el gobierno, sumándose a los colorados, pero fue justamente la fuerza de la rebelión antimaderista lo que permitió la multiplicación de las fuerzas irregulares, que en febrero de 1913 sumaban, solamente en el estado de Chihuahua, más de 7 000 hombres mandados por jefes valerosos y entusiastas, partidarios de Madero. Un número aún mayor se concentraba en los estados vecinos de Coahuila, Durango y Sonora e irregulares originarios de esos estados defendían al gobierno en lugares tan remotos como la Ciudad de México o Michoacán. Como señala Vera Estañol, los irregulares serían el punto de apoyo de la rebelión contra el presidente Victoriano Huerta, iniciada en febrero de 1913.

Y es que Madero, sin quererlo, abrió la puerta de la rebelión agraria. La anunciaron los planes de Texcoco y Tacubaya, redactados por Andrés Molina Enríquez y Paulino Martínez, respectivamente, y la iniciaron Emiliano Zapata y sus compañeros a fines de noviembre de 1911, con el Plan de Ayala. Del zapatismo hablamos detalladamente en el libro anterior *Tierra y libertad. Breve historia del zapatismo*. Pero es importante recordar que en el Plan de Ayala se ofrecía la jefatura de la Revolución a Pascual Orozco.

Pero en Chihuahua, la rebelión contra Madero empezó antes: el 24 de mayo de 1911, apenas tres días después de la firma de los Acuerdos de Ciudad Juárez, Ricardo Flores Magón y sus compañeros llamaron a los rebeldes a continuar la lucha que Madero había traicionado: «No conspiréis contra vosotros mismos. Deshaceos de vuestros jefes de cualquier manera y enarbolad la bandera roja de vuestra clase inscribiendo en ella el lema de los liberales: Tierra y Libertad».[16]

Unas semanas después, José Inés Salazar, Lázaro Alanís y otros magonistas ya estaban sobre las armas enarbolando la bandera roja del nuevo ideario anarcosindicalista del PLM. Por el color de su enseña, se les empezó a llamar *colorados*. Hacia el final del año de 1911, nuevos brotes rebeldes, vazquistas, inspirados en el Plan de Tacubaya, o zapatistas, aparecieron en todo el norte.

En febrero de 1912 los jefes rebeldes que enarbolaban el Programa del PLM (José Inés Salazar y Emilio P. Campa); los partidarios de Emilio Vázquez Gómez, que sostenían el Plan de Tacubaya (Antonio Rojas y Blas Orpinel); los que proclamaban el Plan de Ayala (Herminio R. Ramírez y Benjamín Argumedo); y otros grupos rebeldes, entre los que destacaba el que había redactado un Plan de Santa Rosa (Braulio Hernández), empezaron a mandar carta tras carta a Pascual Orozco pidiéndole que se pusiera al frente de la rebelión contra el gobierno de Madero y que aceptara la jefatura que se le ofrecía en el Plan de Ayala.

Estos llamados, conjugados con los agravios y desaires que el gobierno había hecho al joven caudillo de San Isidro, así como las ofertas de personeros del clan Terrazas-Creel (que pretendían aprovechar la rebelión popular para minar al gobierno democrático de Madero), llevaron a Orozco a ponerse al frente de la rebelión el 2 de marzo de 1912. Como en el estado no había soldados federales y casi todos los irregulares eran partidarios suyos, rápidamente controló Chihuahua, y el 25 de marzo, luego de que José Inés Salazar despedazara una columna federal en Estación Rellano, promulgó un plan revolucionario que, aunque confuso, expresaba los ideales agrarios y democráticos de los nuevos rebeldes.

La rebelión de Orozco tuvo en Chihuahua, Durango y La Laguna dos efectos importantísimos en la futura trayectoria del villismo: el primero fue la escisión de la revolución popular norteña, y el segundo, que por ahora solo apuntaremos, fue que canceló la posibilidad de que en Chihuahua se diera un tránsito institucional entre el gobierno maderista y la revolución contra el gobierno de Huerta, como ocurrió en Coahuila y Sonora. Esta característica facilitó la emergencia del villismo como movimiento popular autónomo.

Por lo pronto, detengámonos en el primero de estos efectos: mientras muchos veteranos de la rebelión maderista se adherían al orozquismo, otros tantos permanecían leales al gobierno y se aprestaban para luchar contra sus antiguos compañeros. Ya hemos visto qué tipo de jefes populares se rebelaron entre julio de 1911 y marzo de 1912: los magonistas, algunos dirigentes mutualistas, y jefes rancheros con fuertes aunque vagas aspiraciones de justicia agraria (y un añadido regionalista: casi todos los de los distritos Guerrero y Galeana, y la Sierra de Chihuahua: el país de Orozco, y numerosos laguneros). ¿Quiénes se quedaron en las filas maderistas? Los jefes campesinos con mayor claridad política, que llevaban años dirigiendo a sus pueblos en las luchas de reivindicación agraria, como era el caso de Calixto Contreras, Toribio Ortega, Porfirio Talamantes, Severino Ceniceros o Sixto Ugalde; los jefes procedentes de los sectores medios urbanos identificados con Madero, como Eugenio Aguirre Benavides, Roque González Garza y Manuel Chao; e individuos que antes de la Revolución habían vivido en el borde de la ilegalidad, a veces participando en esa forma primitiva de protesta que es el bandolerismo social, como Pancho Villa, Trinidad Rodríguez y Tomás Urbina. Un sector que no había participado colectivamente en la etapa maderista, el de los trabajadores del riel, no tardaría en aportar sus propios jefes, como Santiago Ramírez, Natividad Reza Pérez y Rodolfo Fierro. Excepcionalmente, algunos magonistas de 1906 y 1908, como Orestes Pereyra y Severino Ceniceros, permanecieron en las filas del gobierno. También permanecieron leales un importante número de capitanes rebeldes de 1910 surgidos de las filas de los rancheros de mediano pasar del norte, como Maclovio Herrera, José de la Luz Blanco y Rosalío Hernández. Casi todos estos jefes volverían a unirse en 1913, para dar vida a la División del Norte.

En Durango y La Laguna los revolucionarios partidarios de Madero, entre ellos todos los jefes de fuerzas irregulares, reaccionaron por su cuenta cuando estalló la rebelión, y en La Laguna pronto recibieron el respaldo del gobernador Carranza. En Chihuahua, donde el grueso de los irregulares se volteó contra el gobierno, don Abraham González autorizó a jefes de su confianza a reunir discretamente a sus antiguos soldados en previsión de la revuelta. Recibieron esta encomienda el coronel Francisco Villa, comisionado a los municipios de Satevó y Valle de Zaragoza; el mayor Tomás Ornelas, enviado al distrito Camargo; y los coroneles Toribio Ortega y José de la Cruz Sánchez en la región de Ojinaga.

Francisco Villa fue el primero en tener lista a su gente, y el 15 de febrero lanzó un manifiesto exigiendo que se pusiese coto a los ambiciosos que alentaban la agitación. Firmaban con él varios de sus oficiales, como Javier Hernández, Encarnación Márquez y Gorgonio Beltrán. Durante todo el mes de marzo fue un incordio permanente en el centro y sur de Chihuahua y llegó incluso a arrebatarle Parral a las autoridades orozquistas, en combinación con Maclovio Herrera. A mediados de abril, con varios centenares de hombres, Villa, Herrera y Tomás Urbina se trasladaron a Torreón, donde Huerta los incorporó a su columna por órdenes de Madero.

También hicieron armas en defensa del gobierno Toribio Ortega y José de la Cruz Sánchez en la región de Ojinaga, José Almeida y Julio Acosta en el distrito Guerrero, Candelario Cervantes en Namiquipa, Alejandro Gandarilla y Elfego Bencomo en Madera y el mineral de Dolores, Isaac Arroyo en el mineral de Palmarejo y Feliciano Díaz en Témoris. Arroyo y Díaz tomaron Chínipas y Batopilas, donde se quedó Díaz mientras Arroyo corría a incorporarse a la columna de Huerta. Del otro lado del estado, Rosalío Hernández se levantó con su gente y ocupó Ciudad Camargo el 2 de junio, siendo inmediatamente desalojado; Hernández se unió entonces a la columna de Victoriano Huerta.

Francisco de P. Ontiveros, oficial del regimiento de Toribio Ortega, escribió en 1914 que los soldados de Orozco, a los que había combatido, eran «valientes hijos de Chihuahua» que siempre lucharon a la ofensiva, no como «las chusmas de un Campa o un Argumedo», y afirma que solo los ignorantes pueden decir que Chihuahua apoyó la rebelión de Orozco, cuando nada más lo hicieron los distritos Galeana y Juárez, y parte del de Guerrero, mientras que el resto del estado permanecía leal y luchaba contra ellos. Para Ontiveros, villista chihuahuense, las dos terceras partes de los colorados no eran de Chihuahua, sino gente de otros estados que seguía a Campa, Campos, Argumedo, Lavín, Güereca, Caro, Escajeda, Murillo, «el indio Mariano» y otros. En cambio, fueron chihuahuenses los que llevaron el peso de la lucha contra Orozco, los hombres de Villa, Herrera, Rodríguez, Ortega, Blanco y otros jefes. Esta visión, sin duda exagerada, muestra la realidad de la escisión revolucionaria en Chihuahua.[17]

Así pues, en la columna de Huerta fueron encuadrados numerosos revolucionarios de 1910, entre los que destacaban Raúl y Emilio Madero, Francisco Villa, Eugenio Aguirre Benavides, Toribio Ortega, Maclovio Herrera, Tomás Urbina y otros, chihuahuenses y laguneros, principalmente. Los cuerpos irregulares de Durango, que mandaban Orestes Pereyra, Calixto Contreras y Domingo Arrieta, y los de Coahuila, de Pablo González, Sixto Ugalde, Lucio Blanco y Cesáreo Castro, no fueron incorporados a la División de Huerta porque se les encomendó cubrir la retaguardia.

Los revolucionarios que se unieron a la División del Norte de Victoriano Huerta se repartieron en diversas corporaciones: en las dos brigadas de infantería quedaron el Batallón Ferrocarrilero, de Eugenio Aguirre Benavides, y el Batallón Irregular Mariano Escobedo, de Luis Garfias. Los irregulares de caballería formaron la segunda brigada de esa arma, mandada por Emilio Madero: quedaron ahí el Cuerpo de Guías, como se llamó a las fuerzas de Villa, Urbina y Herrera; el Cuerpo de Carabineros de Nuevo León, de Raúl Madero; y otras fuerzas menores. Sobre la marcha, entre Torreón y Jiménez, se incorporó el Regimiento Irregular Miguel Hidalgo, de Manuel Chao; y más adelante, la gente de Toribio Ortega y la de Rosalío Hernández.

Las fuerzas del gobierno salieron de Torreón el 6 de mayo de 1912, iniciando así el lento camino que, gracias a las victorias de Conejos, Rellano y Bachimba, las llevó a Chihuahua. Durante la marcha y los combates, el Cuerpo de Guías del «general honorario» Villa combatió en la extrema vanguardia con resultados casi siempre satisfactorios, incluso para el quisquilloso Victoriano Huerta. En esos días Villa vio por primera vez maniobrar a la artillería y el jefe de esa arma, teniente coronel Guillermo Rubio Navarrete, tuvo la gentileza de mostrarle su uso y las reglas de su movimiento en campaña.

Así fueron las cosas hasta que el 26 de mayo, en Ciudad Jiménez, el general Huerta dio órdenes directas y terminantes de pasar por las armas al honorario Villa por un conflicto menor relativo a las ordenanzas del Ejército. Desde el principio Villa y Huerta se habían caído mal, y Huerta aprovechó el primer pretexto que se le presentó para deshacerse del guerrillero de Durango. Los hermanos de Madero y dos oficiales federales, Francisco Castro y Guillermo Rubio Navarrete, lograron salvar a Villa del pelotón de fusilamiento y el Centauro fue remitido preso a la Ciudad de México. Las fuerzas de Pancho Villa fueron refundidas en otras corporaciones, con el resultado de que casi todos los soldados y numerosos oficiales desertaron y regresaron a sus hogares.

Una vez tomadas Chihuahua y Ciudad Juárez, en julio, don Abraham González fue repuesto en su cargo, y muchos de los irregulares continuaron realizando una campaña contraguerrillera contra los rescoldos del orozquismo.

En La Comarca Lagunera la rebelión orozquista fue rápidamente sofocada merced a la concentración de tropas federales e irregulares, y a la retirada hacia Chihuahua de los principales caudillos rebeldes. En cambio, en Durango fue una implacable guerra de guerrillas en la que los rebeldes y los leales no pedían ni daban cuartel. Durante todo el año de 1912, el 22 Cuerpo Rural de Orestes Pereyra y el Regimiento Irregular Benito Juárez, de Calixto Contreras, fueron las principales fuerzas contraguerrilleras al servicio del gobierno.

Entre tanto, Madero intentaba gobernar. Y en Chihuahua, Abraham González había empezado su gobierno desmontando paulatina pero rápidamente las políticas antidemocráticas de Creel, aunque en lo social fue menos eficaz que en lo político para dar respuesta a las demandas de los revolucionarios. Más que hablar de ellos, para fines de este libro conviene estudiar la actuación de dos personajes que tuvieron cierto margen de maniobra en sus respectivas regiones: Calixto Contreras y Toribio Ortega. A través de las acciones de estos dos futuros jefes de brigada villistas, podemos entender también las complicadas y conflictivas relaciones entre los revolucionarios oficiales y los caudillos populares.

Tras el licenciamiento del grueso de las fuerzas rebeldes duranguenses, en mayo de 1911, el coronel Calixto Contreras fue enviado a Cuencamé con sus tropas, ahora denominadas Regimiento Irregular Benito Juárez, y llegó ahí para encontrarse con que el nuevo jefe político, designado por el flamante gobernador Alonso y Patiño, era un tal Escobar, hombre identificado con los hacendados. Contreras protestó enérgicamente y la situación en Cuencamé empezó a caldearse, hasta que el gobernador comprendió su yerro y depuso a Escobar a fines de junio, nombrando en su lugar al antiguo defensor de los ocuilas, Severino Ceniceros.

Con Severino Ceniceros como jefe político y Calixto Contreras como comandante de la guarnición, en el partido de Cuencamé finalmente la Revolución empezó a parecer revolución. El cálido verano de 1911 estuvo marcado por tomas de tierras y el cambio de personal en los gobiernos municipales. Desde febrero los ocuilas habían tomado los terrenos que disputaban a la hacienda Sombreretillos de Campa, y en julio la superficie ocupada rebasó las 30 000 hectáreas de tierras ricas en guayule. Poco después, los vecinos de Pasaje, reforzados por campesinos de Peñón Blanco y Cuencamé, invadieron cerca de 70 000 hectáreas de las mejores tierras guayuleras de la hacienda de Santa Catalina del Álamo y las 3 000 hectáreas regadas por la presa Las Mercedes. Siguió la gente de Peñón Blanco, que tomó las cerca de 10 000 hectáreas disputadas con Santa Catalina del Álamo, y los manantiales del río Peñón Blanco que hasta entonces había usufructuado la hacienda de Juan Pérez.

En 1911 hubo unas elecciones extraordinarias de poca importancia, porque en el estado se esperaban las de 1912. Durante tres meses gobernó el estado interinamente un hacendado lagunero vinculado a Madero, Emiliano G. Saravia y Murúa, al que los revolucionarios de Cuencamé recibieron con desconfianza. Pero el gobernador interino se mostró tolerante ante las invasiones de tierras en el oriente del estado y mantuvo en su puesto a Ceniceros y a los presidentes municipales del partido, todos seguidores de Calixto Contreras y elegidos por aclamación por los pobladores de Cuencamé, Peñón Blanco y Santa Clara.

En noviembre de 1911 Calixto Contreras se fue a la Ciudad de México a felicitar al señor Madero, pero sobre todo, a exponerle los conflictos agrarios del partido. Lo acompañaban Severino Ceniceros como vocero de Cuencamé, Jesús Flores por Ocuila, Antonio Castellanos y Froylán Reyes en representación de Peñón Blanco, José M. Rodríguez y Pedro Sosa por Pasaje, Agustín Aguilar y José María Martínez por Santa Clara, y Bernabé Cabello por Ranchería. Cuando los recibió, el presidente Madero hablaba de democracia y libertad, y Contreras, quien llevaba la voz cantante, de reparto de tierras. Antonio Castellanos le dijo al presidente que los campesinos de Peñón Blanco se habían levantado por la promesa agraria del Plan de San Luis.

Hacia principios de 1912, las diferencias entre el gobernador Alonso y Patiño y el coronel Calixto Contreras habían subido de tono, pero el incremento de las rebeliones agraristas en todo el país (Zapata promulgó el Plan de Ayala a fines de noviembre de 1911), y a mediados de mes el gobierno federal designó a Contreras jefe político de Cuencamé, con la orden de pacificar la región, cosa que sucedió de inmediato, pues los grupos de campesinos que habían tomado las haciendas confiaban totalmente en él.

Este nombramiento tuvo otro efecto: el 28 de febrero de 1912 renunció el gobernador Alonso. Un periódico local informó que la renuncia se debía a que el gobierno federal había impuesto al coronel Contreras en la jefatura política de Cuencamé sin consultar al gobernador. Como haya sido, el prestigio de Alonso pertenecía al régimen pasado y su gestión no había satisfecho a nadie. El Congreso local eligió como sustituto a Emiliano G. Saravia, que no había hecho mal papel durante los tres meses de su interinato anterior.

Muchos kilómetros al norte, en la región de Ojinaga, los rebeldes populares también tomaban en sus manos la situación. Ortega regresó a su pueblo sin cargo alguno, pero una vez ahí presionó al gobernador para ser designado jefe seccional de Cuchillo Parado. Con ese cargo y el mando real de los rebeldes supuestamente desmovilizados, Ortega respaldó la toma de tierras de los latifundios de Carlos Muñoz por vecinos de Cuchillo Parado y la de las tierras que los vecinos de San Carlos y San Antonio disputaban a la hacienda de Orientales, de Enrique Creel. Cuando empezó la rebelión de Orozco, Ortega recibió órdenes del gobierno del estado de restablecer «la tranquilidad» en la región.

En Durango, las elecciones locales de 1912 también sirvieron para deslindar los campos al interior de las filas maderistas: frente a los personajes que habían administrado la transición, los caudillos populares del estado Calixto Contreras, Orestes Pereyra y Domingo Arrieta respaldaron la candidatura de Juan E. García, un mediano propietario de Ciudad Lerdo, añejo opositor al régimen porfirista, que tenía mucho prestigio entre los jefes populares maderistas. En su contra, el gobernador del estado y los parientes de Madero vinculados a la oligarquía postularon al ingeniero Carlos Patoni, respetado maderista de la capital, cuya candidatura iba acompañada por la de diez (de 11 distritos) candidatos a diputados de origen porfirista. Las elecciones se realizaron en medio de acusaciones de fraude y en un ambiente de violencia contenida (incluso se suspendieron en los partidos de Indé y El Oro, controlados por los orozquistas). El Congreso local, el mismo de la dictadura, erigido en colegio electoral, declaró vencedor por apretado margen a Patoni.

El 15 de septiembre de 1912 Carlos Patoni tomó posesión como gobernador constitucional. El 21 de septiembre don Juan E. García hizo pública una carta abierta dirigida al presidente Madero, cuya punto central era una promesa: «Ni mis partidarios ni yo nos levantaremos en armas, como se lo hizo a usted creer su particular amigo, el señor Patoni». No se levantarían en armas a pesar, decía don Juan, de las enormes irregularidades electorales, de la violación de la libertad de sufragio y del descarado apoyo de los gobiernos federal y estatal a la candidatura de Patoni. No se levantaría en armas, pero se retiraría de la política desligándose de todo compromiso con el señor Madero y llevándose a casa «el sentimiento de que en mi patria, a pesar de la inmensa oleada de sangre que la anega y cubre por todas partes, todavía se infieran a la democracia y a la Ley terribles y dolorosos agravios».[18]

Poco después, el gobernador Patoni ordenó que Domingo Arrieta y Calixto Contreras fueran enviados a la Ciudad de México, fuertemente escoltados, y se iniciaron las gestiones para desarmar a sus hombres. También fue encarcelado el coronel Tomás Urbina y solo la intermediación de Emilio Madero logró que el antiguo bandolero fuera puesto en libertad. El gobierno local golpeaba a los veteranos maderistas cuando la rebelión de Orozco no se había extinguido. Esto es explícito en una carta que a fines de septiembre recibió en México Calixto Contreras, remitida desde Cuencamé por Severino Ceniceros, que había quedado al frente del Regimiento Benito Juárez:

> La situación está algo comprometida y sigue comprometiéndose por la falta de su intervención en la campaña [...], tengo duda que el Gobierno de nuestro Estado, tímido en grado superlativo, se niegue a darme la autorización correspondiente para perseguir a Argumedo hasta donde se eche. Son varias las gavillas que rodean nuestros pueblos y la fuerza [federal] que se tiene aquí es insuficiente [...]. Así es que si nosotros mismos no defendemos a nuestras familias e intereses, somos perdidos.[19]

En octubre los orozquistas atacaron Cuencamé, defendido por veinte soldados regulares y los restos del Regimiento Benito Juárez, al que le habían cortado los salarios y los suministros de armas. Los representantes de los pueblos del partido enviaron telegramas al presidente Madero elogiando la actividad de Ceniceros y «los hijos del coronel Contreras», pidiendo que dicho jefe regresara a hacerse cargo de la defensa regional; pero Madero también recibía otras cartas, de gente a la que sí atendía, como queda claro en una enviada por el presidente al gobernador Patoni ese mismo mes de octubre: «En contestación a su atenta de fecha dos del actual, le manifiesto que ya que Calixto Contreras es un peligro para ese estado, impediremos que vaya por allá, por lo cual no deben abrigar ningunos temores».[20] Y efectivamente, Calixto Contreras y Domingo Arrieta se quedaron en la Ciudad de México hasta los días del cuartelazo, cuando ambos se fugaron para presentarse en sus pueblos: Calixto en Cuencamé y Arrieta en Santiago Papasquiaro, en la Sierra.

Un asunto de fundamental importancia durante los últimos meses de 1912 y los primeros de 1913 fue la defensa que de los cuerpos irregulares hicieron algunos poderosos gobernadores: en enero de 1913 coincidieron en la Ciudad de México los mandatarios de Sonora y Coahuila, José María Maytorena y Venustiano Carranza, respectivamente, que llevaban, entre otros asuntos, el de impedir que «sus» irregulares fueran licenciados. Según Carranza, «el país olía a desastre»; para Maytorena «la situación general de la República [...] era todo lo malo que podía ser». Preveían que tras las rebeliones del año anterior sobrevendría, «ante la política de transacción y debilidad del gobierno de Madero», un golpe victorioso con la consiguiente cacería de revolucionarios y que en esa situación las únicas garantías de supervivencia serían precisamente esas fuerzas irregulares o estatales que Madero se empeñaba en disolver.

Finalmente, hay que recordar que Pancho Villa estaba preso en la Ciudad de México desde fines de mayo de 1912 y ahí se enteró de las conspiraciones que florecían en el Ejército contra el gobierno de Madero. Con la complicidad de Carlos Jáuregui, un funcionario menor del juzgado donde se veía su causa, y probablemente con la tolerancia del presidente Madero, Pancho Villa escapó de la prisión el 26 de diciembre de 1912, y en compañía de Jáuregui viajó disfrazado hasta la frontera. Desde El Paso,

Texas, le escribió una carta a don Abraham González poniéndose a sus órdenes y avisándole de la conspiración militar que se fraguaba. Don Abraham envió a El Paso a Aureliano González, quien le pidió a Villa que no regresara a territorio nacional y le aseguró que sus temores serían transmitidos a Madero. Por órdenes de don Abraham se entregaron a Villa 1 500 pesos para que comiera mientras se veía qué pasaba. Ahí seguía el caudillo en febrero de 1913.

4. La rebelión de los coroneles

El 9 de febrero de 1913 un grupo de militares desleales se pronunciaron en la capital de la República contra el gobierno de Madero. Los diez días que siguieron fueron uno de los períodos más confusos y peor entendidos de la historia de México. La incomprensión de la verdadera situación militar de la Ciudad de México y la, digamos, incapacidad de Madero para adivinar el futuro, han extendido la incomprensión de sus decisiones en esos diez días, a toda su personalidad y su actuación. No es este el lugar para explicarlo, solo para recordar que el 18 de febrero de 1913 un segundo cuartelazo, detrás del cual estaban sectores del antiguo régimen afectados por el maderismo, así como los intereses de los oligopolios transnacionales y su personero, el embajador estadounidense Henry Lane Wilson, terminó con el intento democratizador y renovador encabezado por Francisco I. Madero, y cuatro días después con la propia vida del expresidente demócrata. En los días siguientes, una oleada de violencia represiva arrebató la vida de aproximadamente seiscientos maderistas en la capital y un número indeterminado en el resto del país. Entre los asesinados destacaban el vicepresidente José María Pino Suárez; Gustavo A. Madero, hermano del presidente y líder de los diputados maderistas, y Abraham González, el gobernador de Chihuahua.

El 18 de febrero, tras arrestar a Madero y a sus principales partidarios, el jefe del nuevo cuartelazo y hasta minutos antes jefe de las fuerzas leales al gobierno en la Ciudad de México, el general de división Victoriano Huerta, proclamó que había asumido el Poder Ejecutivo (dándole un barniz de legalidad al día siguiente, ante una Cámara de Diputados que actuó bajo amenaza), y lo comunicó a los gobernadores, los jefes políticos de los territorios federales y los jefes de las zonas militares. La mayoría de ellos le enviaron telegramas aceptando el nuevo gobierno federal, pero hubo tres silencios harto significativos: el de los mandatarios de Sonora, Chihuahua y Coahuila, José María Maytorena, Abraham González y Venustiano Carranza, que tenían a sus órdenes fuertes núcleos armados. No solo eran silencios: pronto supo Huerta que en el norte se acumulaban nubes de tormenta. Finalmente, en vez de enviar a Madero y Pino Suárez al exilio, ordenó su muerte para evitar que el jefe indiscutible de la Revolución volviera a encabezarla. El 22 de febrero, Madero y Pino Suárez fueron asesinados. A Huerta le falló el cálculo, pues en lugar de descabezar a la nueva rebelión, le dio una enorme fuerza moral. Así lo escribió Francisco L. Urquizo:

> Creyeron que con la muerte física del señor don Francisco I. Madero daban el cerrojazo para tapar para siempre su personalidad y sus ideales y fue exactamente lo contrario. Vivo, el señor Madero tenía, como todos los hombres, partidarios, simpatizadores y enemigos y detractores; muerto, Francisco I. Madero ascendió a la categoría de símbolo de una idea y una norma. Fue la bandera de la legalidad y la democracia [...].
>
> Francisco I. Madero asesinado por Victoriano Huerta, en representación de todas las negaciones reaccionarias y dictatoriales, es norma y medida de libertad y democracia auténtica.
>
> Francisco I. Madero, muerto, vive y vivirá en la conciencia nacional.[21]

La reacción fue inmediata: desde la noche misma del 18 de febrero el ayuntamiento de Concepción del Oro, Zacatecas, presidido por Eulalio Gutiérrez, desconoció al gobierno de Huerta.

La misma decisión tomó y expresó esa noche el gobernador de Coahuila, Venustiano Carranza, que formalizó al día siguiente cuando un decreto del Legislativo local, promulgado por el propio gobernador, hizo lo mismo. Ese decreto es el antecedente del Plan de Guadalupe, promulgado el 26 de marzo y que permitiría a Carranza asumir paulatinamente el liderazgo nominal de un movimiento diverso y creciente. Eso también permitió que, tanto en Coahuila como en Sonora, la nueva rebelión, entonces contra Huerta, fuera una continuación legal del maderismo, encabezada por los dirigentes maderistas de clase alta, que ponían énfasis en la restauración del orden legal. De ahí el nombre del nuevo movimiento: *constitucionalista*.

En Chihuahua eso no pudo ocurrir, porque el control militar de la capital del estado lo tenían fuerzas federales (a diferencia de lo que ocurría en Hermosillo y Saltillo, donde los irregulares tenían más presencia), y cuando don Abraham González intentó reunir a los irregulares, el presidente golpista ordenó al jefe de la zona militar, general Antonio Rábago, que lo aprehendiera. El 22 de febrero se repitió en Chihuahua lo que había pasado en la Ciudad de México el 18: Rábago aprehendió al gobernador y a sus colaboradores, y desarmó al único cuerpo irregular presente en la ciudad, que mandaban Trinidad Rodríguez e Isaac Arroyo. Al día siguiente, Rábago reunió a la Legislatura, a la que presentó la renuncia firmada de don Abraham, obligando a los diputados a aceptarla y designarlo a él gobernador interino. Para que todo fuera igual, el 7 de marzo se le aplicó a don Abraham la Ley Fuga. Así fue eliminado el jefe natural de la nueva rebelión (más que Carranza) y en Chihuahua, la situación pareció quedar bajo control de los 6 000 federales de Rábago.

Pero solo en la superficie: desde el inicio mismo del gobierno espurio de Victoriano Huerta, la mayor parte de los caudillos maderistas se levantaron en armas en sus regiones o regresando a ellas desde el lugar donde estuvieran destacados. Al frente de los irregulares, si lo estaban, o volviendo a reunir a sus partidarios. Hemos documentado la rápida respuesta de los siguientes grupos en lo que ya está a seis meses de empezar a convertirse en el *norte villista*. De las fechas deducimos que lo que realmente provocó la reacción masiva en Chihuahua fue el asesinato de Madero:

21 a 24 de febrero. El coronel Rosalío Hernández al frente de los trescientos hombres del Regimiento Irregular «Voluntarios de Camargo» se pronunció en la Estación Ceballos, Durango. Saboteó las vías entre Torreón y Jiménez, y se refugió en la región de Sierra Mojada para iniciar la campaña guerrillera. Cuando reunió a un considerable núcleo de hombres atacó Ciudad Camargo (donde previamente había tratado de levantarse en armas el capitán Rafael Licón), siendo derrotado por la guarnición el 2 de abril. Se retiró a Naica, donde se unió a Maclovio Herrera.

23 de febrero. En Cuchillo Parado, el coronel Toribio Ortega reunió a sus oficiales, a los que presentó un acta (que firmaron todos) por la que se desconocía al gobierno de Huerta. Inmediatamente marchó rumbo a Ojinaga, donde los doscientos hombres del Regimiento Irregular del coronel José de la Cruz Sánchez fueron desarmados por un pequeño destacamento federal, poniendo otra vez en evidencia la ineptitud de ese jefe. Ortega tomó Ojinaga el 24 de febrero y controló rápidamente la región. A mediados de mayo partió al frente de 350 jinetes y luego de atravesar más de trescientos kilómetros de desierto tomó Guadalupe de Bravos el 1º de junio.

23 de febrero. En Ciudad Guerrero, los jefes de la guarnición, capitanes José E. Rodríguez, Mateo Almanza y Martiniano Servín, desconocieron al gobierno y se apoderaron de la plaza. Rodríguez y Servín se movieron hacia el sur, colaboraron un tiempo con Urbina y, finalmente, se unieron a Villa. A Mateo Almanza se le perdió la pista durante un par de meses, hasta encontrarlo al lado de Calixto Contreras.

23 de febrero. Al frente de los trescientos hombres del Regimiento Irregular Miguel Hidalgo, el coronel Manuel Chao se pronunció en Rosario, Durango. El 24 ocupó Santa Bárbara e inició una campaña de hostigamiento en Parral. Del 5 al 7 de marzo, atacó Parral en conjunto con Tomás Urbina. Durante los combates, que duraron más de cuarenta horas, el pueblo de Parral respaldó activamente a los rebeldes, según señaló en su parte oficial el general Salvador Mercado, jefe de los defensores: «Dicho pueblo, en número muy crecido y en parte armado», salió de los suburbios (las colonias habitadas por los mineros) rumbo al centro, donde incendiaron el mercado, saquearon comercios y se enfrentaron a los federales. La oportuna llegada de refuerzos impidió que los rebeldes tomaran Parral.

23 o 24 de febrero. El coronel Tomás Urbina Reyes se pronunció en Indé, Durango, al frente del Regimiento Irregular Morelos. Pronto reunió a muchos de sus antiguos soldados (como los de Petronilo Hernández, que tomaron Indé a fines de febrero). Tras atacar Parral junto con Chao, combatió en el norte de Durango y tomó Mapimí el 30 de marzo.

25 de febrero. El cabildo de Cuencamé, en presencia de Severino Ceniceros, deliberó sobre una comunicación del gobernador de Durango que pedía a los ayuntamientos reconocer a Huerta. «Incontinenti propuse —escribió Ceniceros en 1919— que se contestara al gobierno del estado que el Ayuntamiento de Cuencamé no reconocería jamás al Gobierno usurpador». Se aprobó el desafiante mensaje por aclamación y de inmediato se envió una comisión a San Pedro Ocuila para suplicar al coronel Contreras que olvidara sus justos rencores contra Madero y asumiera el mando que le correspondía. Ceniceros informó de estos hechos al coronel Orestes Pereyra, jefe del 22 Cuerpo Rural, de guarnición en Nazas.

Tras recibir el mensaje de Ceniceros, Orestes Pereyra se pronunció en contra del gobierno de Huerta, se hizo de cuantos fondos públicos había en Nazas y marchó rápidamente rumbo a Cuencamé a la cabeza de trescientos jinetes, adonde llegaron el 12 de marzo. Al día siguiente, los rebeldes rechazaron un ataque federal; el 14 se constituyó la Junta Revolucionaria de Cuencamé, cuya misión sería «derrocar al gobierno usurpador del general Huerta y restaurar al gobierno democrático».[22] Y el 25 de marzo salieron rumbo a Durango 1 500 hombres del Regimiento Benito Juárez y ochocientos del 22 Cuerpo Rural.

Fines de febrero. El mayor Maclovio Herrera, de guarnición en Casas Grandes con su Regimiento Benito Juárez, abandonó en pie de guerra el distrito Galeana, tomó Naica a principios de abril (donde recibió al coronel Rosalío Hernández), y a mediados de abril dejó a Hernández en la región de Camargo para unirse en la de Parral con Manuel Chao.

Fines de febrero. Los jefes de las fuerzas irregulares de guarnición en los distritos de la Sierra ocuparon esas y otras poblaciones, controlando rápidamente la región: Baudelio Caraveo, en Chínipas; sus hermanos José María e Isidoro, en Ocampo y Uruachic; Epifanio Zamorano y Féliz Mendoza, en Témoris; Feliciano Díaz, en Batopilas, y Arnoldo de la Rocha, en Guadalupe y Calvo.

Fines de febrero. El coronel Gregorio García, con los capitanes Felipe Macías y Zacarías Mendoza y trescientos voluntarios, se levantó en armas en Matamoros, y el 4 de abril tomó Tlahualilo.

Principios de marzo. Al frente de unos cincuenta hombres, el coronel José Isabel Robles, antiguo subordinado de Benjamín Argumedo, cambió de bandera para unirse a Gregorio García, quien lo nombró segundo al mando de sus fuerzas. El coronel Juan E. García, con sus hermanos Máximo y Benito, volvió a echarse a las serranías cercanas a Lerdo. Con su gente y los voluntarios de Gómez Palacio levantados por Juan Pablo Estrada, se formaría en el otoño la Brigada Madero.

Principios de marzo. Fortunato Aguirre, Enrique Santos Coy, Raúl Madero, Pablo Díaz Dávila y otros maderistas se levantaron en armas en La Laguna. Todos ellos reconocieron como jefe al coronel Eugenio Aguirre Benavides, llegado a la región en mayo, tras haber escapado de la Ciudad de México y pasado por Piedras Negras, donde se puso a las órdenes de Carranza, quien lo mandó a su zona de influencia.

8 de marzo. Finalmente, procedente de Texas, donde estaba desde su fuga de la cárcel, Pancho Villa entró a territorio nacional con ocho compañeros. Se dirigió al centro del estado, estableciódose en San Andrés. En pocos días se le unieron muchos de sus antiguos soldados, algunos de los cuales se habían pronunciado desde febrero en varios de los pueblos del país de Villa. El 7 de abril tomaron Santa Isabel, desde donde Villa telegrafió al gobernador Rábago, diciéndole que, habiéndose enterado de que el gobierno había solicitado su extradición, decidió ahorrarle las molestias: «Aquí me tiene ya en México, propuesto a combatir la tiranía que defiende usted, o sea, la de Victoriano Huerta, con Mondragón y todos sus secuaces».[23] Ahí lo reencontraremos.

Estas rebeliones, sin cabeza ni liderazgo regional y muchas de las cuales reconocieron tardía y nominalmente la distante jefatura nacional de Carranza, explican las características del movimiento norteño: a diferencia de los originados en Coahuila, Sonora y Morelos, que en abril de 1913 ya tenían perfiles y liderazgos definidos y bases de operaciones firmes, el de Chihuahua y La Laguna necesitaría seis meses más para consolidarse. En Chihuahua había una fuerte concentración de soldados federales y el régimen consiguió un apoyo popular armado del que carecía en otros estados, pues Pascual Orozco reconoció al régimen de Huerta y puso su espada a su servicio. Además, el asesinato de Abraham González impidió que se repitiera el esquema de los estados vecinos.

Y sin embargo, para mediados de marzo buena parte del campo y numerosas poblaciones estaban en manos de los rebeldes. Como en 1910, la rebelión surgió en el campo. Los rebeldes repitieron el patrón de levantamiento popular de 1910, pero con mayor efectividad y rapidez, pues además de que ya conocían el camino y no pocos de ellos estaban encuadrados en regimientos irregulares, ahora tenían experiencia guerrillera y confiaban en sus dirigentes regionales. Cada uno de los jefes de guerrilla (mayoritariamente de origen popular y con demandas agrarias y democráticas) se levantó en armas por su cuenta, y también por su cuenta hicieron la guerra durante los primeros meses, sin que se reconociera más liderazgo, si acaso, que el de Carranza: distante y sin consecuencias prácticas. Pero entre junio y septiembre, Francisco Villa empezó a ser reconocido como jefe por los demás.

Su retiro a La Ascensión lo sacó de los principales teatros de operaciones: cuando otros rebeldes amenazaron con aislar Chihuahua de Torreón y ocuparon las vitales poblaciones de Camargo, Jiménez y Parral. Huerta encomendó a Orozco desbaratarlos, y el joven caudillo, aliado del nuevo gobierno desde el 27 de febrero, se dio a la tarea de hacerlo. El 1º de julio, tras juntar en Torreón una fuerza escogida, Orozco salió hacia Chihuahua. Posteriormente, contaría Marcelo Caraveo, su primo y uno de sus lugartenientes:

> En 22 días, cruzando por el desierto [...] llegamos a Chihuahua, no sin antes librar fuertes combates con un enemigo considerablemente mayor en número. Tuvimos encuentros en Jaral, en Jiménez, en Estación Díaz, en donde salió muy mal librado Maclovio Herrera, y posteriormente en Santa Rosalía [Camargo] contra Tomás Urbina, Trinidad Rodríguez, Manuel Chao y Rosalío Hernández. En este último lugar, la lucha se libró en las calles de la ciudad, en donde los villistas se retiraron en desbandada, dejando cientos de heridos y pertrechos.[24]

Cuando Orozco entró a Chihuahua, el 22 de julio, había conducido una de las pocas marchas victoriosas de las fuerzas del gobierno, y logró así aliviar la enorme presión que los rebeldes mantenían sobre Chihuahua. Inmediatamente después de su arribo a la capital de Chihuahua, Orozco, cuya popularidad era aún grande, reclutó a muchos de sus antiguos soldados y a nuevos voluntarios, formando varios cuerpos de caballería ligera que, como estaban haciendo Cheché Campos y Benjamín Argumedo en La Laguna, llevarían el peso de la lucha contraguerrillera.

Tras el paso de Orozco, los rebeldes del sur de Chihuahua se reagruparon, mientras en el Noroeste de Chihuahua se iban concentrando, a las órdenes de Villa, los de la región a la que pusimos su nombre para efectos de este libro, y los hombres de Toribio

Ortega. El control que habían tenido los grupos conjuntos del sur se rehízo rápidamente y el nuevo jefe militar, Salvador Mercado, con trabajos podía mantener, de manera intermitente, la comunicación de Chihuahua con Torreón. Los combates que mantuvieron Herrera, Hernández, Chao y Trinidad Rodríguez alcanzaron alguna vez la categoría de verdaderas batallas, en las que fue notable el valor de los jefes y soldados, pero brilló por su ausencia la coordinación militar o la pericia táctica. Tomás Urbina participó hasta julio en estas campañas, y luego marchó a Durango con toda su gente. Allá lo encontraremos.

Dejemos momentáneamente a los bravos coroneles que operaban en el sur de Chihuahua para regresar con Pancho Villa, quien estuvo en su querida región de San Andrés y Santa Isabel desde el 14 de marzo hasta mediados de abril, cuando emprendió una serie de expediciones hacia el sur (a Satevó, Ciénega de Ortiz, Santa María de Cuevas, Santa Rosalía de Cuevas, Valle de Zaragoza y otros pueblos) y hacia el occidente (llegando a ocupar, sin combatir, Ciudad Guerrero, Temósachic, Matachic, Bachíniva y Santo Tomás), para finalmente moverse con toda la gente que había reunido (unos cuatrocientos hombres) hacia el distrito Galeana; pasaron por Namiquipa el 18 de junio (donde se les incorporaron con su gente Andrés U. Vargas y Candelario Cervantes), ocuparon San Buenaventura el día 24 y atacaron Casas Grandes el 26. Dos días después establecieron su campamento en La Ascensión, pueblo en el que habrían de permanecer más de un mes. A su llegada, los villistas palparon la popularidad de Orozco, que pronto revirtieron:

> Como no se avistara allí una sola alma, creímos al pronto que el pueblo estuviera desierto, lo cual se debía a que todos aquellos moradores eran gente colorada de Pascual Orozco. Pero pasados dos días empezaron a salir los hombres, luego las señoras; por fin comenzaron a salir las señoritas.[25]

En La Ascensión, Pancho Villa se dedicó a organizar a su gente, auxiliado por un militar de origen federal que por esos días se puso a sus órdenes: el coronel Juan N. Medina, quien había pedido su baja del Ejército en 1903 por oposición a la guerra de exterminio contra los yaquis, y uno de los líderes del antirreeleccionismo en Ciudad Juárez, recién incorporado a las filas de Pancho.

Por consejo de Medina y con su asesoría, Villa dividió su brigada (como empezó a llamar a su gente durante la estancia en La Ascensión) en distintos regimientos, agilizando los mecanismos de mando y dando a las tropas formación militar. Al mismo tiempo, mejoró sensiblemente el armamento gracias a un cargamento remitido desde la frontera de Sonora por el coronel Plutarco Elías Calles. Como parte de la escolta de ese cargamento, que mandaban Julio Acosta y Andrés Rivera, llegaron varios sonorenses que habían tenido conflictos con el general Álvaro Obregón y venían a ponerse a las órdenes de Pancho Villa. El jefe de esta gente era Pedro Bracamontes, a quien Pancho Villa daría el mando de los contingentes revolucionarios del distrito Galeana, que formarían un regimiento de la Brigada Villa. También recibió a enviados de Carranza que le pidieron que reconociera el Plan de Guadalupe, a lo que Villa accedió con dos condiciones: que las operaciones militares en Chihuahua no quedaran subordinadas a las de Sonora, como pretendía Carranza, y que no se le impusiera ningún jefe militar.

Las andanzas de Pancho Villa entre marzo y agosto de 1913 carecieron de la importancia militar que tuvieron las acciones emprendidas por los coroneles del sur y el este del estado, pero en términos políticos fueron muy significativas. Pancho Villa reunió en marzo a sus partidarios originales, en las regiones de San Andrés, Satevó, Cusihuiriachic y Namiquipa, y en los meses siguientes logró ganarse el apoyo de numerosos vecinos de los pueblos de Guerrero y Galeana, que hasta entonces habían sido francamente orozquistas. Villa realizó una suerte de campaña política: no lanzó manifiesto alguno ni nombró nuevas autoridades (en general, reponía a las autoridades maderistas), pero ocupó algunas de las mayores haciendas de Terrazas haciendo justicia contra los administradores y repartiendo el grano acumulado en las trojes. Además, persiguió con eficacia a los bandoleros que se habían multiplicado en la Sierra.

Otro hecho fundamental fue que Villa logró imponer a sus soldados una disciplina hasta entonces desconocida entre los guerrilleros de Chihuahua, de modo que al evitar los desmanes que solían seguir a las ocupaciones de los pueblos, Villa se ganó el respeto de los vecinos de los mismos. Ya vimos cómo en La Ascensión, hasta entonces orozquista, la gente fraternizó con los villistas cuando no los persiguieron ni los hostigaron. Contribuyó a esta disciplina la mejor calidad del equipo y los mayores recursos económicos de los villistas, en comparación con otros grupos rebeldes: en una de sus primeras acciones Villa se había apoderado de un importante cargamento de plata, lo que le permitió pagar la manutención de sus hombres (aún no pagaba salarios) y comprar armas y bagajes a los traficantes estadounidenses, por sí mismo o a través de Plutarco Elías Calles, quien mandaba en la frontera de Sonora.

Antes de salir rumbo al sur del estado, Pancho invitó a Toribio Ortega a sumar sus fuerzas con las suyas. Aquel coronel le respondió que carecía de elementos y Villa le envió armas y parque. El 21 de julio ambos jefes se unieron. Ortega fue nombrado segundo jefe de la Brigada Villa, que con su gente sumaba ya más de 1 000 efectivos. Porfirio Ornelas quedó al frente del Regimiento González Ortega (la gente de Ortega) y Eleuterio Hermosillo recibió el cargo de jefe de Estado Mayor de la Brigada, con Juan N. Medina como subjefe.

Con armamento suficiente y la asesoría de Juan N. Medina, que contribuyó a imbuir a los voluntarios la disciplina militar en el largo campamento en La Ascensión, en la segunda quincena de agosto salieron de Namiquipa rumbo a San Andrés más de 1 300 soldados bien armados y más que razonablemente disciplinados: el de Pancho Villa ya era el más importante contingente revolucionario de Chihuahua, y el 26 de agosto afrontaría su primera prueba verdadera, frente a un enemigo considerable, formado por voluntarios chihuahuenses de valor y empuje similar, y mandado por jefes capaces. La batalla de San Andrés, librada el 26 de agosto de 1913, habría de ser un momento decisivo en la formación del villismo, pero antes de contarla, veamos qué habían hecho en los primeros meses de la nueva revolución los maderistas de Durango y La Laguna.

En Durango, la rebelión adquirió posiciones tan importantes en términos militares, y mayores en términos políticos, como las que conquistaron los coroneles del sur de Chihuahua. Se recordará que Contreras y Pereyra salieron de Cuencamé el 25 de marzo de 1913, y tras batir a una fuerza federal se presentaron frente a Durango. Ahí los alcanzó Domingo Arrieta, quien se había rebelado en Santiago Papasquiaro, y ocupado rápidamente los distritos serranos del estado.

Tras dos semanas de cerco y hostigamiento, el 23 de abril unos 6 000 rebeldes atacaron la ciudad. Se combatió con furia por ambos bandos y el 26 de abril, ante la llegada de una columna federal procedente de Torreón, los rebeldes levantaron el campo. En las fuerzas rebeldes nunca se unificó el mando, por lo que reinó una palpable anarquía. Lo único uniforme fueron las horas de los ataques, pero fuera de eso, cada una de las tres corporaciones (Contreras, Pereyra y Arrieta) obró por su cuenta, sin contacto con las otras y según el entender de sus jefes. Lo sorprendente es que se hubieran podido retirar sin mayores pérdidas.

Los mandos federales enviaron detrás de los rebeldes a los jinetes orozquistas de Luis Caro, a los que Arrieta y Pereyra despedazaron en Canatlán. Los rebeldes habían fracasado momentáneamente, pero dominaban todo el estado salvo las ciudades laguneras y la capital, que estaba aislada y bajo asedio. Para tomarla, Contreras, Arrieta y Pereyra acordaron invitar a Tomás Urbina a sumar sus fuerzas. Mientras preparaban la nueva batalla, los cuatro coroneles, casi de manera simultánea, fueron promovidos por sus hombres a generales, y sus regimientos cambiaron su denominación a brigadas.

El 14 de junio las cuatro brigadas, que sumaban casi 8 000 hombres, se presentaron frente a Durango. Contreras había destruido las vías para impedir o dificultar que otra vez llegaran refuerzos desde Torreón. En junta de jefes, el 16 de junio, Urbina convenció a sus colegas de la necesidad de unificar el mando, lo que se aprobó con reticencias y únicamente para tomar la ciudad, y en votación secreta Urbina obtuvo ese mando.

Tan pronto tuvo el mando en sus manos, Urbina dictó una serie de disposiciones que repetían prácticamente el plan anterior en lo que respecta a la forma del ataque simultáneo, pero que tenía dos o tres añadidos que lo mismo mostraban que Contreras, Arrieta y Pereyra aprendían de sus errores, así como de la mayor experiencia en campañas formales de Urbina, sin perder por eso la simplicidad que permitiría que los guerrilleros indisciplinados lo entendieran cabalmente. Según un testigo, «se dejó oír la voz del jefe Urbina, que de seguro llegó al corazón de todos los generales y jefes presentes», que aprobaron el plan con entusiasmo y sincronizaron sus relojes con la hora que marcaba el del León de Durango.[26] Quizá sin saberlo, Calixto Contreras, Orestes Pereyra y Domingo Arrieta estaban también poniéndose al día con la hora del gran movimiento revolucionario norteño.

Del 17 al 18 de junio los ataques coordinados de los rebeldes desalojaron a los federales de sus posiciones. Y cuando se hundía la última resistencia, inició el caos: mientras los ejércitos aún combatían, la gente de las barriadas salió rumbo al centro de la ciudad y empezó a saquear los comercios y a ejecutar por su cuenta a algunos de los jóvenes de la Defensa Social (jóvenes de clase media y alta que había conformado un cuerpo de autodefensa) que no habían podido escapar. A las cinco de la tarde entraron a la plaza los revolucionarios victoriosos y el general Urbina ordenó que tropas escogidas con oficiales de confianza pusieran fin al saqueo y al tumulto, encontrándose con que en algunos lugares los hombres de Arrieta se sumaban al desorden y ofrecían resistencia armada. Las patrullas enviadas por Urbina fueron reforzadas por la gente de Pereyra, y durante diez o 12 horas se combatió más o menos incruentamente, porque los revolucionarios se negaban a disparar contra los saqueadores, a los que solo les echaban la caballada encima y golpeaban con el plano de los sables o la culata de los fusiles. Por su parte, la gente de Contreras permaneció acuartelada, pues este jefe se negó a participar en la represión de lo que consideraba un justo desborde popular tras tantos años de opresión.

Mientras en las calles de la ciudad se saqueaba e incendiaba, los cuatro generales, reunidos en el hotel París, decidían los destinos de Durango. Se nombró gobernador interino al ingeniero maderista Pastor Rouaix, y comandante militar al general Domingo Arrieta. De inmediato, Urbina, Contreras y Pereyra iniciaron los preparativos para avanzar sobre Torreón y Gómez Palacio.

Con la toma de Durango parecía terminada la etapa guerrillera de la campaña, por lo que conviene glosar la descripción que de algunas características de esta forma de lucha hace Adolfo Terrones Benítez, oficial de la Brigada Primera de Durango, como entonces se llamaba el 22 Cuerpo de Orestes Pereyra: los revolucionarios de Durango carecían aún de disciplina militar y de conocimientos del arte de la guerra, su estrategia consistía en atacar de frente y la forma de mandar de sus jefes era encabezar a sus hombres en el combate al grito de «¡Síganme, muchachos!».

La alimentación básica eran el frijol y la carne y, cuando había harina, tortillas. Siempre se alojaban en casas de los vecinos de los pueblos ocupados, a quienes proporcionaban estos elementos para que les prepararan la comida. Cuando se entraba en acción, los grupos de hombres desarmados o sin municiones, que se consideraban parte del cuerpo, eran los encargados de llevar la comida a las posiciones de combate. Cuando había que efectuar grandes caminatas por lugares desérticos y despoblados, cada hombre recibía una dotación suficiente de pinole de maíz y agua, con lo que sobrevivía. Se recurría a la medicina natural (gobernadora, estafiate y otras hierbas) y al quiote de palma de maguey o de lechuguilla para mitigar la sed.

Finalmente, teníamos la ventaja de que tanto en el campo los rancheros, como en las poblaciones los vecinos, nos ayudaban en cuanto podían, para solucionar nuestras necesidades de ropa y lavado. Y, por último, siempre teníamos noticias del enemigo, completamente espontáneas y gratuitas.[27]

El siguiente objetivo de la campaña era asaz ambicioso: las ciudades laguneras, segunda concentración de población y recursos del norte del país, y objetivo estratégico por su ubicación. Hacia allá marcharon en julio Urbina, Contreras y Pereyra, y tras ir derrotando a las avanzadas enemigas, el día 22 ocuparon Lerdo y Gómez Palacio. Pero antes de que los duranguenses iniciaran el ataque a Torreón supieron que estaba por llegar Venustiano Carranza al frente de los guerrilleros de La Laguna, y resolvieron esperarlo.

El primer jefe había decidido aceptar la sugerencia de una facción de los revolucionarios sonorenses para establecer en Hermosillo su capital, y en la ruta de Monclova a Hermosillo decidió ir convirtiendo su mando nominal en mando real. Por ello, reunió bajo su mando a las guerrillas laguneras de Gregorio García, Roberto Rivas, Eugenio Aguirre Benavides y Raúl Madero; Juan E. García, José Isabel Robles, Mariano López Ortiz y Sixto Ugalde, más las fuerzas de Benjamín Yuriar, Cándido Aguilar y Eulalio Gutiérrez. Camino de Parras, en Estación Madero, hubo un tiroteo con los federales en el que encontró la muerte el joven coronel Gregorio García, y sus hombres se pusieron a las órdenes de José Isabel Robles.

La mayor parte de los 1 500 laguneros reunidos por Carranza se convertirían en villistas a fines de septiembre. Entre tanto, se fueron acercando a Torreón, aislando aquella ciudad por el oriente, como ya lo habían hecho los duranguenses desde el sur y el occidente. En esos combates se consolidaron los mandos de Aguirre Benavides, Robles y Juan García sobre los demás jefes de la región.

Al frente de los laguneros, Carranza marchó a Torreón, donde tomó el mando de los 4 000 duranguenses de Contreras, Pereyra y Urbina. Según Juan Barragán, quien había sido jefe de Estado Mayor de Carranza, el primer jefe intentó dar a estas fuerzas una eficaz organización militar, «labor que resultaba difícil por la baja calidad de los contingentes, que desconocían tanto la disciplina como los requisitos más indispensables del mando militar». Carranza se vio obligado a respetar la estructura de las diversas corporaciones y aceptar sus formas de lucha, iniciando el ataque el 23 de julio. Se combatió intermitentemente hasta el 30 de julio, sin éxito por falta de artillería, por la indisciplina de las tropas y porque los jefes empezaron a reñir entre sí: Tomás Urbina mandó fusilar a Andrés Arrieta, y Carranza tuvo que hacer valer toda su frágil autoridad para evitarlo; Orestes Pereyra se retiró a Santa Clara a media batalla, notoriamente disgustado con el señor Carranza y sus oficiales; y los hombres de Calixto Contreras estuvieron a punto de ultimar a un coronel del Estado Mayor del primer jefe que había querido disciplinarlos por la fuerza, y luego desafiaron altaneramente al propio primer jefe, y solo los buenos oficios de Calixto Contreras apaciguaron los ánimos. Finalmente, «el primer jefe —dice Barragán—, ante la inutilidad de seguir atacando la plaza con semejante contingente, se dispuso a salir por ferrocarril hacia Durango», mientras todos los grupos se retiraban, cada uno por su lado.[28]

Carranza arribó a Durango, donde trabó relaciones con Pastor Rouaix, que le serían muy útiles un año después; marchó a Parral, siendo «socorrido» en el camino por Tomás Urbina, quien le proporcionó sesenta pesos y una mala yegua. En Parral fue bien recibido por los dos principales jefes rebeldes del sur de Chihuahua, los generales Manuel Chao y Maclovio Herrera (que entre ellos no se podían ver). Carranza nombró a Chao jefe de la Revolución en Chihuahua, porque de los jefes de ese estado era el único letrado y el que más cercano le era en términos sociales; y finalmente cruzó la Sierra rumbo a Sonora.

Mientras tanto, Pastor Rouaix, atendiendo las presiones de Contreras y Pereyra, expidió una ley agraria que legitimó las restituciones y expropiaciones que *de facto* habían realizado los campesinos de Ocuila, Cunecamé, Pasaje y Peñón Blanco. Inmediatamente, peones de las haciendas Tapona y San Gabriel formaron un nuevo núcleo agrario, denominado Villa Madero, con cuatrocientas hectáreas que antiguamente pertenecían a dichas haciendas: la revolución de los campesinos seguía su camino en el oriente de Durango.

Calixto Contreras estaba en Pedriceña, defendiendo Durango de un par de ofensivas de los colorados. A mediados de septiembre se le reunió su amigo y rival Orestes Pereyra, procedente de Nazas, cuando Juan B. Vargas, un capitán oriundo de Canatlán que de las fuerzas de Urbina había pasado a las de Pancho Villa, puso en sus manos el siguiente propio, que iba a cambiar la historia de los guerrilleros de Durango:

La Zarca, Dgo., 21 de septiembre de 1913. Al general Calixto Contreras. Su campamento en Pedriceña, Dgo.

Acabo de arribar a este lugar con tres mil ochocientos hombres pertenecientes a las brigadas Morelos y Benito Juárez, juntamente con las que mando directamente, con el fin de cooperar en la toma de la plaza de Torreón, Coah., y como pienso entrar por el rumbo de Pelayo y el Cañón del Rosario, para salir directamente a la hacienda de La Loma, mucho le estimaré que reúna sus contingentes para concentrarlos en dicho lugar, y proceder a formular el más adecuado plan de ataque a la expresada plaza de Torreón, Coah. Ruégole contestar de enterado, indicándome a la vez, la fecha y hora en que tendré el gusto de verlo y saludarlo en el lugar indicado. Francisco Villa (rúbrica).[29]

Notas

[1] Carta fechada el 8 de febrero, en Francisco I. Madero, *Epistolario*, tomo II, México, INEHRM, 1985, p. 52.

[2] Graziella Altamirano y Guadalupe Villa (investigación y compilación), *La Revolución mexicana. Textos de su historia*, tomo III, México, SEP, 1985, p. 24.

[3] Martín Luis Guzmán, *El águila y la serpiente*, México, Porrúa, 1987, p. 42.

[4] Alberto Calzadíaz *Hechos reales de la Revolución*, tomo I, México, Editorial Patria, 1958, pp. 64-67.

[5] Silvestre Terrazas, *El verdadero Pancho Villa. El Centauro del Norte... sus heroicas batallas y acciones revolucionarias*, México, Ediciones Era, 1984, p. 50, y Alberto Calzadíaz, *Hechos reales...*, pp. 63-64.

[6] Francisco L. Urquizo, *Obras escogidas,* México, FCE, 2003, pp. 8-9.

[7] José Vasconcelos, *La tormenta*, México, Ediciones Botas, 1935, p. 434.

[8] Véase el texto del «Convenio» y la consecuente renuncia de Díaz, en Isidro Fabela (ed.), *Documentos históricos de la Revolución Mexicana. Revolución y régimen constitucionalista I*, V, México, FCE, 1960, pp. 400-402.

[9] PHO/1/18, ff. 45-46.

[10] AHRM, t. 66, ff. varias.

[11] AHRM, t. 66, f. 250.

[12] AHRM, t. 66, ff. 229-231.

[13] AHRM, t. 66, f. 242.

[14] Jorge Vera Estañol, *La Revolución mexicana: Orígenes y resultados*, México, Porrúa, 1957, pp. 292-293.

[15] Francisco L. Urquizo, *Obras escogidas,* p. 28. El Compás era la hacienda que rentaba Cheché Campos.

[16] Véase el texto íntegro del Manifiesto en Francisco R. Almada, *La Revolución en el estado de Chihuahua*, tomo I, México, INEHRM, 1964, pp. 257-260.

[17] Francisco de Paula Ontiveros, *Toribio Ortega y la Brigada González Ortega*, Chihuahua, Imprenta El Norte, 1914, pp. 111-118.

[18] Lorenzo Parra Durán, *Cómo empezó la Revolución en Durango hace veinte años*, Mérida, Tipográfica Yucateca, 1930, pp. 75-76.

[19] Citado por Graziella Altamirano, *Durango: Una historia compartida*, tomo II, México, Instituto Mora, 1997, p. 65.

[20] La carta de Madero a Patoni, en Gabino Martínez Guzmán y Juan Ángel Chávez Ramírez, *Durango: Un volcán en erupción*, México, Gobierno del Estado-Secretaría de Educación, Cultura y Deporte de Durango-FCE, 1988, p. 177.

[21] Francisco L. Urquizo, *Obras escogidas,* p. 376.

[22] «Acta Constitutiva de la Junta Revolucionaria de Cuencamé», 14 de marzo de 1913, en ACSDN, XI/III/2:156, f. 166.

²³ Francisco R. Almada, *La Revolución en el estado de Chihuahua*, tomo II, pp. 25-26.

²⁴ Marcelo Caraveo, *Crónica de la Revolución (1910-1929)*, México, Trillas, 1992, p. 78.

²⁵ Martín Luis Guzmán, *Memorias de Pancho Villa*, México, Porrúa, 1984, p. 117.

²⁶ Adolfo Terrones Benítez, "Segundo ataque y toma de la plaza de Durango, Dgo. (cap. 1), en *El Legionario. Órgano de la Legión de Honor Mexicana*, vol. VI, núm. 67, México, septiembre de 1956, pp. 24-31.

²⁷ Terrones Benítez, 1956:(66), 23.

²⁸ Juan Barragán Rodríguez, *Historia del Ejército y la Revolución Constitucionalista*, vol. I, México, INEHRM, 1985, pp. 207-209.

²⁹ Alberto Calzadíaz, *Hechos reales de la Revolución*, p. 129.

Capítulo III
LA REVOLUCIÓN POLÍTICA

1. El nacimiento de la División del Norte

El 26 de agosto de 1913 las fuerzas de Pancho Villa tomaron San Andrés, en la primera verdadera batalla dirigida por el famoso guerrillero: 1 025 villistas habían salido la víspera de sus campamentos en Bachíniva y Namiquipa dirigiéndose a San Andrés a marchas forzadas. La plaza estaba ocupada por 980 colorados a los que se puso en fuga tras un combate de varias horas. Quedaron en manos de Pancho Villa siete trenes, dos cañones de montaña, 421 rifles y 20 000 cartuchos.

Luego de unos días de descanso, Villa emprendió una serie de movimientos aparentemente erráticos que despistaron por completo al enemigo. Varios de estos movimientos los ejecutaron los jefes que recibieron la orden de mantener el dominio de esa región, como antes había hecho en Galeana. De ese modo, cuando Villa apareció en Ciudad Camargo a mediados de septiembre, nadie lo esperaba ahí. En el camino se le unió, aceptando su jefatura, el coronel Trinidad Rodríguez.

Cuando la Brigada Villa llegó a Ciudad Camargo, donde fue jubilosamente recibido, ocupaban la ciudad los quinientos o seiscientos hombres de la Brigada Benito Juárez, del general Maclovio Herrera, quien durante el ataque de Carranza a Torreón habían impedido que la Perla de la Laguna recibiera refuerzos desde Chihuahua. Gracias a la actividad de Julio Acosta y Gorgonio Beltrán, que hacía pensar a los federales que Villa estaba en todos lados, el Centauro tuvo tiempo de reorganizar su Brigada y de convencer a Maclovio Herrera de unírsele para marchar a La Laguna. Desde Camargo, Villa envió un mensaje a Urbina, quien se había retirado a Mapimí, y el compadre se movilizó hacia Ciudad Jiménez, donde se encontró con Villa.

Urbina llegó a Jiménez al frente de seiscientos hombres muy bien armados y equipados, elementos escogidos de su Brigada, habiendo dejado al resto en Mapimí, Indé y El Oro, a las órdenes de Román Arreola y Petronilo Hernández. Con Urbina venía José E. Rodríguez, joven revolucionario oriundo de Satevó, quien había sido destacado por Pancho Villa, junto con otros oficiales, para reforzar a Urbina y supervisar sus movimientos.

Villa convocó a los diversos grupos rebeldes dispersos tras el fracaso de Carranza frente a Torreón (en el tono de la carta a Contreras con la que terminamos el capítulo anterior). La reunión en el punto y la hora citados la conté de esta manera en 2003, en la primera versión de mi libro *La División del Norte*:

> En la madrugada del 29 de septiembre de 1913, varios centenares de hombres sucios y mal vestidos, pero montados en briosos caballos y armados hasta los dientes, empezaron a llegar al viejo casco de la hacienda de La Loma, Durango, situado en la ribera derecha del río Nazas, unos kilómetros antes de que este haga su entrada a la Comarca Lagunera por la Boca de Calabazas: eran los revolucionarios chihuahuenses de las brigadas Villa y Benito Juárez, y los duranguenos de la Brigada Morelos. Con el famoso guerrillero Pancho Villa, jefe de la brigada de su nombre, venían Toribio Ortega, Fidel Ávila, Trinidad Rodríguez, Agustín Estrada, Julián Granados, Feliciano Domínguez y otros ameritados guerreros, jefes de los rebeldes de los pueblos del centro y centro occidente de Chihuahua y del desierto oriental de ese estado. Con el general Maclovio Herrera Cano, caudillo de la Brigada Benito Juárez, venían Federico Chapoy, Ernesto García, Eulogio Ortiz, Luis Herrera y otros jefes de prestigio de Hidalgo del Parral y el sur de Chihuahua. El general Tomás Urbina, jefe de la Brigada Morelos, llegó acompañado de José E. Rodríguez,

Rodolfo Fierro, Pablo Seáñez, Petronilo Hernández y otros jefes famosos por su valor.

Poco después arribaron las vanguardias de las brigadas Primera de Durango y Juárez de Durango, con sus jefes natos, los generales Orestes Pereyra y Calixto Contreras, acompañados de oficiales que llevaban tres años combatiendo en la región de los valles y el semidesierto de Durango y en la Comarca Lagunera, entre los que destacaban Severino Ceniceros, Mateo Almanza, Uriel Loya, José Carrillo, Valente de Ita, Máximo Mejía Sanabria, Canuto Pérez, Bibiano Hernández, Pedro Favela y muchos más. Tras ellos llegaron sus hombres, no tan bien armados y montados como los de Chihuahua, pero igualmente bravos.

Ya avanzada la mañana, desde la región de San Pedro de las Colonias y Matamoros, donde habían dejado a sus tropas, llegaron fuertemente escoltados seis coroneles que tenían el mando de los revolucionarios de la Comarca Lagunera: Eugenio Aguirre Benavides, Juan E. García, José Isabel Robles, Sixto Ugalde Guillén, Raúl Madero González y Benjamín Yuriar. Los acompañaban algunos oficiales fogueados, como Máximo García, Juan Pablo Estrada, Santiago Ramírez, Mariano López Ortiz, Canuto Reyes, Roque González Garza y Enrique Santos Coy.

Los principales jefes se reunieron en la casa grande de la hacienda, y Pancho Villa, quien los había convocado en ese lugar para planear el ataque a la cercana ciudad de Torreón, tomó la palabra diciendo que las necesidades de la campaña exigían la unificación de todas esas fuerzas bajo un mando común, por lo que proponía que de inmediato se eligiera, de entre los presentes, a un jefe que asumiera dicha responsabilidad, para lo cual Pancho Villa se proponía a sí mismo, o a Tomás Urbina y Calixto Contreras como opciones.

Siguieron en el uso de la palabra varios de los presentes sin hacer otra cosa que darle vueltas al asunto, hasta que el coronel Juan N. Medina, jefe de Estado Mayor de la Brigada Villa, explicó claramente la situación, mostrando que cuanto podía alcanzarse mediante la lucha guerrillera se había alcanzado ya, y que era llegado el momento de pasar a la guerra regular o estancarse y ceder la iniciativa al enemigo; y la guerra regular, agregó, requería una organización superior y una indiscutible unidad de mando. Finalmente, reiteró las candidaturas de los generales Villa, Urbina y Contreras, a la que añadió la del coronel Juan E. García.

A la exposición de Medina siguió un instante de silencio que interrumpió el general Calixto Contreras, quien se puso de pie y tras rechazar su candidatura por no considerarse capacitado para asumir la enorme responsabilidad que el nuevo mando implicaba, resaltó, como contó después un testigo presencial, «el prestigio del general Villa, como hombre de armas y experiencia, indiscutible valor y capacidad organizadora y pide a todos que reconozcan a Francisco Villa como jefe de la División del Norte». Entonces terminaron los titubeos y todos a una y sin mayores discusiones, aclamaron a Pancho Villa como jefe.

Así nació la División del Norte y, con ella, apareció en escena el villismo como movimiento revolucionario autónomo y con características propias.

Los caudillos que eligieron a Pancho Villa como jefe tuvieron siempre la conciencia de que este les debía su mando y era responsable solo ante ellos, tanto como ellos eran responsables ante sus hombres. Alguna vez —ya lo veremos—, puesto en tela de juicio el mando de Pancho Villa, los jefes de brigada expresaron claramente al primer jefe la convicción de que el mando de Villa, la legitimidad revolucionaria del movimiento norteño, emanaba de ellos en tanto jefes a la vez que representantes de sus soldados.

Por lo pronto, en cuanto obtuvo la jefatura de la División, Pancho Villa trazó el plan de ataque contra Lerdo, Gómez Palacio y Torreón, cuyas guarniciones habían sido reforzadas hasta alcanzar los 5 000 hombres, mandados por el general Eutiquio Munguía, héroe de la Guerra de Intervención. Cerca de la mitad de esas fuerzas estaban formadas por colorados cuyo mando recaía en Benjamín Argumedo. La batalla comenzó ese mismo día y en la madrugada del 1º de octubre, tras sangrientos combates, las tres ciudades quedaron en manos de los villistas.

Las fuerzas de la recién nacida División del Norte entraron en perfecto orden a Torreón, y los conatos de saqueo y vandalismo por parte de la población fueron rápida y vigorosamente sofocados, de modo que no pudo dejar de establecerse la comparación entre la disciplina de las tropas puestas a las órdenes de Pancho Villa, y el desorden que fracciones de esas mismas tropas habían mostrado en la toma de Torreón en abril de 1911 y la de Durango en junio de 1913, que habían terminado con escenas sangrientas y lamentables. La comparación, altamente favorable al general Villa, disminuyó mucho el temor que a la Revolución tenían las clases medias y los representantes extranjeros.

Le habían bastado tres días a Pancho Villa para tomar Torreón, siendo puntualmente obedecido por todos los contingentes que lo acababan de elegir como jefe. Así empezó a convertir a los revolucionarios de Durango y La Laguna, que para Carranza y sus oficiales eran «chusmas indisciplinadas», en cuerpos bien organizados. Pancho Villa sabía imponer la disciplina con rigor, pero más importante que eso era que los soldados revolucionarios que se habían opuesto frontalmente a los intentos organizadores de Carranza y sus oficiales, aceptaron las drásticas disposiciones de Villa. No sabemos por qué lo hicieron, pero podemos suponer que la capacidad demostrada por Villa, la fácil comunicación que tenía con los soldados, cuyo lenguaje hablaba y cuyos problemas entendía, y la leyenda que sobre él se había ido construyendo, fueron factores que influyeron en la actitud de los soldados.

En los tres siguientes días, una actividad febril recorrió al Cuartel General: consiguió recursos, restableció los servicios ferroviarios y telegráficos, repartió el botín militar entre las diversas brigadas y, sobre todo, Villa reorganizó el conglomerado de fuerzas que habían quedado a sus órdenes. Esa reorganización no implicó un excesivo movimiento de contingentes y dejó a todos los caudillos el mando de sus propios hombres, pero sin dejar de hacerles saber que ya había un jefe supremo. Al mismo tiempo, se preparó el avance a Chihuahua, antes de que confluyeran en Torreón las fuerzas federales que ya salían rumbo a esa ciudad desde Saltillo, Zacatecas y Chihuahua.

La fuerza que salió de Chihuahua, a las órdenes de Francisco Castro, tomó Ciudad Camargo el 3 de octubre, pero a partir de ahí su avance se hizo lento y difícil, pues Rosalío Hernández le hizo la vida imposible. Aún no llegaban los federales y colorados a Jiménez cuando supieron que Pancho Villa se les venía encima, y Castro dio la orden de replegarse a Chihuahua más que aprisa: de hecho, según el general Salvador Mercado, gobernador de Chihuahua, Castro huyó sin vergüenza dejando comprometidos a los colorados en la retaguardia y solo el valor de Marcelo Caraveo y José Inés Salazar, que corrió en su auxilio, impidió que sus fuerzas quedaran cercadas por los villistas.

Pancho Villa dejó a Calixto Contreras, José Isabel Robles y Juan García en La Laguna, para estorbar y retrasar a las columnas federales que avanzaban sobre Torreón (en esos combates moriría don Juan García, y los hombres de la Brigada Madero eligieron al hermano menor del caudillo, Máximo García Contreras, como nuevo jefe de la brigada). Gracias a la actividad de Rosalío Hernández, se ocupó Jiménez y Camargo sin contratiempos. Ahí se ordenó el fusilamiento del general Benjamín Yuriar, quien se había opuesto sistemáticamente a aceptar las nuevas reglas que estaba imponiendo Villa a la División del Norte. No era Yuriar el único en oponerse (también lo hacían, más o menos enérgicamente, Urbina, Herrera y Ortega), pero Villa tenía poca simpatía por él. Por eso, cuando en Camargo, saliendo de una cantina, se negó a obedecer una orden del Cuartel General y luego retó a Toribio Ortega, mensajero de Villa, el Centauro decidió hacer un escarmiento ejemplar.

Mientras se preparaba la ejecución de Yuriar, Villa mandó a Parra a Maclovio Herrera, con fuerte escolta, para convocar a Manuel Chao a unirse a la División del Norte. Desde antes de la toma de Torreón, Villa había invitado al antiguo profesor a que se uniera en el esfuerzo común, pero Chao sentía que cualquier intento de unificación de los revolucionarios de Chihuahua debía emanar de su persona, pues el primer jefe acababa de ascenderlo a general nombrándolo, además, jefe de la Revolución en el estado. Pero en la nueva circunstancia, Chao respondió que ya se ponía en marcha con el grueso de su brigada, y al llegar a Camargo se puso a las órdenes de Villa. Un día después se presentó en Camargo el último de los caudillos de Chihuahua que aún no se subordinaba formalmente a Villa: Rosalío Hernández, quien al frente de los seiscientos jinetes de la Brigada Leales de Camargo llegó simplemente a pedir órdenes.

Villa había impuesto la disciplina y la ordenanza, incluso haciendo cambios temporales que agraviaban a algunos jefes. Con eso, tomaba firmemente en sus manos el mando de la recién nacida División del Norte, pero las quejas y las reservas de muchos jefes amenazaban con resquebrajarla. El Centauro tenía ahora que probar la pertinencia de las nuevas reglas y la flamante organización frente al enemigo que lo esperaba en Chihuahua.

El ataque a Chihuahua fue un fracaso: del 5 al 8 de noviembre los villistas chocaron sin éxito contra una guarnición de 6 500 hombres, mayoritariamente colorados fogueados de la Sierra de Chihuahua, mandados con acierto por Salvador Mercado y Pascual Orozco, que habían construido un perímetro fortificado con 24 cañones.

En la noche del 7 al 8 de noviembre, el grueso de las fuerzas villistas evacuaron silenciosamente sus posiciones, y cuando al amanecer del día 8 los federales intentaron un contraataque, se dieron cuenta de que los rebeldes ya no estaban ahí. Mercado ordenó que una columna de caballería, mandada por Caraveo y Salazar, persiguiera a los villistas, suponiéndolos en fuga, pero estos, que se retiraban en orden, rechazaron a los colorados. La derrota enseñó varias lecciones a Pancho Villa: la primera fue que debía escuchar con mayor atención las opiniones de sus lugartenientes; la segunda, que pronto habría de poner en práctica, que contra enemigos decididos y bien atrincherados no bastaba el mero y enorme valor de los ataques de sus hombres (no hubo cargas de caballería, por cierto: los ataques a las fuertes posiciones federales, en lo alto de los cerros, se hicieron pie a tierra); y la tercera, que había que moverse rápido, sin ceder la iniciativa al enemigo.

No terminaban de reponerse los villistas del golpe sufrido cuando Villa reunió a sus generales y dictó sus nuevas disposiciones: ordenó al general Chao que con los trenes, la infantería, la impedimenta y «las viejas» (las soldaderas) se retirara a Parral, mientras que todas las fuerzas montadas amagaran con un nuevo ataque a Chihuahua, presentándose frente a la ciudad en horas del día, y que al oscurecer hicieran un veloz movimiento hacia el norte, luego de rodear la ciudad, para alcanzar esa misma jornada la hacienda del Sauz «o cuando menos la Fundición del Cobre», donde se dejarían 2 500 hombres para destruir los puentes y distraer a la guarnición de Chihuahua, mientras el resto, unos 2 000 hombres, marcharían sobre Ciudad Juárez a marchas forzadas.

Y vivan ustedes seguros —habría afirmado el Centauro— que así tendremos elementos de sobra para combatir de nuevo al enemigo parapetado en Chihuahua, y para desalojarlo de sus posiciones, y para quitarle la ciudad. Si llegamos a coger un tren en el Cobre o el Sauz, entonces verían ustedes cómo íbamos a meternos a Ciudad Juárez tan rápidamente que ni el mismo enemigo se daba cuenta.

Estas palabras hicieron reír a los jefes de la División, que aprobaron el plan, tan simple como audaz, regresándoles la confianza perdida por el anterior fracaso, y de inmediato se movieron. El 12 de noviembre los federales vieron aparecer a los jinetes villistas frente a Chihuahua, pero lo que no vieron fue el siguiente movimiento, en el que los villistas, amparados por las sombras de la noche, rodearon la ciudad, llegando a El Cobre al amanecer. Quiso su buena suerte que en la tarde de ese día llegara a El Sauz un tren de carbón que cayó redondito en manos de los revolucionarios, a quienes los mandos federales creían en el sur (Chao se movía hacia Parral haciendo el mayor ruido posible para atraer sobre sí la atención de los federales). El Centauro, entonces, volvió a hablar a sus lugartenientes: «Compañeritos, ya tienen ustedes aquí el tren que yo les pintaba al proponerles nuestro avance sobre Ciudad Juárez. De lo demás yo les respondo: Juárez es de nosotros antes de veinticuatro horas».[1]

Lo que sigue ha sido llamado el *tren troyano de Pancho Villa*: el general dejó ahí parte de las fuerza como retén y embarcó a la gente de las brigadas Villa, Morelos y Benito Juárez en el tren capturado. Con amenazas a los telegrafistas de la estación y a los conductores del tren, Villa logró que se enviaran a Ciudad Juárez mensajes que convencieran al jefe de aquella estación de la pertinencia de hacer regresar el tren de carbón y de que este seguía siendo, efectivamente, un tren de carbón, y pasada la medianoche del 14 al 15 de noviembre, los soldados villistas bajaron en la estación de Ciudad Juárez. Un ataque sorpresivo y relampagueante acabó en menos de dos horas con la resistencia federal, y los enemigos que no habían caído muertos o prisioneros cruzaron el río Bravo como Dios les dio a entender, entregándose a las autoridades estadounidenses.

Aunque la caída de Ciudad Juárez acrecentó la fama de Pancho Villa, la situación de la División del Norte era bastante precaria, pues en Chihuahua permanecía intacta y con la moral alta la fuerza de Mercado y Orozco. Torreón estaba a punto de ser recuperada por los federales, que mandaba el valiente y capaz general José Refugio Velasco. Y las fuerzas de Rosalío Hernández y Toribio Ortega, con parte de la Brigada Villa al mando de Julián Granados y Fidel Ávila, dejadas por Villa como retén en un rancho 105 kilómetros al norte de Chihuahua, habían sido batidas por los colorados Caraveo y Salazar el 16 de noviembre, y se replegaban a Ciudad Juárez: Villa estaba encerrado, aunque era dueño del importante puerto fronterizo.

Ante el avance de la columna de Salazar y Caraveo, Pancho Villa decidió no esperarlos tras las trincheras de Ciudad Juárez, entre otras cosas para ahorrar a la Revolución las protestas que el gobierno de Estados Unidos presentaba cada vez que se libraba una batalla en la frontera. El caudillo de Durango envió a sus ayudantes Rodolfo Fierro y Martín López a levantar las vías para retrasar el avance de los colorados, tras visitar con extremo sigilo el campo en el que pensaba librar la batalla: la llanura desértica que se extiende entre las estaciones Meza y Tierra Blanca, al sur de Ciudad Juárez.

Villa dispuso a sus fuerzas en un amplio semicírculo sobre la parte firme del terreno, en la que había además aguajes suficientes, y dejó a los colorados el terreno arenoso y sin fuentes del vital líquido; además, dispuso fuerzas de reserva detrás del centro, bajo su mando directo. El combate que siguió fue la primera batalla campal que libraron los villistas: un poco más de 6 200 rebeldes se enfrentarían contra un poco menos de 5 500 federales y colorados. La desventaja de número y posición de los segundos se compensaba con la superioridad de sus pertrechos y su artillería. En ambos bandos pelearían fuerzas decididas y fogueadas, mandadas por jefes con similares antecedentes y experiencia: Francisco Villa, el antiguo bandolero, contra José Inés Salazar, el antiguo conspirador.

Tal como Villa había previsto, los colorados se vieron obligados a apearse en la estación de Tierra Blanca y a aceptar el combate en el terreno que él había elegido. Los gobiernistas empezaron a bajar de los trenes al anochecer del 22 de noviembre y tomaron posiciones frente a los rebeldes a lo largo del día 23. No se sabe cuál era el plan de Pancho Villa, pero sí que este esperó pacientemente a que los federales se desplegaran sobre el terreno que él les había dejado. La tarde y la noche transcurrieron entre escaramuzas de las avanzadas.

Al amanecer del día 24 los gobiernistas atacaron en los tres sectores del frente. Durante varias horas se combatió de manera intermitente sin que los federales lograran avances en ningún sector, y al final del día las posiciones de ambos bandos estaban como al principio. Por primera vez en su carrera militar, Villa había empleado parte de sus reservas oportunamente. En el ataque de las reservas que convirtió el retroceso villista en victoria parcial recibió una herida mortal el coronel Porfirio Talamantes, defensor de las tierras del pueblo de Janos.

Esa noche la emplearon ambos bandos en reponer fuerzas, y el 25 los colorados redoblaron sus esfuerzos, atacando otra vez en toda la línea. En un momento del combate, el general José Rodríguez recibió una herida de cierta gravedad que desordenó las filas de la Brigada Morelos (que mandaba temporalmente, en esa batalla, el joven caudillo de Satevó), lo que aprovechó José Inés Salazar para tratar de destruir el ala izquierda villista; pero el Centauro, desde el Cuartel General, ordenó que la Brigada Villa se moviera hacia esa posición, mientras la reserva ocupaba el lugar que esa corporación dejaba vacío. La llegada de la Brigada Villa al ala izquierda obligó a Salazar a retroceder, y Pancho Villa ordenó entonces un contraataque por el centro y la izquierda, que terminó con la derrota de los colorados y su desordenada fuga. Anochecía cuando los revolucionarios llegaron hasta los trenes abandonados por los colorados, y el coronel Rodolfo Fierro, al frente de una fracción del Cuerpo de Guías (base de la futura escolta del general en jefe, los dorados):

[...] se tendió sobre su caballo para dar alcance a un tren que se escapaba lleno de tropa enemiga, y entre una lluvia de balas saltó del caballo al tren y se fue así, cogiéndose de los carros, y llegó a la tubería de los frenos, y en la violencia de toda aquella carrera puso al aire al tren y lo paró. ¡Hermosa hazaña, señor![2]

A raíz de esa acción, Fierro, que ya era un oficial de confianza, se convirtió en uno de los favoritos del Centauro. En cuanto a los colorados que huían en el tren, fueron exterminados por los soldados del Cuerpo de Guías. En total, las fuerzas del gobierno habían perdido más de 1 000 hombres, diez cañones (entre ellos, «El Rorro» y «El Chavalito», que con «El Niño» hacían ya una respetable fuerza de artillería pesada) y tres trenes. Villa había mandado así en su primera batalla campal: logró resistir los embates del enemigo y pasó a la ofensiva en el momento adecuado, para obtener una victoria de gran trascendencia.

Pancho regresó a Ciudad Juárez para organizar la administración municipal y reactivar el comercio; puso bajo administración militar las casas de juego, fuente segura de divisas, y organizó una agencia comercial encargada de la adquisición de pertrechos para la División del Norte y la venta de los más variados productos, y el 3 de diciembre salió rumbo a Chihuahua, adonde llegó cinco días después. Desde el 1º de diciembre, las últimas fuerzas federales habían abandonado la capital del estado, a pesar de la oposición de Orozco a esa medida, que le pareció una cobardía. Así, por órdenes de Salvador Mercado, los 6 000 federales y colorados que quedaban en Chihuahua se marcharon a Ojinaga. Esa torpe decisión obligó a los soldados del gobierno a una marcha llena de penalidades por el desierto y los dejó aislados, sin otra cosa que hacer que esperar a que Pancho Villa se le ocurriera darles el tiro de gracia.

Tan pronto como los federales evacuaron Chihuahua, Manuel Chao y Orestes Pereyra salieron de Parral, y establecieron sus campamentos a la vista de Chihuahua, pues no querían entrar a la ciudad antes que Pancho Villa. Este dejó de guarnición en Juárez a la Brigada Zaragoza, y avanzó hacia Chihuahua con el resto de las tropas que habían tomado parte en la batalla de Tierra Blanca, y el 8 de diciembre, junto con las fuerzas de Chao y Pereyra, hicieron su entrada triunfal en la ciudad de Chihuahua, donde fueron recibidos por una entusiasta multitud.

El mismo día Pancho Villa asumió el gobierno del estado, legitimando el hecho con un acta redactada apresuradamente, en la que algunos de los generales de la División (Herrera, Rodríguez, Chao y el propio Villa), basándose en el punto siete del Plan de Guadalupe, acordaban y aprobaban «que el puesto de Gobernador Provisional del Estado Libre y Soberano de Chihuahua recaiga en el Señor general Francisco Villa», facultándolo, además, para separarse del cargo cuantas veces fuera necesario, para atender «las exigencias de la guerra».

2. Un proyecto revolucionario

Cuando Pancho Villa asumió el gobierno de Chihuahua, el 8 de diciembre de 1913, el estado llevaba tres años de guerra casi ininterrumpida, que había destruido buena parte del sistema ferroviario, mermado el hato ganadero y obligado a cerrar muchas fábricas y minas. Faltaba trabajo, alimento y dinero circulante. La población estaba muy dividida, pues además de algunos simpatizantes del antiguo régimen, los orozquistas seguían teniendo apoyo popular y en los últimos meses la prensa había hecho una fuerte propaganda antivillista.

Pancho Villa, que había palpado los sentimientos de desilusión y amargura que numerosos revolucionarios experimentaron tras los Acuerdos de Ciudad Juárez y por lo poco que obtuvieron durante el gobierno de Abraham González, sabía que tenía que ofrecer mucho más que las moderadas concesiones de Madero y González si quería conservar el apoyo de sus partidarios y ganarse a los que habían secundado la rebelión de Orozco. También sabía que para gobernar efectivamente Chihuahua debía conservar el apoyo de las clases medias que respaldaron a Abraham González y a las que la propaganda antivillista había alertado en contra suya, pero no al grado de llevarlas a apoyar a Huerta. Muchas medidas tomadas por don Abraham como el restablecimiento de la autonomía municipal, la disminución de las cargas fiscales de las clases medias y el recambio de la clase política estatal complacieron a esos sectores medios que aún eran revolucionarios.

Para formar su gobierno, Pancho Villa echó mano de antiguos colaboradores de don Abraham, que en marzo de 1913 establecieron la Junta Revolucionaria de Chihuahua en El Paso, Texas. Los miembros de esta junta fueron, en un primer momento, los únicos personajes con estudios formales en los que Pancho Villa podía confiar y a los que recurrió. Encargó la Secretaría General de Gobierno al valeroso periodista de oposición y militante obrero Silvestre Terrazas; la Tesorería General a Sebastián Vargas hijo, quien ya había servido en ese cargo durante la administración de don Abraham; y Matías C. García fue nombrado director general de Instrucción Pública. Terrazas fungiría como el verdadero gobernador en lo referente a la administración pública.

Luego de algunas disposiciones tendientes a regularizar la administración pública y los servicios ferroviarios y telegráficos, a fijar los precios (muy módicos) de la carne que se vendía en los expendios municipales, el 12 de diciembre, a cuatro días de haber tomado el poder, Pancho Villa hizo publicar un documento espectacular y de hondas repercusiones, algunas de ellas inmediatas: el *Decreto de confiscación de bienes de los enemigos de la Revolución*, que dada su importancia, transcribo íntegramente:

> General Francisco Villa, Primer Jefe del Ejército Constitucionalista en el Estado de Chihuahua y, conforme al Plan de Guadalupe, Gobernador Provisional del mismo Estado, de acuerdo con las facultades extraordinarias de que me hallo investido, he tenido a bien decretar lo que sigue:
>
> Teniendo suficientes pruebas relativas a la intervención que diversos capitalistas del Estado han tenido en las últimas dificultades que ha tenido que resolver nuestra patria, causando, por la natural defensa contra las expoliaciones, cuartelazos y traiciones, numerosas víctimas que entre viudas y huérfanos lloran la desaparición de quienes eran el sostén de esos seres inocentes cuya culpa solo ha sido el envidiable patriotismo con que han sostenido la dignidad de la patria y hallándose también entre esos malamente enriquecidos, quienes han defraudado por mil medios al erario público por más de medio siglo de dominación por el engaño y por la fuerza, creo de justicia que es llegada la hora de que rindan cuentas ante la vindicta pública, formándose a su tiempo los procesos ante quienes deban dilucidarse todas las responsabilidades que han contraído ante el pueblo mexicano. Y como ya en ocasiones anteriores se ha probado plenamente que la posesión de sus intereses solo ha servido para comprar traidores y asesinar mandatarios cuya excesiva bondad sirvió de incentivo a sus maldades, necesario es, para salvar a nuestra nacionalidad, cortar el mal de raíz, teniendo que llevar a cabo, además de otros proce-

dimientos de salud pública conforme se vayan haciendo necesarios, la confiscación de los bienes pertenecientes a los malos mexicanos que han comerciado con la vida humana y que son los inmediatos responsables del derramamiento de nuestra sangre.

Por tales razones, que justifican nuestra actitud ante la dignidad del mundo entero, decreto lo siguiente:

Primero. Son confiscables y se confiscan, en bien de la salud pública y a fin de garantizar las pensiones a viudas y huérfanos causados por la defensa que contra los explotadores de la Administración ha hecho el pueblo mexicano, y para cubrir también las responsabilidades que por sus procedimientos les resulten en los juicios que a su tiempo harán conocer los Juzgados especiales que a título de restitución de bienes mal habidos se establecerán en las regiones convenientes, fijando la cuantía de esas responsabilidades, destinándolos íntegros para esos fines, los bienes muebles e inmuebles y documentaciones de todas clases pertenecientes a los individuos Luis Terrazas e hijos, hermanos Creel, hermanos Falomir, José María Sánchez, hermanos Cuilty, hermanos Luján, J. Francisco Molinar y todos los familiares de ellos y demás cómplices que con ellos se hubieren mezclado en los negocios sucios y en las fraudulentas combinaciones que en otro tiempo se llamaron políticas.

Segundo. Una ley reglamentaria que se dictará al triunfo de nuestra causa determinará lo relativo a la equitativa distribución de esos bienes, pensionando primeramente a las viudas y huérfanos cuyos miembros hayan defendido la causa de la justicia desde 1910; en seguida se tendrán en cuenta los defensores de nuestra causa para el reparto módico de esos terrenos; se cubrirán al erario los fraudes cometidos por los individuos citados por la falta de pago de contribuciones en los muchos años que tal cosa hicieron y se restituirán también a sus legítimos dueños las propiedades que valiéndose del poder les fueron arrebatadas por dichos individuos, haciéndose así plena justicia a tanta víctima de la usurpación.

Tercero. Todos los bienes confiscados serán administrados por el Banco del Estado, quien llevará cuenta minuciosa, correctamente documentada, de los ingresos y egresos que hubiere por tal motivo.

Dado en el Palacio de Gobierno, a los 12 días del mes de diciembre de 1913. General Francisco Villa, Gobernador Militar del Estado. S. Terrazas, Secretario.[3]

En este decreto está expuesta la política agraria del villismo: los revolucionarios campesinos del norte llevaban tres años pensando en el tipo de sociedad que querían para «después del triunfo» y cómo habría de construirse esta, de modo que tan pronto tuvieron el poder, así fuera a escala local, lo aplicaron, de acuerdo con el «sueño de Pancho Villa», que citamos también íntegramente y que Pancho Villa le expuso a John Reed más o menos al mismo tiempo que hizo público el decreto anterior:

Cuando se establezca la nueva República, no habrá más ejército en México. Los ejércitos son los más grandes apoyos de la tiranía. No pude haber dictador sin su ejército. Pondremos al ejército a trabajar. Serán establecidas en toda la República colonias militares formadas por veteranos de la Revolución. El Estado les dará posesión de tierras agrícolas y creará grandes empresas industriales para darles trabajo. Laborarán tres días de la semana y lo harán duro, porque el trabajo honrado es más importante que el pelear y solo el trabajo así produce buenos ciudadanos. En los otros días recibirán instrucción militar, la que, a su vez, impartirán a todo el pueblo para enseñarlo a pelear. Entonces, cuando la patria sea invadida, únicamente con tomar el teléfono desde el Palacio Nacional en la Ciudad de México, en medio día se levantará todo el pueblo mexicano de sus campos y fábricas.[4]

En el *Decreto de Expropiación* aparece algo que podríamos llamar *justicia plebeya*: aunque en términos sociales los resultados se verían más adelante («al triunfo de nuestra causa»), sin esperar ese momento se expropiaban los latifundios de la oligarquía, esto se justificaba, en primer término, por las acciones políticas de los referidos oligarcas. No se comprendieron en el decreto los latifundios propiedad de compañías o particulares estadounidenses o británicos, para evitar conflictos diplomáticos.

Mientras triunfaba la causa y se repartían, esas extensas y prósperas heredades serían administradas por el Banco del Estado y sus beneficios serían utilizados para cubrir los crecientes gastos de la guerra. Gracias a estos recursos se homogeneizó el armamento de las tropas, se uniformó a los soldados y empezó a pagárseles con regularidad, convirtiendo a la División del Norte en un ejército profesional, aunque por el momento no recibieron esos beneficios las brigadas que combatían en la frontera del dominio villista (las brigadas Juárez de Durango, Robles, Primera de Durango y Morelos, en La Laguna y Durango).

Hay muy pocos testimonios sobre la administración de los bienes expropiados. Se sabe que los administradores eran jefes designados por Villa, revolucionarios de confianza como Julio Acosta, Baudelio Caraveo, Andrés Rivera y Juan N. Medina, que eran celosamente supervisados por los funcionarios del Banco del Estado, dependientes de Silvestre Terrazas, y por la aguda mirada de Pancho Villa. Un testimonio de primera mano, del coronel José Martínez Valles, oficial de la Brigada Leales de Camargo, cuenta cómo a fines del invierno de 1913 a 1914 recibió la encomienda de administrar la fábrica de hilados y tejidos Río Florido, de Ciudad Camargo, una de las grandes factorías textiles de los Terrazas, que se encontraba completamente abandonada. Contó Martínez Valles:

> El Ejército de la Revolución, según me lo dijo el propio general Villa, la necesitaba para la manufactura de la ropa para los soldados, además de que representaba una fuente de trabajo para la región. Me extendió una orden escrita dirigida a su hermano Hipólito que se encontraba en Ciudad Juárez, Chih., ordenándole me proporcionara el dinero necesario y las refacciones que se requirieran para el funcionamiento de esa industria. Así lo hice y desde mediados del mes de abril de 1914, hasta el mes de noviembre de 1915, la administré y funcionó con toda normalidad [...]. Durante este período cuidamos que se produjera al máximo y evitamos que fuera saqueada. Los libros de contabilidad que todavía existen allí comprueban

que se obtuvo, además de los beneficios para la Revolución, una utilidad de más de 700 mil pesos.[5]

Por otro decreto, fechado también el 12 de diciembre, se creaba el Banco del Estado, con capacidad de emitir hasta diez millones de pesos, cuyas operaciones serían las correspondientes a un banco, «más las que sean necesarias para facilitar préstamos sobre propiedades que garanticen plenamente el Capital, especialmente a los agricultores pobres que necesiten elementos pecuniarios para labrar sus tierras». El punto cuarto del decreto disponía que «La primera garantía del Banco del Estado será el total de los bienes que se confiscan, conforme a decreto especial de esta fecha, y de las cuales pertenece a la Administración Pública por el solo capítulo de contribuciones no pagadas, una cantidad mayor que la del capital de dicho Banco».[6]

Como de costumbre, los dos o tres asesores de Villa le dijeron cómo había que hacer las cosas, pero lo que estaba detrás era la voluntad expresa del general, que en los primeros días de su mandato enfrentó problemas enormes, uno de los cuales era la ausencia casi absoluta de dinero circulante, que no tardó en colapsar los mercados, haciendo aparecer el fantasma del hambre en las casas pobres de las principales ciudades del estado. Y Pancho Villa, después de haber escuchado numerosas propuestas de solución, algunas de ellas descabelladas, decidió: «Bueno, si todo lo que se necesita es dinero, emitámoslo».[7]

Y ya fue cosa de Terrazas y Vargas (cuyas firmas aparecían en los billetes del Banco del Estado, llamados *dos caritas* porque se reproducían en ellos los retratos de los dos mártires del villismo: Francisco I. Madero y Abraham González) encontrar la manera de garantizar la emisión de acuerdo con las normas elementales de la economía, gracias al otro decreto que reflejaba la voluntad de Villa y sus lugartenientes rancheros.

Todo esto lo instrumentaba Pancho Villa «a la ranchera». John Reed, corresponsal de un diario estadounidense, testigo de lujo, revolucionario y admirador de Pancho Villa, retrató con pluma magistral «el estilo personal de gobernar» del iletrado caudillo, que otros testigos ratificaron. Cuenta Reed:

> Se ha dicho a menudo que Villa tuvo éxito porque disponía de consejeros educados. En realidad, estaba casi solo. Los consejeros que tenía pasaban la mayor parte de su tiempo dando respuesta a sus preguntas impacientes y haciendo lo que él les decía que hicieran [...]. Silvestre Terrazas, secretario de gobierno, Sebastián Vargas, tesorero del estado y Manuel Chao, entonces intervertor, llegaban como a las ocho, muy bulliciosos y atareados, con enormes legajos de informes, sugestiones y decretos que habían elaborado. Villa mismo se presentaba como a las ocho y media, se arrellanaba en una silla y les hacía leer en alta voz lo que había. A cada minuto intercalaba una observación, corrección o sugestión. De vez en cuando movía su dedo atrás y adelante y decía:
> No sirve.
> Cuando todos habían terminado, comenzaba rápidamente y sin detenerse a delinear la política del estado de Chihuahua: legislativa, hacendaria, judicial y aun educativa. Cuando llegaba a un punto en que no podía salir del paso, decía:
> ¿Cómo hacen eso?
> Y, entonces, después que le era explicado cuidadosamente el porqué, le parecía que la mayor parte de los actos y costumbres del gobierno eran extraordinariamente innecesarios y enredosos.[8]

De esa manera, con ese estilo (casi solo, pero habiendo escuchado con cuidado a los caudillos campesinos), trazó la política revolucionaria de Chihuahua que revisamos atrás y que sería la base del proyecto revolucionario villista. Al mismo tiempo, Chihuahua estaba recuperando la paz perdida, en parte como resultado de la popularidad de las acciones antes reseñadas y en parte también por la creciente potencia de fuego y la movilidad de las columnas villistas: al iniciar 1914 Chihuahua estaba en paz.

El 7 de enero de 1914, poco más de cuatro semanas después de haberse convertido en gobernador de Chihuahua, Pancho Villa renunció en respuesta a una «sugerencia» del primer jefe, quien le pidió que resignara esa responsabilidad en Manuel Chao y, al mismo tiempo, le avisó que iba camino de Chihuahua... ya veremos para qué. Villa respondió a don Venustiano que ya ponía a Chao al frente del gobierno del estado y que él se dedicaría de lleno a preparar la marcha del ejército rumbo al sur, otra vez a Torreón, donde lo esperaba el general José Refugio Velasco, quizás el mejor de los jefes del viejo ejército, con una poderosa división federal reforzada por numerosos colorados. Pancho cedía el cargo formal, pero no el poder: supervisaría estrechamente a Chao y luego a su sucesor, el general Fidel Ávila, vaquero de Satevó. Además, tanto Chao como los presidentes municipales eran generales, jefes u oficiales de la División del Norte y le debían obediencia. Entre tanto, Pancho Villa sin dejar de tener un ojo puesto en lo que Chao hacía, se preparaba para la campaña por venir. Fue entonces cuando empezaron a llegar a Chihuahua los hombres que aportaron al villismo un elemento del que hasta entonces carecía: los intelectuales maderistas.

En el invierno de 1913 a 1914, al mismo tiempo que Pancho Villa echaba a andar el gobierno revolucionario de Chihuahua, fueron presentándose en la capital del estado y poniéndose a sus órdenes un número no despreciable de personas a las que podemos aplicar el nombre genérico de *intelectuales maderistas*, el último grupo importante que hay que tomar en cuenta para entender al villismo, su heterogeneidad, sus demandas y su estructura, porque participaron activamente en la definición política del villismo, en labores administrativas y de gobierno, en los debates políticos y sociales de la Revolución, y en la redacción de leyes y decretos.

Es cierto que algunos de los hombres que habrían de integrar este grupo ya se habían incorporado a la División del Norte desde su nacimiento, principalmente los jefes de la Brigada Zaragoza, Eugenio Aguirre Benavides, Raúl y Emilio Madero, quienes, de acuerdo con los jefes de los regimientos, habrían de hacer de esta brigada una especie de brazo armado de este grupo, lo mismo que el jefe de la Brigada Robles, José Isabel Robles, aunque en las filas de su brigada hubiese jefes que nunca se identificaron con los intelectuales, como el coronel Canuto Reyes. Pero el grueso de los intelectuales maderistas, los que habrían de constituir el grupo, llegaron a Chihuahua entre diciembre de 1913 y marzo de 1914.

No fue casual que la Chihuahua villista se convirtiera en el polo de atracción de numerosos políticos maderistas. Además de que los jefes villistas habían sido maderistas leales en 1912, Pancho Villa se consideraba en la primavera de 1913 una especie de vengador de Madero y desde el principio, a diferencia de Carranza, trató con grandes consideraciones a Raúl Madero y luego a su hermano Emilio. También está clara la alianza que desde 1910 Pancho Villa tenía con don Alberto Madero, que se debió en un principio a que Villa era el jefe revolucionario que actuaba en la región en que estaban las haciendas de Bustillos y Tres Hermanos. Sin embargo, esto pronto se convirtió en respeto mutuo, tanto que pertenecían a la Brigada Villa los vaqueros de la hacienda metidos a revolucionarios con permiso y respaldo de don Alberto, y cuyo jefe era José Ruiz Núñez, que, en las campañas reseñadas en los dos capítulos anteriores, militó en la Brigada Villa. Otro factor determinante fue el trato despectivo que Carranza, Obregón y los más cercanos colaboradores de ambos solían dispensar a los antiguos lugartenientes políticos de Madero, que contrastaba violentamente con el respeto y la deferencia con la que los trataba Pancho Villa.

Así, poco a poco fue integrándose un grupo de funcionarios, administradores, asesores o aliados que incluyó a dos secretarios de Estado del gabinete de Madero, Miguel Díaz Lombardo, de Instrucción Pública; y Manuel Bonilla, de Comunicaciones. Siete gobernadores del período maderista: José María Maytorena, de Sonora; Felipe Riveros, de Sinaloa; Miguel Silva, de Michoacán; Emiliano G. Saravia y Murúa, de Durango; Francisco Lagos Cházaro, de Veracruz; Aureliano S. González, de Chihuahua; y Federico González Garza, del Distrito Federal. Varios diputados del bloque maderista de la XXVI Legislatura, entre ellos Adrián

Aguirre Benavides (primo de Madero y hermano de Eugenio), Roque González Garza, Juan Hurtado y Francisco Escudero. No pocos parientes cercanos del presidente asesinado, entre los que destacaban sus hermanos, Raúl y Emilio, sus tíos Alberto y Ernesto, y sus primos Eugenio, Adrián y Luis Aguirre Benavides. Y algunos otros maderistas destacados, como Luis de la Garza Cárdenas, Juan N. Medina, Ramón Puente y (debemos contarlo aquí) Silvestre Terrazas.

Hay que añadir a un puñado de militares egresados del Colegio Militar que en el mismo invierno de 1913 a 1914 fueron presentándose en Chihuahua. También pueden contarse algunos intelectuales maderistas que, sin terminar nunca de incluirse en las filas villistas, fueron aliados del grupo de exmaderistas formado a la sombra de la División del Norte, como José Vasconcelos, Valentín Gama, David Berlanga y Martín Luis Guzmán.

Uno de estos políticos dejó un vívido retrato de la situación de los maderistas en Hermosillo: Leopoldo Hurtado y Espinosa, mediano empresario textil michoacano e impulsor del maderismo en aquel estado, diputado maderista a la XXVI Legislatura. El 19 de febrero de 1913 fue uno de los cuatro diputados que votaron contra la aceptación de la renuncia de Madero, por lo que a la salida de la sesión tuvo que esconderse. Lo ayudó a huir su primo Conrado Magaña, padre del general zapatista Gildardo Magaña. En noviembre de 1913 Hurtado se presentó en Hermosillo, poniéndose a las órdenes de Carranza. En las semanas anteriores habían llegado a la capital sonorense Francisco Escudero, Miguel Díaz Lombardo, Miguel Silva y otros maderistas, quienes, como él, sintieron que Carranza los ninguneaba y llegaron a la conclusión de que no defendía los mismos ideales que Madero, por lo que poco a poco fueron acrecentándose sus simpatías por Pancho Villa, hasta que optaron, finalmente, por irse a Chihuahua tan pronto pudieron, a unirse a Villa, que si bien «era un hombre muy inculto», era «sincero» en su maderismo.[9] Martín Luis Guzmán, joven, pero ya prestigioso intelectual, escribe una opinión diez, veinte veces repetida:

Largos meses de estancia en Chihuahua se tradujeron para mí en un gradual alejamiento —gradual y voluntario— de la facción que iba formándose en torno de Carranza y sus incondicionales. La facción opuesta —rebelde dentro de la rebeldía, descontentadiza, libérrima—, representaba un sentido de la Revolución con el cual me sentía más espontáneamente en contacto. En este segundo núcleo se agrupaban ya, por mera selección simpática, Maytorena, Cabral, Ángeles, Escudero, Díaz Lombardo, Silva, Vasconcelos, Puente, Malváez y todos aquellos que aspiraban a conservar a la Revolución su carácter democrático e impersonal.[10]

Luis de la Garza Cárdenas, Federico González Garza, Miguel Díaz Lombardo y Francisco Escudero, personajes que habrían de convertirse en consejeros y funcionarios importantísimos en las filas villistas, también se sumaron en esos días. Díaz Lombardo facilitó que viajaran de Francia a México Felipe Ángeles, Federico Cervantes, José Vasconcelos y otros, que se pusieron a las órdenes de Carranza. A principios de 1914, no sabemos cómo, el propio Díaz Lombardo estaba en Chihuahua. También se sumó temporalmente el culto abogado y una de las cabezas del prestigiado círculo intelectual Ateneo de la Juventud, José Vasconcelos, maderista desde el principio. Años después rechazaría su villismo.

Al final de este período, cuando la División del Norte estaba lista para emprender la marcha rumbo al sur (de hecho solo a él lo esperaban), llegó el hombre que sería visto como la cabeza del grupo maderista del villismo: el general Felipe Ángeles, el único general de carrera (hubo varios jefes y oficiales, pero solo un general) que prefirió la lealtad y los principios al espíritu de cuerpo y desconoció a Huerta para unirse a la Revolución.

Ángeles, militar de carrera e intelectual, se hizo amigo y hombre de confianza de Madero a lo largo de 1912 y lo acompañó en su prisión, y casi en su muerte (exigió que lo llevaran con Madero y Pino Suárez la trágica noche del 22 de febrero). Tras un juicio amañado y un exilio diplomático en Europa, Ángeles logró regresar, y en octubre de 1913 se puso a las órdenes de Carranza en

Hermosillo. El primer jefe lo nombró de inmediato secretario de Guerra de su gabinete, pero los jefes revolucionarios sonorenses, encabezados por Álvaro Obregón, protestaron airadamente y Ángeles quedó reducido a subsecretario con funciones meramente decorativas. No había entonces enemistad personal entre Ángeles y Obregón o cualquiera otro de los jefes sonorenses, pero estos recibieron como una ofensa, luego de las resonantes victorias de Santa Rosa y Santa María, que un recién llegado fuera puesto por encima de ellos, en especial cuando ese advenedizo había pertenecido al Ejército federal. El caso es que Ángeles quedó en Hermosillo en una posición falsa, y aunque el primer jefe siempre lo trató con deferencia, muchos de sus cercanos colaboradores hicieron exactamente lo contrario, lo mismo que varios oficiales sonorenses. Esta actitud fue causando un hondo resentimiento en Ángeles, quien se fue acercando cada vez más al gobernador de Sonora, José María Maytorena, quien resentía el mismo trato por parte de la misma gente. Así empezó a formarse, en Hermosillo, el grupo maderista que habría de pasarse al villismo, en torno a las enérgicas figuras de Ángeles y Maytorena. Como los demás, Ángeles encontró también, junto a ese trato inmerecido, un argumento político: veía en Carranza no un maderista, sino un antimaderista, de procedimientos dictatoriales.

Por consejo de Maytorena, Ángeles se puso en contacto con el general Villa, ofreciéndole por interpósitas personas sus servicios para organizar la artillería de la División del Norte. Enterado de los deseos de Felipe Ángeles, Pancho Villa envió un telegrama a Carranza en que le pedía que se lo enviara y el primer jefe, no sin dudarlo, accedió. Esto sucedió en vísperas del avance de la División del Norte hacia Torreón, en marzo de 1914. Inmediatamente Ángeles se separó de la comitiva del primer jefe dirigiéndose por el lado estadounidense a Ciudad Juárez. A su llegada a Chihuahua, recibió el mando de la artillería de la División del Norte, que solo lo esperaba a él para partir rumbo a Torreón. Con él llegaron sus ayudantes Gustavo Bazán y José Herón González (Gonzalitos en la épica villista). Pronto se sumarían otros oficiales de carrera, como Federico Cervantes, Vito Alessio Robles y Manuel García Santibáñez. De Gonzalitos existe un plástico retrato debido a la pluma de Rafael F. Muñoz:

> El general Gonzalitos... un muchacho menudito, cuya pequeña estatura veíase ridícula entre los gigantones jefes de la División del Norte. Fino como una señorita [...]. Había sido alumno del Colegio Militar, donde hizo notables estudios; era un atleta, enérgico, convencido de las ventajas de una severa disciplina [...].
> Entró a la División del Norte antes de los combates de Torreón [de la primavera de 1914], formando parte del estado mayor del general Ángeles, con el hermano de este, Alberto, el mayor Bazán y otros oficiales. Ganó pronto fama de arrojado y valiente. Desdeñoso del peligro, audaz, enérgico con oficiales y soldados que tembelequeaban a la hora de la batalla. Pero tenía estos defectos: daba consejos cuando nadie se los pedía, órdenes a quienes no dependían de él, y sobre todo, trataba de aplicar las enseñanzas que supo derivar del estudio de las grandes batallas del mundo, a ejércitos que tenían su modo propio de combatir.[11]

De ese modo, el invierno de 1913 a 1914 fue fundamental en la conformación del villismo: las decisiones de Villa al frente del gobierno de Chihuahua, las acciones revolucionarias de los caudillos de Durango y la contribución de los intelectuales maderistas desataron importantes discusiones en las filas villistas, que fueron decantándose en un proyecto revolucionario, en embrión si se quiere, que empezaba a tener claras sus líneas principales. De la confluencia de tan diversos grupos en el villismo, surgieron un par de demandas comunes que actuaron como catalizadores del proyecto.

Los dos temas centrales de esas discusiones fueron el problema agrario y la democracia. Desde 1911 algunos de los caudillos regionales, que en 1913 se sumarían a la División del Norte y que tenían en sus manos el poder regional o suficientes elementos de presión, habían fomentado o tolerado la recuperación de las tierras usurpadas por las haciendas a los pueblos. Los dos casos más documentados son los de las regiones de Cuancamé y de Ojinaga, donde actuaban Calixto Contreras y Toribio Ortega, pero también hemos visto que en muchos pueblos de Chihuahua, Durango y La Laguna, la agitación agraria era uno de los ingredientes más notables del explosivo coctel político. Con esas experiencias en su haber y sobre la base de la incipiente (e inaplicada) legislación agraria de don Abraham González, Francisco Villa dictó el *Decreto de expropiación* del 12 de diciembre de 1913. En ese momento estaban a su lado, aconsejándolo, Toribio Ortega y Orestes Pereyra, así como varios de los revolucionarios que habían tomado parte en los fuertes conflictos agrarios de las regiones de Satevó y San Andrés, y los compañeros del recientemente fallecido Porfirio Talamantes. Las ideas de Villa y sus compañeros fueron puestas en el papel por Silvestre Terrazas, en un lenguaje que todos podían entender.

En el texto del decreto y «el sueño de Pancho Villa» están las líneas iniciales del proyecto agrario del villismo, que habría de ser complementado por otros documentos promulgados en abril y mayo de 1914 por los gobernadores que sucedieron a Pancho Villa, el general Manuel Chao y el general Fidel Ávila, y que pasando por la Ley General Agraria de julio de 1915, habría de alcanzar su expresión más acabada, luego de la confluencia del villismo con el zapatismo, en el *Programa de reformas económicas, políticas y sociales de la convención*.

Por el decreto del 12 de diciembre no solo se expropiaban los latifundios de los enemigos de la Revolución (que eran casi todos los latifundistas del estado de origen mexicano), sino que se prometía repartirlos al triunfo de la Revolución y, mientras tanto, sus enormes recursos se ponían al servicio de la División del Norte.

Además, hay un elemento que no había aparecido en la legislación de Abraham González y que parece un claro resultado de la influencia de Toribio Ortega, Calixto Contreras y Porfirio Talamantes: la promesa de restituir «a sus legítimos dueños», las propiedades que valiéndose del poder les fueron arrebatadas por los oligarcas, «haciéndose así plena justicia». Pronto empezó a entenderse que esta promesa se refería a las tierras de los pueblos fraccionadas de acuerdo con la Ley de 1905, independientemente de que en el proyecto villista (en decretos posteriores al del 12 de diciembre) también se considerara la reducción a propiedad particular de estas tierras, aunque de manera equitativa. Puede verse, en ese sentido, el decreto relativo al deslinde y la adjudicación de los terrenos expropiados a los soldados en servicio activo, sus deudos y «los pobres», publicado por el gobernador Chao el 5 de marzo de 1914.[12]

Aparecen así los pueblos como sujetos activos, y esos pueblos son los pueblos del norte, base de la concepción democrático-militar del «sueño de Pancho Villa»: la república de pequeños propietarios independientes, armados, agrupados en pueblos o «colonias militares» autárquicos y autosuficientes. La legislación villista posterior trató de dar forma no tanto a esta utopía, pero sí al ideal de la pequeña propiedad agraria, productiva e independiente, como base de la riqueza del país, un ideal, dicho sea de paso, constante en los clásicos del liberalismo mexicano. Las disposiciones villistas estaban encaminadas a impulsar por todos los medios la pequeña propiedad: tras la expropiación de los latifundios vinieron otros decretos sobre compra de terrenos, fraccionamiento de tierras municipales y baldías y expropiación «por causa de utilidad pública»: todas las figuras legales posibles para, sin violentar el derecho a la propiedad ni la concepción capitalista de tal derecho, poder repartir tierras entre los campesinos o los *pobres* (categoría recurrente en la documentación villista que muestra la influencia del catolicismo social).

Pero no se proyectaba repartir las tierras y dejar a los nuevos propietarios a su suerte, pues entre las responsabilidades y funciones del Banco del Estado estaban las de otorgar créditos de avío a estos agricultores e impulsar las obras de irrigación y otras mejoras. Por su parte, el gobierno se comprometía a construir escuelas en los núcleos rurales y dar vida a escuelas agrícolas y a laboratorios de experimentación con semillas e insumos. Según las leyes agrarias, las adjudicaciones de tierras no serían gratuitas, sino en cómodos y módicos pagos, y la venta o enajenación de las tierras adjudicadas encontraba innumerables obstáculos o prohibiciones. Si no se hicieron efectivos los repartos se debió a que Villa pensaba que los primeros beneficiarios debían ser los soldados y estos hacían la guerra fuera de las zonas villistas.

También tiene que ver con este agrarismo incipiente y con la «justicia plebeya» de que hablamos antes, una acción de Pancho Villa que hizo demasiado ruido: el asesinato o ejecución de William Benton, aquel súbdito británico odiado por los rancheros de San Lorenzo y Santa María de Cuevas, que había tenido enfrentamientos directos con Pancho Villa desde, por lo menos, 1912. Cuando ocupó Chihuahua, Villa mandó decir a Benton que se fuera del país, a la vez que permitió que los vecinos de Santa María de Cuevas invadieran los predios disputados con la hacienda del inglés. Este, furioso, fue a buscar a Pancho Villa, lo encontró en Ciudad Juárez, luego de la batalla de Ojinaga, y le reclamó airadamente la invasión de sus tierras. Villa le contestó en tono duro, aunque ofreció comprarle su hacienda para no perjudicarlo, y volvió a exigirle que se fuera del país, a lo que contestó el otro con grandes insultos y haciendo ademán de sacar la pistola. Según algunas versiones, Villa (o Fierro) lo habría matado ahí mismo, según otras, lo desarmó y lo hizo ejecutar por Fierro y Banda. Lo cierto es que la muerte de Benton desató una fuerte reacción internacional de la que Venustiano Carranza supo sacar provecho y que dejó a Villa malparado ante la opinión pública estadounidense y europea.

El segundo tema central, decíamos, fue la democracia, la restauración en todo su vigor del orden constitucional, poniendo énfasis tanto en la división de poderes como en la autonomía municipal, que emanaban de esa Carta Magna, acordes con las demandas autonomistas de los jefes populares del villismo.

Francisco I. Madero había sido un dirigente extremadamente carismático y contagió su profunda convicción democrática a muchos de sus partidarios: para él, bastaba con eliminar los males de la dictadura para que se fueran solucionando, dentro del marco legal, los grandes problemas nacionales. Nada más natural que aquellos de sus cercanos colaboradores que fueron a dar a las filas villitas insistieran en que el programa democrático del maderismo fuera cobijado y defendido por la poderosa División del Norte. Desde principios de 1914 fue estableciéndose que el programa democrático implicaba la restauración de la Constitución de 1857 en todo su vigor y la defensa a ultranza del lema maderista, «Sufragio efectivo, No reelección». Felipe Ángeles habría de resumir esa posición pocos años después:

> Lo más firme y respetable de una nación debe ser su ley fundamental, porque es la base de sus instituciones, y porque es la expresión de la suprema voluntad del pueblo.
>
> Todas las reformas que pretendan hacerle los representantes de este, para adaptarla a la evolución de la sociedad, deben hacerse por los medios cautos que la misma Constitución prescribe, dando completas libertades a todas las formas de manifestación del pensamiento, para consultar concienzudamente la opinión de toda la República [...].
>
> La Revolución de 1910 tuvo por causa las usurpaciones de poder de Porfirio Díaz, y por fin principal, hacer respetar los preceptos de la Constitución.
>
> La Revolución de 1913 fue iniciada enarbolando la bandera de nuestra Ley Fundamental para derrocar al gobierno de Huerta, constituido mediante una violación de esa ley.[13]

Cuando escribieron sus memorias Federico y Roque González Garza, Adrián y Luis Aguirre Benavides, Federico Cervantes y algún otro de los intelectuales villistas, hicieron una defensa similar de la democracia desde la perspectiva maderista y del intento de continuidad de la misma en el villismo. Ya en 1914, en un momento en que el villismo había alcanzado mayor madurez, Roque González Garza resumió ante los delegados a la Convención de Aguascalientes el programa villista diciendo que consistía en la instalación de un gobierno provisional que restaurara el orden para hacer dos cosas: «darle al pueblo la tierra que nos está pidiendo a gritos» y preparar «el advenimiento de un gobierno democrático constitucional».[14]

Por su parte, Silvestre Terrazas había sido un decidido impulsor de la democracia cristiana que, como solía pasar con las ideas del aguerrido periodista, había sufrido importantes cambios en el transcurso de su militancia opositora y revolucionaria. Pero estas quedaron claras desde que en marzo de 1908 apareció en *El Correo* el programa de la democracia cristiana tal como lo concebía Terrazas, programa que en materia política exigía la supresión del caciquismo, la integración de todos los ciudadanos a la vida pública a través del ejercicio de la democracia, una amplia «descentralización administrativa» y que la representación popular fuese con criterios sectoriales o gremiales y no geográficos. Esta última petición, que parece tomada de los principios conservadores de la primera mitad del siglo XIX, está perfectamente de acuerdo con el corporativismo y el colectivismo defendidos por Terrazas.[15]

De ese modo, sobre la reivindicación agraria, que se convertiría en un proyecto de defensa de los recursos y la soberanía, y la democracia no solo a nivel municipal, sino como utopía y sistema de gobierno, se fue construyendo el proyecto de nación del villismo en el verano y el otoño de 1914. En él, además de desarrollarse y decantarse lo relativo a la redistribución de la propiedad raíz y la restauración del orden constitucional, se añadieron proyectos sobre la conducción económica del Estado, el federalismo y el municipio libre; sobre las condiciones de vida de los obreros y el carácter del Estado como árbitro entre las clases. Esto habría de llevar su tiempo pero, por lo pronto, cuando el grueso de la División del Norte salió de Chihuahua rumbo al sur para enfrentar a los mayores contingentes del Ejército federal, sus hombres ya llevaban en sus mochilas el embrión de un proyecto revolucionario.

También durante el invierno de 1913 a 1914, y aprovechando los recursos confiscados a la oligarquía, tan pronto Pancho Villa entregó a Manuel Chao el gobierno de Chihuahua, en enero de

1914, dedicó la mayor parte de sus energías a convertir las guerrillas unificadas en la División del Norte en un ejército capaz de librar una campaña regular a la ofensiva. Los recursos confiscados permitieron uniformar a todas las tropas y modernizar el armamento de aquellas brigadas que no tenían fusiles Mauser o carabinas 30-30 de manera uniforme. También empezó a pagarse el salario a las familias de los soldados que saldrían al frente.

A pesar de estas nuevas condiciones, la División siguió siendo un ejército revolucionario, y las oleadas de voluntarios que llegaban de todo el estado eran encuadradas en las brigadas que correspondían a su región natal. Los voluntarios y los veteranos luchaban como reacción contra la injusticia o los agravios sufridos, compartían una vaga pero indiscutible vocación por el cambio social y, con certeza, buscaban un México nuevo.

Además de fortalecer las brigadas, Villa puso a punto cuatro corporaciones que dependerían del Cuartel General: el Estado Mayor, órgano encargado de la logística y administración, a cargo del general Manuel Madiniabeitia; la Brigada de Artillería, cuyo mando se entregaría, en cuanto llegara, al general Felipe Ángeles; la Brigada Sanitaria, con trenes hospitales, equipo moderno y personal calificado; y la Escolta Personal del general en jefe: los famosísimos dorados.

Como es común confundir *dorado* con *villista*, vale la pena explicar quiénes eran en realidad los dorados. Los antecedentes directos de la Escolta Personal del general en jefe, los dorados, estaban en el Cuerpo de Guías de la Brigada Villa, que mandó hasta su muerte el capitán Encarnación Márquez, nacido y muerto en San Andrés. Luego fue el serrano Pancho Sáenz el jefe del cuerpo. Una vez ocupada Chihuahua, el general Villa seleccionó personalmente, de las distintas brigadas, a 99 oficiales «que mayor número de hazañas habían consumado» y que además de su valor se distinguieran por sus capacidades, resistencia y, sobre todo, por su lealtad. Con ellos se formaron tres secciones. El primer jefe de la Escolta, que ajustaba el número cien, fue el valiente coronel de la Sierra de Chihuahua Jesús M. Ríos, y entre los oficiales escogidos para la primera hornada de dorados estaban Nicolás Fernández, Candelario Cervantes, Martín López, Manuel Baca, José I. Prieto, Pedro Luján, Juan B. Vargas y otros oficiales famosos por su valor. Cuenta Juan B. Vargas:

> La misión especial de la escolta consistía en proporcionar guardia al general Villa, general en jefe, dondequiera que se estableciera el cuartel general, y servirle de escolta personal. En campaña y principalmente en los combates desempeñaba la misión de un cuerpo de ayudantes del comandante en jefe [...], pero muchas veces fue lanzada como catapulta sobre el enemigo para coronar el éxito de una victoria. Era algo así como una pequeña guardia imperial, semejante a la que usaba *le petit caporal* para remachar con broche de oro alguna de sus brillantes batallas.[16]

Los hombres que integraban la escolta eran experimentados y valientes, y de ellos surgieron generales famosos. Transmitían órdenes verbales a los jefes de las corporaciones, que se tomaban como si vinieran del propio general en jefe; cooperaban para hacer entrar en combate en orden a las fuerzas de la División; en los avances de la División se distribuían por grupos en las brigadas para formar un cuerpo permanente de enlace con el Cuartel General y, al mismo tiempo, tenían como misión más delicada escoltar y darle seguridad a Villa. Eran tan eficaces y afamados que muchas veces bastaba su sola presencia para intensificar las acciones de guerra en un punto dado: eran la élite de la oficialidad villista, una verdadera punta de lanza y un cuerpo que adquirió estatura legendaria.

La Brigada Sanitaria cumplió en la batalla de Torreón con el penoso deber que se la había encomendado. John Reed, el periodista estadounidense que tantas migas hizo entre los villistas, cuenta que, a la mitad de la larga y terrible batalla, el Centauro le dijo a varios periodistas:

No tengo tiempo para pensar en ustedes; de modo que deben tener cuidado de no desafiar el peligro. Es malo resultar herido. Hay centenares. Son valientes aquellos muchachos, los más bravos del mundo. Pero —prosiguió complacido—, ustedes deben ir a ver el tren-hospital. Allí hay algo admirable sobre lo cual deben escribir para sus periódicos.

Y realmente era una cosa maravillosa, digna de verse. El tren-hospital [...]: cuarenta carros-caja esmaltados por dentro, con grandes cruces azules en el exterior, así como el letrero «Servicio Sanitario», atendía a los heridos tan pronto los traían del frente. Estaban provistos con el equipo quirúrgico más moderno, manejado por sesenta doctores competentes, mexicanos y norteamericanos. Todos los días salían trenes rápidos para transportar a los heridos graves a los hospitales de base en Chihuahua y en Parral.[17]

Antes de que se probara la nueva organización militar, los villistas todavía ganaron la batalla de Ojinaga, que echó de Chihuahua a los últimos huertistas, mientras en Durango combatían como guerrilleros los hombres de Contreras, Urbina y Robles.

3. Las grandes batallas

¿Cuál era el enemigo al que iban a enfrentar esta vez los villistas?, ¿qué posiciones defendería? La División del Nazas del Ejército federal, a las órdenes del general José Refugio Velasco, ocupó Torreón el 9 de diciembre, desalojando a las fuerzas villistas de Calixto Contreras. Durante los cien días siguientes los federales rodearon Torreón, Gómez Palacio y Lerdo de líneas atrincheradas y fortines, mientras los colorados de Benjamín Argumedo y Juan Andrew Almazán combatían, como ya hemos visto, contra las avanzadas villistas.

En marzo de 1914, la División del Nazas estaba formada por más de 7 000 soldados federales con 19 cañones, 11 ametralladoras y 24 fusiles ametralladoras. A estas fuerzas había que sumar los irregulares de Argumedo y Almazán, y las avanzadas destacadas por Velasco en los alrededores de Torreón, la gendarmería de poblaciones como Matamoros y San Pedro, y otras fuerzas, de modo que los contingentes del gobierno en La Laguna, según distintos cálculos, iban de los 12 000 a los 14 000 hombres, bien atrincherados y fortificados en las ciudades laguneras. Por primera vez, los villistas tendrían una amplia superioridad numérica y artillera, que los federales trataron de compensar mediante la fortificación de Torreón y sus ametralladoras, armas novedosas que causaron gran daño.

El plan original de Velasco consistía, al parecer, en defender Lerdo y Gómez solo para debilitar el empuje rebelde, concentrando en Torreón la resistencia, pero el curso de la lucha le hizo variar de propósito y los mayores combates se dieron en Gómez Palacio. Velasco estableció su Cuartel General en Gómez y movilizó avanzadas a Bermejillo, Tlahualilo, Mapimí, San Pedro de las Colonias, Viesca, Matamoros y Avilés.

La principal columna villista, procedente de Chihuahua, se concentró en Estación Yermo el 20 de marzo de 1914, y ese día iniciaron los combates. La primera fase de la batalla consistió en el avance de las fuerzas villistas sobre Torreón, que desalojaron de sus posiciones a las avanzadas enemigas. Se combatió en Tlahualilo y Sacramento, mientras las fuerzas de Calixto Contreras, procedentes de Cuencamé, tomaban posiciones frente a Lerdo y Gómez Palacio por el suroeste. El 22 de marzo, todas las fuerzas del gobierno quedaron concentradas en las tres ciudades.

La segunda fase de la batalla inició el 23 de marzo, cuando las fuerzas de la División del Norte, que habían tomado posiciones el día anterior, atacaron Lerdo y Gómez Palacio. El día 25 se conquistó Lerdo y al día siguiente los villistas recrudecieron los ataques a Gómez Palacio e iniciaron el asedio de Torreón. El combate más encarnizado se dio en el cerro de La Pila, que limita el caserío de Gómez hacia el norte. Un oficial villista recordaría que el asalto a la Pila fue vigoroso y espectacular; el estrépito provocado por la fusilería, los cañones, las ametralladoras y las bombas de dinamita fue ensordecedor y no decreció en varias horas:

Esta proeza es digna de mencionarse como una de las epopeyas más cruentas que se han grabado en la Historia de la Revolución, puesto que 2 000 hombres en campo abierto iniciaron el asalto a las posiciones de un cerro que mide un kilómetro de largo, por cien metros de altura, con una pendiente como de 30 grados, cuyas fortificaciones se encontraban perfectamente artilladas, y con 600 hombres convenientemente pertrechados, que disponían de 6 cañones, 12 ametralladoras y, además, apoyados por el fuego de las baterías de la Cerro de Santa Rosa y de la Casa Redonda.[18]

Los villistas tomaron el cerro, pero fueron desalojados de inmediato, y Villa decidió dar un día de descanso a su gente, que Velasco aprovechó para abandonar Gómez Palacio y concentrar en Torreón a todas sus tropas.

El 27 de marzo Pancho Villa trasladó su Cuartel General a Gómez Palacio para dirigir desde ahí la cuarta y última fase de la batalla. El 28 de marzo se celebró una junta de jefes a la que asistieron Pancho Villa, Felipe Ángeles, Orestes Pereyra, Calixto Contreras, José E. Rodríguez, José Isabel Robles, Eugenio Aguirre Benavides, Miguel González, Andrés Villarrreal y los jefes accidentales de las brigadas Cuauhtémoc y Madero, Samuel Rodríguez y Benito García (por herida de los generales Máximo García y Trinidad Rodríguez), a fin de tomar las disposiciones para el asalto a Torreón.

Cuatro días duraron los combates. Mientras se combatía, el día 29 Villa se enteró de que una columna de 1 600 federales se acercaba a San Pedro de las Colonias para aliviar la presión villista sobre Torreón. Villa envió a las brigadas González Ortega y Leales de Camargo a contenerlos. Finalmente, al amanecer el 2 de abril, a costa de grandes bajas, la División del Norte había reducido a los huertistas a su última línea, ya dentro de Torreón, y faltaba solo un último empuje. En la tarde de ese día, aprovechando una impresionante tolvanera, Velasco abandonó la ciudad rumbo a Matamoros.

Al día siguiente, 3 de abril, la División del Norte entró a Torreón. Órdenes severas del Cuartel General impidieron el saqueo, y los pequeños grupos de vecinos que lo intentaron fueron dispersados por fuerzas de los coroneles Enrique Colunga y Eulogio Ortiz (de la Brigada Benito Juárez). El general Villa fue vitoreado por la multitud y se restableció el orden rápidamente. Los principales servicios fueron puestos en funcionamiento y en la tarde de ese día el comercio abrió sus puertas.

Antes de presentar el balance general de la batalla hay que detenernos un poco para atender una crónica que muestra el nivel de disciplina alcanzado por la División del Norte, las diferencias entre las fuerzas de Chihuahua y las de Durango, mucho menos profesionales y, sobre todo, el carácter que aún tenían sus corporaciones y los jefes de las corporaciones.

El periodista estadounidense John Reed, tratando de llegar a la línea del frente, se encontró con «dos jinetes mal encarados, con grandes sombreros, en que llevaban pequeñas efigies impresas de nuestra señora de Guadalupe», que partían hacia un puesto avanzado, y les pidió que lo llevaran.

> ¿Por qué deseaba ir con ellos? ¿Quién era yo, al fin de cuentas? Les mostré mi pase, firmado por el general Francisco Villa. Siguieron mostrándose hostiles.
>
> Francisco Villa no es nadie para nosotros dijeron. ¿Y cómo sabemos si ese nombre fue firmado por él? Nosotros somos de la Brigada Juárez, de la gente de Calixto Contreras.

«Francisco Villa no es nadie para nosotros», dijeron, manifestando que ellos no seguían a otro que a Contreras. Sin embargo, esos mismos hombres acometieron con entusiasmo una arriesgada acción al grito de «¡Viva Villa!», cuando el Centauro en persona se puso a su cabeza. Al fin pudo el periodista salir con ellos y encontrarse con «la avanzada de los hombres de Contreras»:

> Los hombres, tirados sobre el pasto a la sombra de los mezquites, charlaban y jugaban a los naipes. Era una especie diferente de hombres, en comparación con los bien armados y bien montados, así

como relativamente disciplinados de las tropas de Villa. Eran peones sencillos que se habían levantado en armas, como mis amigos de la tropa en La Cadena: una raza feliz de montañeses, rudos vaqueros, entre los cuales había muchos que antaño fueron bandidos. Sin paga, mal vestidos, indisciplinados sus oficiales lo eran meramente por ser los más valientes, armados solo con viejos *Springfield* y un puñado de cartuchos para cada uno, habían venido peleando casi continuamente durante tres años. Fueron ellos, así como las tropas irregulares de los jefes guerrilleros, como Urbina y Robles, los que por espacio de cuatro meses habían sostenido el avance alrededor de Torreón, luchando a diario con las avanzadas federales y sufriendo todas las penalidades de la campaña, mientras que el grueso del ejército guarnicionaba en Chihuahua y en Juárez. Esos hombres harapientos eran los más bravos del ejército de Villa.

Poco después, «riendo, bromeando, jugueteando», los «haraposos soldados», a una orden llevada por el aborrecido Rodolfo Fierro, se lanzaron al asalto de las posiciones enemigas. Esa misma noche, los hombres de Contreras recibieron la orden de expugnar una fortificación federal llegando a ella pie a tierra para arrojar dentro bombas de dinamita.

¡Caramba, capitán! ¡Eso va a estar muy, muy duro! ¿Cómo vamos a saber el tiempo exacto?
Otra voz áspera, profunda, habló en la oscuridad.
Yo les diré cómo. Vengan conmigo nomás.
Un grito ahogado, más bien un susurro de ¡Viva Villa!, surgió de entre ellos. A pie, con un cigarro puro encendido en una mano porque nunca fumaba y una bomba en la otra, el general subió al borde del canal y se perdió entre la maleza, siguiendo detrás los otros como un torrente.[19]

Retomemos el hilo de la narración. La de Torreón fue la más sangrienta de las batallas libradas hasta el momento en toda la Revolución y, probablemente, la más importante, en términos militares, de la lucha contra el huertismo. La División del Norte perdió 1 781 hombres, entre ellos el valiente coronel Benito Artalejo, de la Brigada Villa, y tuvo 1 937 heridos, entre los que se contaban cuatro jefes de brigada: Máximo García, Trinidad Rodríguez, Calixto Contreras y José Isabel Robles. Por su parte, los federales tuvieron 2 360 muertos, 3 257 heridos, 1 500 desertores y 1 491 prisioneros.

Esta verdadera batalla de posiciones librada contra un enemigo fogueado, conducido por jefes capaces y celosos de su deber, dejó numerosas lecciones que los revolucionarios supieron aprovechar. Una primera observación muestra que Pancho Villa ya era capaz de movilizar rápida y sigilosamente grandes contingentes con pesada impedimenta, como movía antaño a sus ágiles columnas guerrilleras: cuando Velasco se enteró del avance de la División del Norte, ya había perdido Tlahualilo y, a pesar de su rápida reacción, perdió también el resto de sus posiciones avanzadas.

En los ataques sobre Gómez Palacio y Torreón se gastó demasiado material (1 500 000 cartuchos de fusil y setecientas granadas de artillería, lo que nos da una idea de las necesidades logísticas de la División) y se sacrificaron demasiadas vidas por la obsesión de atacar frontalmente el cerro de la Pila y porque el Cuartel General no buscó el punto más débil o vital del frente enemigo, en Torreón, sino que ordenó ataques generales con gran derroche de vidas y recursos. Críticos militares han advertido que faltó la culminación de la batalla, consistente en la persecución del enemigo y su total destrucción, aunque, como veremos, Pancho Villa optó por una alternativa distinta que le rindió buenos resultados.

Aunque no se alcanzó la coordinación debida entre las distintas brigadas, sí hubo una mayor capacidad de respuesta a las exigencias del Cuartel General que en batallas anteriores. También funcionaron mucho mejor que otras veces los mandos parciales designados por el Cuartel General, como el de Aguirre Benavides en el ataque a Tlahualilo y Sacramento, el de Contreras en los ataques desde el suroeste; o el de Herrera en la toma de Lerdo. Ninguna de las corporaciones tuvo problemas en el abasto de alimentos y municiones, lo que habla muy bien de esa parte de la administración militar que pocas veces se ve, que no se registra en los textos y que es imprescindible: la logística. La nueva organización de la artillería y los servicios sanitarios tuvo en esta batalla su primer examen, y lo aprobó con mención honorífica.

La División del Norte no se detuvo en Torreón: el mismo 3 de abril, sin conceder descanso a sus tropas, Pancho Villa ordenó la salida de los primeros contingentes rumbo a San Pedro de las Colonias, donde se estaba concentrando un fuerte núcleo enemigo. Pancho Villa prefirió echarse rápidamente sobre ellos en lugar de perseguir a los 4 000 hombres que Velasco había logrado sacar de Torreón. Sin embargo, una serie de maniobras le permitieron a Villa encerrar en San Pedro a los dos núcleos enemigos, que llegaron a sumar más de 10 000 hombres. Del 7 al 13 de abril se libró el corolario de las batallas de La Laguna en torno a San Pedro. Una vez más Velasco, que había tomado el mando de todos los contingentes concentrados en San Pedro, pudo sacar una parte importante de sus soldados, aunque dejó toda la artillería, los trenes y mucho material de guerra.

La División del Norte, combatiendo sin interrupciones durante 24 días, había conquistado a sangre y fuego la Comarca Lagunera, y dado un golpe terrible a la voluntad de resistencia del enemigo. El general Villa ordenó la concentración de todas las fuerzas disponibles en Torreón para proseguir la campaña rumbo a la Ciudad de México, pero antes de que eso pudiera llevarse a cabo salieron a la superficie las graves diferencias entre el primer jefe y los villistas. Todavía antes de ello, y al mismo tiempo que buscaba debilitar o acotar al villismo cuando aún no terminaba la guerra contra Huerta, Carranza, de paso por Torreón, le ordenó a Villa que en lugar de marchar a Zacatecas, como tenía planeado, tomara Saltillo.

Los jefes de la División del Norte discutieron acremente con el primer jefe, argumentando que no costaría demasiado a la División del Noreste, del general Pablo González, hacer el esfuerzo debido para conquistar Saltillo, que estaba en la línea de sus armas, en tanto que para la División del Norte sería una desviación poco productiva que daría tiempo a los federales de fortalecer su posición en Zacatecas.

Para todos estaba claro que Carranza quería dar tiempo al avance de la División del Noroeste en tierras de Nayarit, y poner a la División del Noreste a la altura de la del Norte, en Saltillo una y en Torreón la otra. Si bien esto tenía cierta lógica militar, se obligaría a la División del Norte a soportar las más fuertes batallas para despojarla del fruto de la victoria. La última reunión fue apasionada y polarizó las opiniones hasta que Pancho Villa la cortó de tajo diciendo: «Bueno, vamos a darle gusto al jefe. El jefe quiere que le tomemos Saltillo, pues vamos a tomárselo en el acto...».[20]

En la región de Saltillo había 15 000 soldados del gobierno mandados por Joaquín Mass, de los que 5 000 estaban destacados en Estación Paredón. Al explorar el terreno por órdenes de Villa, el general Ángeles decidió que la posición de esos 5 000 hombres era en extremo frágil y que si fuerzas de la División del Norte se movían adecuadamente, podían ser despedazados con facilidad. Villa atendió el consejo y tras los movimientos precisos, una carga de caballería decidió la batalla. Fue esta la más espectacular carga de caballería de la Revolución, pues 8 000 jinetes perfectamente sincronizados avanzaron sobre un terreno llano y polvoriento poniendo en fuga a sus enemigos en menos de media hora. Los federales encontraron en su huida a las caballerías de Ortega y Robles que Villa había enviado atrás de los federales, y se dispersaron en varias direcciones. Solo unos pocos, a las órdenes del general Miguel Álvarez, mantuvieron la cohesión y marcharon en orden a Saltillo, dando un rodeo por el desierto.

Los 5 000 federales se hicieron humo entre bajas y desertores, y Joaquín Mass evacuó Saltillo más que aprisa. El 20 de mayo, José Isabel Robles ocupó la capital de Coahuila, que entregó pocos días después al general Pablo González y las fuerzas del Noreste. La División del Norte volvió a concentrarse en Torreón, donde Villa agilizó la concentración de parque, carbón y alimentos para marchar a Zacatecas.

Pero mientras los villistas tomaban Saltillo más rápido de lo que el primer jefe hubiera querido, este, entre Durango y Sombrerete, Zacatecas, constituía una División del Centro, con las fuerzas duranguenses de Domingo Arrieta, no afines al villismo y con los revolucionarios de Zacatecas, y le entregó el mando al más importante de los revolucionarios zacatecanos, Pánfilo Natera. En Sombrerete, Carranza les encomendó tomar la capital zacatecana. Carranza buscaba fortalecer a Natera y Arrieta y, sobre todo, impedir que la División del Norte extendiera sus dominios (por razones que explicaremos en el siguiente capítulo).

Pancho Villa siguió preparándose como si no supiera lo que ocurría, y el 9 de junio pasó revista a la División del Norte: las brigadas Villa, de José Rodríguez; Morelos, de Tomás Urbina; Chao, de Manuel Chao; Benito Juárez, de Maclovio Herrera; Leales de Camargo, de Rosalío Hernández; González Ortega, de Toribio Ortega; Cuauhtémoc, de Trinidad Rodríguez; Juárez de Durango, de Calixto Contreras; Ceniceros, de Severino Ceniceros; Zaragoza, de Eugenio Aguirre Benavides; Robles, de José Isabel Robles; Madero, de Máximo García, más los Tercios de Infantería que mandaban Martiniano Servín y Mateo Almanza, a los que se les había dado categoría de brigadas; la artillería y la Brigada Sanitaria, que mandaban Felipe Ángeles y Andrés Villarreal, respectivamente; la escolta de dorados y el Estado Mayor encabezado por Manuel Madinabeitia: 22 000 hombres listos para entrar en acción. Todos esos jefes estuvieron presentes en la revista, salvo Chao, que reunía en Chihuahua a sus últimos contingentes, Robles, que estaba enfermo, y Urbina, que reclutaba gente en la región de Nieves.

Natera atacó Zacatecas del 9 al 15 de junio, y fue entonces que estalló el conflicto entre Venustiano Carranza y los jefes de la División del Norte, que el 14 de junio lo desconocieron como primer jefe y, en contra de su voluntad, resolvieron marchar de inmediato a Zacatecas, donde Natera había fracasado.

El 15 de junio empezaron a salir los trenes desde Torreón, llevando a los villistas a Calera, a 25 kilómetros de Zacatecas. Los generales Tomás Urbina y Felipe Ángeles tenían la comisión de explorar el terreno y proponer el plan de ataque, y desde su llegada emprendieron esa tarea con ayuda de Natera, quien simpatizaba con el villismo. El día 21 terminó de emplazarse la artillería villista siguiendo las instrucciones de Ángeles y el 22 llegaron a Calera las últimas brigadas, enviadas de inmediato a sus posiciones por Ángeles y Urbina, esos dos hombres tan contrastantes en carácter, formación y aptitudes.

El 22 de junio en la tarde llegó a Calera el general Francisco Villa y, escoltado por los dorados, se trasladó a Morelos, donde Ángeles y Urbina habían establecido el Cuartel General. Urbina explicó a su compadre el plan de ataque que había ideado en combinación con Ángeles, que consistía en aprovechar la superioridad numérica para atacar simultáneamente las posiciones atrincheradas de los federales en las crestas de los cerros que rodean Zacatecas. De esa manera, desde el norte se tomarían los cerros de Tierra Colorada (Loreto) y Tierra Negra (vecino de la Bufa) para apoderarse después de las posiciones del cerro Magistral (llamado *de la Sierpe* en los relatos villistas). Detrás de esos cerros estaban los del Grillo y la Bufa que, con el de Magistral, conformaban el eje de la defensa. Por el lado sur se atacarían las fortificaciones del Cerro del Padre y la estación, situada al pie de ese cerro. Una vez conquistadas esas posiciones la ciudad caería sin problemas, pues está en una olla dominada por los cerros de la Bufa, el Grillo y del Padre: solo quedaría libre el camino a Guadalupe donde, según el plan, serían destrozadas las fuerzas que buscaran fugarse. Esa tarde las tropas se movieron a las posiciones que les fueron encomendadas.

Zacatecas estaba defendida por unos 12 000 hombres, comandados por el general de división Luis Medina Barrón. Los defensores se parapetaron tras dos líneas de defensa, una exterior, con puntos de apoyo en los cerros Magistral, Tierra Colorada, Tierra Negra y del Padre, y en el caserío de Guadalupe, y otra línea interior, cuyos principales puntos de apoyo eran los cerros del Grillo y de La Bufa y la Loma del Refugio. A pesar de que tuvieron tiempo para hacerlo, los federales no habían aprovechado correctamente las ventajas que les ofrecía la situación topográfica: las fortificaciones eran deficientes y los cañones estaban mal emplazados, a la vista de las bocas de fuego de los villistas. Las líneas atrincheradas no ofrecían la solidez ni las ventajas defensivas de las preparadas por Velasco en Torreón, que tres meses atrás detuvieron durante varios días a la División del Norte. No en vano, pues, Urbina, Ángeles y Villa confiaban que bastaría con el vigoroso asalto frontal que se emprendería al día siguiente.

Al amanecer el 23 de junio de 1914 las fuerzas revolucionarias estaban en las posiciones asignadas esperando que dieran las diez de la mañana, hora fijada para iniciar el ataque. Empezaron su avance pie a tierra y protegidos por una «barrera rodante» de artillería, los soldados villistas, que en media hora desalojaron a los gobiernistas de sus posiciones en los cerros de Tierra Negra y Tierra Colorada, así como la posición de artillería de Veta Grande. Entre las escasas bajas fue de lamentar la del general Trinidad Rodríguez, jefe de la Brigada Cuauhtémoc, al que una bala le atravesó limpiamente el cuello. El coronel Isaac Arroyo tomó el mando de la brigada, que cambiaría su nombre por el de Brigada Trinidad Rodríguez (quien falleció pocos días después en el hospital militar villista de Torreón). Los ataques en el resto de la línea fueron igualmente exitosos.

Conquistada la línea exterior, Pancho Villa dispuso la organización de las columnas para desmontar la resistencia de la línea interior, y apenas pasadas las 14:00 horas inició el nuevo ataque. Las bocas de fuego que estaban en Veta Grande fueron emplazadas en las alturas recién conquistadas, apuntando a los cerros de la Bufa y el Grillo, mientras que los diez cañones del sur apuntaron contra la estación y la ciudad.

En menos de dos horas las cuatro columnas villistas coronaron sus objetivos, siendo el Cerro del Grillo el punto donde con más valor se defendieron los federales. A las 16:00 horas los villistas ocuparon las alturas fortificadas de ese cerro, poniendo en fuga a sus últimos defensores, mientras la gente de Natera, Ortega y

Herrera entraba a la ciudad por el sur. En ese momento, el general Medina Barrón emprendió la fuga abandonando a su gente que, sin dirección alguna, corría enloquecida por las calles de la ciudad.

Entonces se desmoronó la resistencia y cundió el terror. Únicamente el general Argumedo fue capaz de mantener un núcleo relativamente ordenado con el que forzó el paso por el camino a Jerez, salvando la vida de varios generales que habían perdido completamente la cabeza, Medina Barrón entre ellos.

De esa forma se coronó la victoria, y en el campo de batalla quedaron más de 5 000 huertistas. Pánfilo Natera y Manuel Chao, que ocuparon el centro de la población al atardecer, dictaron las primeras medidas para detener la carnicería y concentrar el botín. Era el cuarto ejército huertista destruido por la División del Norte en tres meses y de este no quedaron ni los restos. La batalla se ganó gracias a la superioridad numérica y moral de los atacantes pero también a la correcta sincronización de los ataques, a la simplicidad y eficacia del plan de batalla, y al empleo de la artillería en masa: había sido una batalla redonda en términos militares.

Además de la de Trinidad Rodríguez, otra baja similar, más lamentable si cabe, sufrieron los villistas: el general Toribio Ortega, jefe de la Brigada González Ortega, había salido enfermo de Torreón, pero se sobrepuso a su malestar y afrontó la batalla con el valor de siempre, a pesar de que las marchas a caballo fueron agotadoras (en especial porque su brigada tuvo que rodear Zacatecas, pues atacaría desde el sur) y que caminaba, tiritando de fiebre, bajo el fuego enemigo y una pertinaz llovizna. Terminada la batalla cayó en cama y solo se levantó para ver la estatua del general Jesús González Ortega, héroe al que admiraba y cuyo nombre había puesto a su corporación. Toribio Ortega fue trasladado a Chihuahua, donde los médicos fueron incapaces de impedir su muerte, acaecida el 16 de julio. El coronel Porfirio Ornelas —su lugarteniente desde el 14 de noviembre de 1910—, ascendido a general, tomó el mando de la brigada.

El gobierno de Huerta, herido de muerte, resistió unas semanas gracias a que la victoriosa División del Norte tuvo que replegarse a Torreón, pues sus compañeros de la División del Noreste se movieron amenazadoramente contra su flanco: vencido el enemigo común, la amplia coalición revolucionaria se resquebrajaba.

4. La escisión

La ruptura entre los jefes de la División del Norte y Carranza, que estalló el 14 de junio de 1914, venía cocinándose desde meses antes. La razón de fondo fue que el proyecto y la práctica villistas (particularmente la confiscación de los bienes de la oligarquía) y lo que anunciaban para el futuro inmediato chocaban con lo que el primer jefe quería para el país y ponían en riesgo la rebelión socialmente neutra que él deseaba.

Esto se complicó porque la conquista de La Laguna convirtió a Pancho Villa en un dirigente nacional: controlaba más hombres y recursos que cualquier otro jefe revolucionario, y el poder de su ejército y su prestigio como caudillo no tenían parangón en el campo rebelde. Esos recursos eran administrados directamente por Villa, sin intervención de la Primera Jefatura y eso era más de lo que Carranza podía tolerar.

Para impedirlo, Carranza se trasladó a Chihuahua, adonde llegó el 6 de abril de 1914 (la División del Norte combatía en La Laguna) e intentó poner bajo su influencia al gobernador Manuel Chao. Pancho Villa regresó a Chihuahua el 19 de abril y amagó con fusilar a Chao. Pero el gobernador, con valor y serenidad, logró convencerlo de su lealtad y de que en adelante respondería a él y no a Carranza. A fines de mayo, Villa hizo que Chao le entregara el gobierno a uno de sus hombres de más confianza: el general Fidel Ávila, nacido en Satevó y antiguo vaquero.

Fracasado el intento carrancista de tomar bajo su control el gobierno de Chihuahua y fracasados también los intentos de que Villa revirtiera sus medidas radicales, Carranza tuvo un nuevo conflicto con Villa cuando este hizo declaraciones públicas con motivo de la ocupación estadounidense de Veracruz: esto invadía una esfera que el primer jefe consideraba de su exclusiva incumbencia, en su carácter de encargado del Poder Ejecutivo. El conflicto se resolvió, pero para Carranza resultó evidente que no podría controlar un movimiento que tenía su propia agenda, y entre abril y mayo tomó la decisión de limitar y acotar al villismo. A esa decisión responden la orden de tomar Saltillo, con la cual Carranza buscaba tiempo para organizar una fuerza alterna a la División del Norte que tomara Zacatecas.

Abramos un paréntesis: justo en esos días y en esa coyuntura, el general Toribio Ortega escribió una larga carta personal al «Señor General» don Venustiano Carranza, fechada en Gómez Palacio el 10 de junio, en la que defendía la personalidad y el compromiso revolucionario de Pancho Villa, luego de presentarse a sí mismo. Vale la pena transcribir fragmentos de esa carta porque muestra en su justa dimensión al general Ortega, el antiguo defensor de las tierras de Cuchillo Parado, y porque fue el único esfuerzo serio que alguien hizo para evitar la ruptura:

> [...] seis días antes de que el mártir Serdán desafiara al Dictador; el 14 de noviembre de 1910, al frente de un puñado de hombres, sin más elementos que su inmensa fe en la justicia, me lancé al campo de batalla retando a duelo a muerte a la tiranía [...]. Cuatro años han transcurrido sin alegar méritos de que carezco, solo puedo sentir una satisfacción y un orgullo que me bastan: el haber sido leal [...] siempre mi espada ha estado de parte de la justicia y siempre mis esfuerzos se han dirigido por la libertad.
>
> Por tanto, mi General, un rudo e inculto luchador, sin ostentar más blasón que su inquebrantable lealtad, viene a hablarle con el corazón en la mano [...]. El insigne y patriota general Villa, como todos los grandes hombres que merced a su esfuerzo personal han logrado levarse, siempre ha sido el blanco de la calumnia y la difamación [...]. Gente hay que no le perdona, con antipatriotismo imperdonable, sus esfuerzos titánicos en pro del pueblo de quien forma

parte y sus glorias militares, producto de un genio que solo la naturaleza lo da [...].

Al movilizarme yo de Ojinaga con mi fuerzas a incorporarme al general Villa, obedeciendo sus órdenes, llevaba hasta cierto punto las prevenciones que muchos infundadamente abrigan, sugestionado por la maledicencia que siempre ha perseguido a ese paladín que solo bienes ha hecho a la patria.[21]

Y así seguía, resumiendo la trayectoria revolucionaria de Pancho Villa y mostrándolo como un patriota exento de ambición en el que se cebaba la calumnia. Escribía a Carranza, decía, para mostrarle la verdad oculta por esas maquinaciones, pues confiaba plenamente en su «buen criterio y reposado juicio», que sabría evitar que dichas calumnias cobraran el fruto apetecido. Tres días después la carta que Ortega quiso secreta y privada se filtró, y Villa conoció su contenido. Para entonces ya había empezado el conflicto entre Villa y Carranza, y el Centauro le agradeció a Ortega sus palabras de esta manera:

Muy bien, amigo: veo que en sus ideas disfruto de mucho favor. Reciba usted mi agradecimiento. Pero yo nomás le anuncio: si en verdad el señor Carranza dice de mí lo que dicen que dice, con esas palabras que usted le ha escrito las cosas se pondrán peores, pues nunca me perdonará él ser tan hombre como usted me pinta.[22]

Regresemos: como vimos, la División del Centro no tenía la fuerza suficiente para coronar esa misión, así que cuando Carranza, el 10 de junio, telegrafió a Villa diciéndole que ya atacaban Zacatecas «Natera, Arrieta, Triana y Carrillo» y que estuviese listo para enviar refuerzos en caso necesario, supo lo que venía (mencionar a Triana y Carrillo y no a los lugartenientes de Natera, todos ellos admiradores del Centauro, era una provocación: eran dos hombres que detestaban a Villa). Esa noche Villa reunió a los generales de la División del Norte y conferenció largamente con ellos explicándoles todo lo que Carranza había hecho para frenar o debilitar a la División del Norte y advirtiéndoles que al día siguiente, o en dos días a lo más, le exigiría enviar a Zacatecas fuerzas que habría de subordinar a Natera. Toribio Ortega y Maclovio Herrera recordaron, con enojo, la falta de capacidad que Natera había demostrado en la batalla de Ojinaga (cuando durante unos días, por invitación de Villa, Natera comandó a una fracción de la División del Norte) mientras José Rodríguez, Rosalío Hernández y otros manifestaron su disgusto por la orden. Para los presentes, cualquiera de ellos valía más que Natera o Arrieta, y no digamos Triana o Carrillo.

Al día siguiente, tal como Villa esperaba, llegó un segundo telegrama en que Carranza le decía: «Ayer ordené a usted [...] mandara un refuerzo al general Natera [...]. Si no lo ha reforzado todavía, ordene usted que en número de 3 000 hombres cuando menos salgan a reforzar al general Natera, llevando dos baterías de artillería». Villa, en un telegrama completamente respetuoso, le respondió que era mejor que se moviera toda la División, para asegurar la victoria y evitar sufrimientos innecesarios a la gente de Natera y Arrieta.

Así empezó un intercambio telegráfico que duró tres días. Villa tenía razón en términos militares, pero Carranza ya estaba pensando en la política que seguiría, en la para él inevitable ruptura, por lo tanto, su prioridad era contener y debilitar a la División del Norte; además, consideraba que el régimen de Huerta ya no podría levantarse de los golpes recibidos y que bastaban para destruirlo las divisiones del Noroeste y del Noreste, cuyos jefes le eran leales y compartían las líneas generales de su proyecto. El día 13, ante la reiterada insistencia de Carranza, Villa le envió su renuncia al mando de la División del Norte, pues se negaba a disgregarla (que es lo que habría resultado de obedecer las órdenes de Carranza) ni a mandar a parte de su gente a una carnicería.

Tras enviar su renuncia, Villa convocó a todos sus generales a quienes les informó de su decisión. Cuando llegó la respuesta de Carranza, aceptando la renuncia y convocando a los generales a la oficina telegráfica, ya estaban ahí casi todos. Maclovio Herrera expresó violentamente su ira, que algunos compartieron; Trinidad Rodríguez exclamó que más valía regresar a la Sierra a comer raíces; otros propusieron marchar inmediatamente a Saltillo, contra Carranza; alguno lloraba y sugería la disolución de la División del Norte y, en medio de esa confusión, llegó un nuevo telegrama dirigido a los generales, por medio del cual Carranza les informaba que había aceptado la renuncia de Villa al mando de la División del Norte y que ellos reunidos le sugirieran el nombre de un jefe interino que lo sustituyera.

Por recomendación de Ángeles, los jefes villistas resolvieron no decidir en el acto, por lo que la respuesta le llegó a Carranza firmada por el coronel Madinabeitia, jefe de Estado Mayor, quien le informaba que los generales habían resuelto ir a comer, y lo citaban a la mañana siguiente para contestarle.

Los generales comieron juntos e informaron a los ausentes de los sucesos y, unánimemente, decidieron no separarse ni aceptar otro jefe. De ese modo, al día siguiente, 14 de junio, le pidieron a Carranza que reconsiderara su decisión. Todavía hubo más telegramas de Carranza que decían que su decisión era irrevocable, y de los generales que le contestaban lo mismo, hasta un último telegrama de Carranza, duro, destemplado, autoritario, al que los generales respondieron con la desobediencia abierta. Este telegrama, redactado por Felipe Ángeles (quien matizó y moderó la ira del resto), «cruzó el rostro de Carranza como un fuetazo», según escribió después el general Ángeles, y marcó la ruptura de la División del Norte con el primer jefe. Lo transcribo íntegramente:

> Torreón, junio 14 de 1914. Señor V. Carranza. Primer Jefe del E. C. Saltillo, Coah. Su último telegrama nos hace suponer que usted no ha entendido o no ha querido entender nuestros dos anteriores. Ellos dicen en su parte más importante, que nosotros no tomamos en cuenta la disposición de usted que ordena deje el señor general Villa el mando de la División del Norte, y no podíamos tomar otra actitud en contra de esa disposición impolítica, anticonstitucionalis-

ta y antipatriótica. Hemos convencido al señor general Villa de que los compromisos que tiene contraídos con la Patria lo obligan a continuar con el mando de la División de Norte, como si usted no hubiera tomado la malévola resolución de privar a nuestra causa democrática de su jefe más prestigiado, en quien los liberales y demócratas mexicanos tienen cifradas sus más caras esperanzas. Si él lo escuchara a usted, el pueblo mexicano, que ansía el triunfo de nuestra causa, no solo anatematizaría a usted por resolución tan disparatada, sino que vituperaría también al hombre que en camino de libertar a su país de la opresión brutal de nuestros enemigos, abandona las armas por sujetarse a un principio de obediencia a un Jefe que va defraudando las esperanzas del pueblo por su actitud dictatorial, su labor de desunión en los estados que recorre y su desacierto en la dirección de nuestras relaciones exteriores. Sabemos bien que esperaba usted la ocasión de apagar un sol que opaca el brillo de usted y contraría su deseo de que no haya en la Revolución hombre de poder que no sea incondicional carrancista, pero sobre los intereses de usted están los de pueblo mexicano, a quien es indispensable la prestigiada y victoriosa espada del general Villa. Por todo lo expuesto, participamos a usted que la resolución de marchar hacia el sur es terminante y por consiguiente no pueden ir a esa los generales que usted indica. De usted atentamente. Generales Maclovio Herrera, Máximo García, Felipe Ángeles, Mateo Almanza, Tomás Urbina, Trinidad Rodríguez, Calixto Contreras, José Rodríguez, Isabel Robles, M. Servín, E. Aguirre Benavides, Orestes Pereyra, Toribio Ortega, Rosalío C. Hernández, Severino Ceniceros.

Más claro, imposible. Y añadieron su firma los dos ausentes: Tomás Urbina y Manuel Chao. Este último había sido nombrado por Carranza jefe de su escolta personal (seguía pensando en separarlo de Villa), y a su paso por Torreón rumbo a Saltillo, el 15 de junio, leyó de manos de uno de sus compañeros la serie de telegramas. Entonces Chao se dirigió a la oficina del telégrafo y le escribió a Carranza: «Confirmo en todas sus partes y hago mío el mensaje que dirigieron a usted anoche los generales de la División del Norte, incorporándome a ella desde luego. Respetuosamente. General Manuel Chao».

Así terminó el episodio que, para los carrancistas era muestra de una insolencia intolerable, mientras que para los villistas era la única manera de evitar una derrota sangrienta de la Revolución cuando el triunfo parecía asegurado. La ruptura ahora era irremediable, aunque no se hizo pública, y la División del Norte preparó su marcha a Zacatecas, buscando la derrota del ejército huertista y, también, ganar la carrera por la Ciudad de México. Posteriormente, en septiembre de 1914, cuando la ruptura ya era pública, el Cuartel General de la División del Norte publicó un folleto escrito por Felipe Ángeles, explicando las razones de la desobediencia del 14 de junio.

Además de recordar brevemente los desacuerdos militares precedentes y los celos crecientes de Carranza por el prestigio del general Villa, los villistas explicaban por qué defendían su independencia orgánica:

> El general Villa desde un principio había obrado con entera independencia y que, en vista de que el Primer Jefe no le daba ningunos elementos, tenía organizado su propio servicio de retaguardia, que necesitaba funcionar sin los entorpecimientos producidos por cualquier autoridad no sometida al mando del general Villa.
>
> Esta independencia había sido extraordinariamente eficaz; pues dio a la División del Norte tal poder e importancia que atrajo la atención principal de las fuerzas enemigas y las obligó a llevar su centro de gravedad sobre la línea de operaciones de la División del Norte, para impedirle el paso. Había, pues, que conservar esa independencia y la posesión exclusiva de líneas de comunicación, para mantener la eficacia de la División.

El folleto seguía con la orden dada a la División para tomar Saltillo y lo que eso significaba, y el ataque de Natera a Zacatecas. Cuatro fueron las razones de Pancho Villa para no enviar los refuerzos exigidos:

1. El refuerzo sería inútil, porque llegaría después de la derrota de Natera, dado el estado de la vía.

2. El empleo de solo una fracción de las fuerzas disponibles se traduciría en el sufrimiento y el aumento de las bajas de los soldados revolucionarios, a los que Villa estaba obligado a cuidar. Al no emplear todas las fuerzas disponibles, Carranza «es responsable de las vidas de los soldados de Natera, sacrificados inútilmente en un intriga política».

3. Al enviar refuerzos a Zacatecas, la División del Norte se debilitaría, para satisfacción de Carranza.

4. Villa no quería prestarse, naturalmente, al debilitamiento de sus fuerzas, a la intriga urdida en contra suya y de su División.

Villa nunca pensó —continuaba el folleto— que Carranza rechazara la proposición de acudir a Zacatecas con toda la División, y efectivamente el señor Carranza no tuvo más argumentos para prohibirlo que el «yo lo mando», aunque con ello sacrificara las vidas de muchos revolucionarios. Aceptada de manera absurda la renuncia de Villa tras la intransigencia de Carranza, Ángeles, según su testimonio, reflexionó seriamente en la situación mientras escuchaba las explosiones de ira y desesperación de sus compañeros generales, y se dio cuenta de que «La División del Norte va a disolverse, y ante la injusticia hecha al jefe querido y glorioso, tal vez va a rebelarse», y se propuso evitar ambas cosas.

Afortunadamente, los generales se dieron un día para reflexionar y cada uno se fue por su parte. «¿Cuál fue el proceso mental de cada quién? Imposible fijarlo; pero debió ser semejante en casi todos, porque el acuerdo fue fácil»: había que desobedecer para evitar la disolución del ejército más poderoso de la causa y, con ello, la derrota o aplazamiento del triunfo de la Revolución. Había que desobedecer por el bien de la causa aunque se «hiriera el orgullo de un hombre y contrariara el gigantesco capricho de un déspota». Pero antes, había que hacer un último esfuerzo por convencer a Carranza de su error. Y se hizo. Luego vino el telegrama del 14 de junio, la desobediencia expresada en términos claros. «Y para hacer comprender al señor Carranza, y a todo el mundo, que nuestra desobediencia no traería consecuencias nocivas la lucha que teníamos empeñada contra el enemigo común, marchamos inmediatamente a Zacatecas». [23]

Pero Huerta aún estaba en el poder, y la ruptura tendría que posponerse.

Notas

[1] Martín Luis Guzmán, *Memorias de Pancho Villa*, México, Porrúa, 1984, p. 136.

[2] *Ibidem*, p. 150.

[3] Publicado en el POECh el 21 de diciembre 1913. Puede verse en todos lados, *v. gr.*, Federico Cervantes, *Francisco Villa y la Revolución*, México, INEHRM, 1985, pp. 79-81.

[4] John Reed, *México insurgente*, 3ª ed., México, Ediciones de Cultura Popular, 1975, p. 121.

[5] Luis Aboites Aguilar, *La irrigación revolucionaria. Historia del sistema nacional de riego del río Conchos, Chihuahua, 1927-1938*, México, SEP-CIESAS, 1988. *Apud* en un texto de José Martínez Alvídrez, *Revolucionarios camarguenses*, que no pude conseguir en ninguna parte. Los libros de contabilidad de la fábrica se guardaron hasta 1969, cuando su nuevo dueño hizo una fogata con ellos, según cuenta Aboites.

[6] POECh, 21 de diciembre de 1913. AHRM, 67, f. 209.

[7] John Reed, *México insurgente*, p. 103. Véase también Silvestre Terrazas, *El verdadero Pancho Villa. El Centauro del Norte... sus heroicas batallas y acciones revolucionarias*, México, Ediciones Era, pp. 106-108.

[8] John Reed, *México insurgente*, p. 102.

[9] PHO/1/30.

[10] Martín Luis Guzmán, *El águila y la serpiente*, México, Porrúa, 1987, p. 217.

[11] Rafael F. Muñoz, *Relatos de la Revolución. Cuentos completos*, México, Utopía, 1976, pp. 120-121.

[12] El decreto vedaba a los beneficiarios adquirir más de un lote, estos no podían ser mayores de 25 hectáreas y siendo considerados «patrimo-

nio familiar», eran inembargables y no podían ser vendidos durante los primeros diez años posteriores a su adjudicación. POECh, 8 de marzo de 1914; AHRM, 167, ff. 261-263.

[13] Felipe Ángeles, "Al margen de la Constitución de Querétaro", en Álvaro Matute (comp.), *Documentos relativos al general Felipe Ángeles*, México, Editorial Domés, 1982, p. 35.

[14] Discurso de presentación ante la Soberana Convención, el 10 de octubre de 1914, del coronel Roque González Garza, representante del general Francisco Villa, jefe de la División del Norte. En ACSDN, XI/III/1-250, ff. 87-90.

[15] *El Correo*, 9 de marzo de 1908.

[16] Juan Bautista Vargas Arreola, *A sangre y fuego con Pancho Villa*, México, FCE, 1988, p. 27.

[17] John Reed, *México insurgente,* p. 197.

[18] Adolfo Terrones Benítez, "La última batalla de Torreón. Verificada en marzo y abril de 1914 (cap. III)", *El Legionario*. Órgano de la Legión de Honor Mexicana, vol. VI, núm. 59 México, enero de 1956, pp. 18-25.

[19] John Reed, *México insurgente,* pp. 192-205.

[20] Juan Barragán Rodríguez, *Historia del Ejército y la Revolución Constitucionalista*, vol. I, México, INEHRM, 1985, p. 476.

[21] Véase la carta de Barragán en *ibidem,* pp. 511-515.

[22] Martín Luis Guzmán, *Memorias de Pancho Villa*, p. 292.

[23] En Federico Cervantes, *Francisco Villa y la Revolución*, pp. 155-164.

Capítulo IV
LA GUERRA CIVIL

1. El camino de la guerra

El 13 de agosto de 1914, sobre el guardafangos de un automóvil, el general de división Álvaro Obregón Salido y el general de brigada Lucio Blanco Fuentes firmaron con el último representante de un gobierno que se desmoronaba y con el jefe de un ejército vencido en los campos de batalla los Acuerdos de Teoloyucan, que formalizaron la entrega del poder a los revolucionarios vencedores y la disolución del viejo ejército.

Con este acto simbólico culminaba el colapso del Estado construido durante el régimen de Porfirio Díaz, que la dictadura militar de Victoriano Huerta había pretendido prolongar. La Revolución, finalmente, había subvertido todo el orden político de la nación. Habían desaparecido los tres poderes de la Unión; el personal ejecutivo de los cuatro niveles de gobierno se había cambiado por completo (en aquel tiempo había un nivel que ahora no existe: las jefaturas políticas), o iba a terminar de serlo al aplicarse los Acuerdos; los partidos políticos, las organizaciones que respaldaban a la dictadura, el Ejército federal, la Marina, los rurales de la federación y otras policías, en fin, todas las instituciones del Estado, fueron barridas por el huracán revolucionario y algunas estaban siendo sustituidas por otras nuevas.

La Revolución se erguía triunfante sobre los restos del antiguo régimen; sin embargo, tres meses después los revolucionarios vencedores iniciaron una nueva guerra, ahora entre ellos, para definir el rumbo de la nación. En realidad, la victoria formalizada en Teoloyucan estaba empañada por las diferencias personales y de proyecto que dividían a los vencedores. La más evidente de esas diferencias, la que dividía al Ejército Constitucionalista del Ejército Libertador del Sur, aparecía incluso en los Acuerdos de Teoloyucan, donde se especificaba que fuerzas constitucionalistas relevarían a las guarniciones federales que defendían el sur del Distrito Federal contra la ofensiva del Ejército Libertador. Los surianos nunca aceptaron la preeminencia del Ejército Constitucionalista en la Revolución, ni el liderazgo de su primer jefe, Venustiano Carranza Garza, y ahora, destruido el antiguo régimen, veían frente a sus posiciones militares un nuevo enemigo. Pero también en las filas del victorioso Ejército Constitucionalista había diferencias evidentes, que se agravarían rápidamente. La más importante era la que había enfrentado a los villistas con el primer jefe el 14 de junio de 1914.

Sin embargo, tras su espectacular victoria en Zacatecas, los villistas volvieron a aceptar la jefatura de Carranza, pues el régimen huertista aún no caía y era vital preservar la unidad contra el enemigo. Una serie de esfuerzos conciliadores culminaron en las Conferencias de Torreón, que tuvieron lugar los días 4 al 8 de julio entre los representantes de la División del Norte y los del Cuerpo de Ejército del Noreste. Como resultado de esas conferencias, la División del Norte volvió a someterse, condicionada y temporalmente, a la jefatura de Venustiano Carranza.

Las condiciones de este sometimiento fueron expuestas en el Pacto de Torreón. Dos de los asuntos acordados eran fundamentales para los villistas: la llamada *cláusula de oro* y la convocatoria a la Convención. Por la cláusula octava del pacto, las fuerzas del Norte y del Noreste «se comprometen solemnemente» a combatir hasta la destrucción del Ejército federal y

> [...] a implantar en nuestra nación el régimen democrático; a procurar el bienestar de los obreros; a emancipar económicamente a los campesinos, haciendo una distribución equitativa de las tierras o por otros medios que tiendan a la RESOLUCIÓN DEL PROBLEMA AGRARIO.

El otro tema vital era que los villistas exigían que Carranza tomara posesión de la presidencia de la República tan pronto cayera el huertismo, en cumplimiento de lo estipulado por el Plan de Guadalupe, porque esto lo despojaría de sus facultades extraordinarias como primer jefe, obligándolo a convocar a elecciones para restablecer el orden constitucional. Además, pedían que al tomar posesión de la presidencia convocara

> [...] a una Convención que tendrá por objeto discutir y fijar la fecha en que se verifiquen las elecciones, el programa de gobierno que deberán poner en práctica los funcionarios que resulten electos y los demás asuntos de interés general.
> La Convención quedará integrada por delegados del Ejército Constitucionalista nombrados en junta de jefes militares, a razón de un delegado por cada mil hombres de tropa.

El Pacto de Torreón también hacía referencia al más visible de los conflictos entre los constitucionalistas: el que enfrentaba al gobernador de Sonora, José María Maytorena Tapia, con Venustiano Carranza. Finalmente, así como por la cláusula primera, la División del Norte volvía a someterse al primer jefe, y se pedía que este, a su vez, permitiera a la División del Norte continuar la campaña militar hacia el centro del país, a la par que los ejércitos del Noroeste y del Noreste.[1]

Carranza aceptó el pacto *en principio*, pero en la realidad rechazó todas sus cláusulas. Así, la División del Norte no pudo proseguir su marcha rumbo al sur y los villistas vieron el final de la lucha contra Huerta desde sus cuarteles en Chihuahua y Torreón. De ese modo, los reflectores de la victoria constitucionalista fueron para Álvaro Obregón y los jefes del Noroeste, y los frutos más importantes —los materiales de guerra entregados por el Ejército federal— fueron para Pablo González y los jefes del Noreste.

Durante el mes que transcurrió entre el Pacto de Torreón y los acuerdos de Teoloyucan, los villistas consolidaron sus posiciones y se mantuvieron a la expectativa, aunque también reforzaron sus lazos con los dos jefes revolucionarios que habían manifestado públicamente su rechazo a la actuación pública del primer jefe: Emiliano Zapata y el gobernador de Sonora, José María Maytorena.

El conflicto del gobernador Maytorena con sus rivales locales fue el detonante de la ruptura largamente diferida, y no solo en Sonora. Pero tampoco se dio de un día para otro. De hecho, el 24 de agosto Álvaro Obregón llegó a Chihuahua con el propósito explícito de mediar en el conflicto sonorense. También quería conocer personalmente a Pancho Villa y, como luego confesó, restarle elementos a la División del Norte. Sea como haya sido, la primera estancia de Obregón en Chihuahua y su viaje con Villa a Nogales, Sonora, pareció rendir los frutos pacificadores de los que todos hablaban durante agosto.

Sin embargo, los arreglos que Villa y Obregón obligaron a firmar a Maytorena, favorecían claramente a los enemigos del gobernador. Es probable que al sacrificar a Maytorena, Villa quisiera mostrar un espíritu de conciliación que inclinara a Obregón y a otros jefes a respaldar la convocatoria a la Convención y la toma de posesión de Carranza como presidente, que eran las dos demandas políticas inmediatas del villismo; demandas que aparecen en un memorial dirigido por Villa y Obregón a Carranza el 3 de septiembre. Cuando quedó claro que don Venustiano no aceptaría esas demandas, Villa dio marcha atrás y se negó a sacrificar a Maytorena.

Y si Villa dio marcha atrás al sacrificio de Maytorena, este último estaba aún menos dispuesto a renunciar al gobierno del estado en aras de una conciliación tan poco probable, de modo que arreció el conflicto sonorense. Con el pretexto de volver a mediar en el caso, Obregón llegó a Chuihuahua por segunda vez, el 16 de septiembre. Pero entonces muchos villistas lo recibieron con tan marcada desconfianza, hostilidad incluso, que Obregón atribuiría posteriormente a la influencia que sobre Villa ejercían políticos reaccionarios como Felipe Ángeles y Miguel Díaz Lombardo, y criminales inescrupulosos, como Tomás Urbina y José

Rodríguez. En realidad, para los villistas, Obregón ya no era un emisario de buena fe: lo veían como un enviado del carrancismo para destruir a Maytorena y dividir al villismo, porque se habían enterado de las intrigas del caudillo de Sonora en su anterior visita y que el propio Obregón confesó en sus memorias militares. Un oficial villista resume así el sentir general:

> Cuando el general Obregón visitó a Villa en Chihuahua en una misión conciliadora, no era cierto, al contrario, iba para invitar a los generales de la División del Norte para que traicionaran al general Villa, de todos ellos nomás a uno lo conquistó [...] a Maclovio Herrera.[2]

Para el general Villa no era un misterio la actitud del valeroso y afamado jefe de la Brigada Benito Juárez, por lo que el 18 de agosto viajó a Parral para tratar de neutralizar la amenaza que representaba Maclovio, trabajo que culminó con la ocupación de Parral por las tropas de Manuel Chao, el 10 de septiembre. Los Herrera, casi sin soldados (la mayoría de sus hombres permanecieron villistas y con ellos se formaría la 2ª Brigada Chao), huyeron a Sinaloa. Volveremos a encontrarlos una y otra vez, como carrancistas y enemigos mortales de Villa.

Una vez descubiertas las maniobras de Obregón en su anterior viaje, el 16 de septiembre los villistas lo trataron con marcada frialdad. Y al caer la noche, el de Huatabampo incluso estuvo en riesgo de perder la vida.

Las versiones del conato de fusilamiento de Obregón son múltiples y contradictorias, pero al parecer lo salvaron su serenidad y la intervención que en su defensa hicieron algunos hombres cercanos a Villa. ¿Cuáles eran las razones del Centauro? El 16 de septiembre, tras presenciar un imponente desfile militar al lado de Obregón, Villa recibió los reportes del jefe de su policía, coronel Baca, sobre las ofertas y propuestas que hizo Obregón a Maclovio Herrera y Eugenio Aguirre Benavides. Al mismo tiempo, le llegó un largo telegrama de José María Maytorena, quien le informaba de las acciones hostiles de Benjamín Hill. Villa leyó el mensaje de Maytorena, escuchó cuidadosamente el informe de Baca, sostuvo una conferencia telegráfica con Felipe Ángeles, que estaba en Ciudad Juárez, y mandó llamar a Obregón, con quien tuvo una tempestuosa entrevista tras la que ordenó su fusilamiento.

Superada la crisis, Obregón presentó a Villa el asunto que ostensiblemente lo llevaba a Chihuahua: la invitación para que los representantes de la División del Norte asistieran a la junta de generales y gobernadores convocada por Carranza para el 1º de octubre. En las reuniones en las que se discutió la propuesta, muchos jefes villistas consideraron que se trataba de un mero pretexto para dividir a la revolución norteña o infiltrarse en ella, pues seguían interceptándose documentos y actos de provocación, como un telegrama del general carrancista Antonio I. Villarreal, gobernador de Nuevo León, a Maclovio Herrera, que llenaba a Villa de improperios. Tras prolongadas discusiones, Obregón convenció a los villistas de enviar una delegación a la junta del 1º de octubre.

Obregón salió hacia México el 21 de septiembre y pocas horas después Villa recibió el telegrama que detonó la tan diferida ruptura: desde Zacatecas, el general Pánfilo Natera, jefe de la 1ª División del Centro y gobernador del estado, le escribió diciendo que acababa de recibir la orden terminante del señor Carranza para destruir las vías entre Zacatecas y Torreón e impedir por la fuerza el paso de tropas villistas hacia el sur. Se trataba de aislar a la División del Norte. Natera pidió explicaciones a Carranza, «pues no conozco antecedentes para considerar dichas fuerzas enemigas de la causa». Inició ahí un intercambio telegráfico que terminó cuando Carranza retiró su orden.[3]

El Centauro ordenó que regresara el tren de Obregón a la ciudad de Chihuahua. Entre las múltiples hipótesis sobre el episodio, algunas señalan que Carranza deseaba provocar el fusilamiento de Obregón para librarse a la vez de ambos caudillos; del uno moralmente, del otro de manera física. No faltó quien mostrara eso a Villa que, en la madrugada del 23, cuando entró a la estación el tren que conducía a Obregón, se limitó a mostrarle al caudillo de Sonora el telegrama de desconocimiento y a decirle que los villistas no acudirían a la reunión de generales en la Ciudad de México. Obregón, finalmente, pudo regresar. El telegrama dirigido a Carranza, fechado el 22 de septiembre, dice en su parte central:

> En vista de los procedimientos de usted, que revelan deseo premeditado de poner obstáculos para el arreglo satisfactorio de todas las dificultades y llegar a la paz que tanto deseamos [...] le participo que esta División no concurrirá a la Convención que ha convocado, y desde luego le manifiesto su desconocimiento como primer jefe de la República, quedando usted en libertad de proceder como le convenga.[4]

Dos días después, el telegrama personal de Villa a Carranza se convirtió en ruptura formal. En el Manifiesto de Chihuahua, fechado el 24 de septiembre, se exponían los agravios que a la División del Norte había infligido Carranza, se sintetizaban las dos demandas que estaban convirtiéndose en el eje ideológico del villismo («el orden constitucional y la resolución del problema agrario»), y se terminaba con el desconocimiento, así redactado:

> Ante la consideración de que todo esfuerzo pacífico sería inútil para obligar al Primer Jefe a entregar oportunamente el poder al que la voluntad popular le designara y, comprendiendo que la salvación de los intereses de la patria y de los intereses del pueblo, encarnados en los principios revolucionarios, dependen de la inmediata resolución de sus grandes problemas, la División del Norte ha resuelto desconocer como Primer Jefe del Ejército Constitucionalista y Encargado del Poder Ejecutivo al C. Venustiano Carranza.[5]

Al desconocimiento seguía un plan para invitar a una nueva lucha, esta con el fin de derrocar al primer jefe. Y de inmediato se inició la concentración de los contingentes villistas para marchar hacia el sur. Simultáneamente empezó a circular en Chihuahua el folleto escrito por Felipe Ángeles, que explicaba las razones de la ruptura así como la desobediencia del 14 de junio.

El mismo día que desconoció formalmente al primer jefe, Pancho Villa le escribió a Emiliano Zapata:

> Muy estimado compañero y fino amigo:
> No pudiendo ya esta División del Norte que es a mi mando tolerar por más tiempo la conducta antipatriótica de Venustiano Carranza que tiende por todos conceptos a desunirnos, a sembrar la ruina en el país [...] todos mis generales y yo comprendiendo que es absolutamente indispensable y necesario salvar cuanto antes a la patria del precipicio a que quiere lanzarla con sus inconsecuencias y caprichos el llamado Primer Jefe del Ejército Constitucionalista, con esta fecha lo hemos desconocido como jefe de la nación, y desde luego nos aprestamos a hacerlo que entregue el poder a los verdaderos representantes del pueblo.
>
> Como Venustiano Carranza es obstinado y en él no existe ni el más pequeño átomo de patriotismo, antes de abandonar el poder tendrá que luchar, por cuyo motivo ya me preparo para marchar inmediatamente a la capital de la República y si no se rinde atacarlo y darle el castigo que merece.
>
> Usted, cuyos sentimientos patrióticos y buenas intenciones en favor del pueblo son bien conocidos [...] se servirá esta vez como en las anteriores poner sus servicios tan valiosos a la disposición de la causa del pueblo. Por consiguiente, espero con todo fundamento que usted, inspirándose en el mismo sentimiento que yo, desconocerá también a Venustiano Carranza y equipará y preparará convenientemente sus fuerzas para que tan luego como yo me aproxime a la capital de la República, en combinación con mis fuerzas la ataquemos e implantemos las autoridades que han de preocuparse por el verdadero engrandecimiento de nuestra causa [...].
>
> Esperando tener el gusto de estrechar pronto su mano me es grato ofrecerme como su afmo. compañero, amigo y S.S.[6]

Cuando Zapata recibió esta carta, ya se habían roto los intentos de negociación entre la revolución del sur y una Primera Jefatura que para los surianos no era tal. La incomprensión de Carranza, su negativa a aceptar las hondas razones del Plan de Ayala, y el hecho de que tras la caída de Huerta, el 14 de agosto de 1914 fuerzas carrancistas se hubieran desplegado en actitud hostil frente a las avanzadas zapatistas en torno a la Ciudad de México, habían impedido cualquier posibilidad de diálogo constructivo. Mientras los norteños negociaban, los zapatistas reafirmaban su propia revolución confiscando y repartiendo haciendas, y acercándose a Pancho Villa.

La guerra volvió a diferirse porque un grupo de generales de las divisiones del Noroeste y del Noreste formaron un «Comité de Pacificación». Destacaban en él Álvaro Obregón, Lucio Blanco, Rafael Buelna, Eulalio Gutiérrez y Antonio I. Villarreal, y encontraron eco en villistas como José Isabel Robles y Eugenio Aguirre Benavides. Este comité se comprometió con los villistas a lograr que la junta convocada por don Venustiano en la Ciudad de México, se trasladara a la neutral plaza de Aguascalientes para reunirse en forma de Convención de acuerdo con las bases estipuladas en el Pacto de Torreón.

De ese modo, la junta reunida el 1º de octubre, con la concurrencia de unos setenta gobernadores y jefes del Ejército Constitucionalista (o sus representantes), solo tuvo un tema importante: trasladarse o no a Aguascalientes, es decir, aceptar lo acordado en Torreón o actuar dentro de los parámetros definidos por el primer jefe. El cabecilla de los primeros fue desde el primer día el general Álvaro Obregón; a los segundos los encabezaba con su aguda y brillante oratoria el licenciado Luis Cabrera. Con reservas, los primeros lograron que se aceptara trasladar la Asamblea a Aguascalientes y se sumaran a ella a los villistas.

El 10 de octubre de 1914 se reunieron en el Teatro Morelos, de Aguascalientes, 155 jefes militares, gobernadores o sus representantes. Los delegados de los ejércitos del Noroeste y del Noreste, de otras fuerzas constitucionalistas y de la mayoría de los gobernadores, casi todos designados por Carranza, estaban en clara mayoría, pero temporalmente divididos en dos bandos: los incondicionales de Carranza, que no se presentaron personalmente, sino que eran representantes de escasa importancia, y una confusa mayoría que pretendía la paz, pero que carecía de propuesta precisa para la coyuntura, que se autonombraban *pacificadores*.

Los villistas, en clara minoría, y la delegación zapatista que llegó ya bien avanzados los debates, por invitación formal de la Asamblea, no tenían un peso numérico que pudiera contrarrestar a los carrancistas. Sin embargo, muchos de los delegados villistas pensaban que se podía llegar a acuerdos con la frágil mayoría de los pacificadores en la que destacaban las personalidades de Álvaro Obregón y Antonio I. Villarreal. Y creyeron también que esos acuerdos podían evitar la guerra y llegar a establecer compromisos. En realidad, la Convención de Aguascalientes estaba destinada al fracaso, pues no había conciliación posible entre las demandas de la Revolución encarnadas en el zapatismo y muchos de los jefes villistas, y el programa legalista y restaurador defendido por Venustiano Carranza.

Pero la mayoría de los villistas no lo veían así, o pensaban que era posible evitar la guerra merced a una alianza con los pacificadores. Esa visión de la coyuntura llevó a los villistas a aceptar como presidente provisional de la República, en sustitución de Venustiano Carranza, a un general carrancista.

Para los pacificadores, la elección del presidente provisional podía consolidar su momentáneo dominio político. A la hora de presentar las candidaturas, la mayoría de ellos se inclinaron por el general Antonio I. Villarreal, de sólidos antecedentes revolucionarios e incontestable peso militar, pues mandaba la 1ª División de Caballería del Noreste, con dominio y mando en el importantísimo estado de Nuevo León. Pero cuando los zapatistas lo vetaron, Obregón negoció con los principales delegados para presentar la candidatura de Eulalio Gutiérrez, revolucionario coahuilense con mando en San Luis Potosí, respetado por quienes lo conocían, identificado con los pacificadores (aunque era un carrancista leal), que tenía una postura más independiente, aunque escaso relieve nacional y poca fuerza propia.

Eulalio Gutiérrez llegó a la presidencia con los veleidosos votos de la frágil mayoría tibia y sin el apoyo real de los grupos y delegados que más pesaban, con la única excepción del general Obregón, pero la posición del caudillo sonorense era, en ese momento, muy precaria, pues la mayoría de sus lugartenientes se habían declarado partidarios de Carranza. A su vez, el primer jefe se refugió en Puebla, donde sus paisanos y partidarios Cesáreo Castro y Francisco Coss tenían 8 000 hombres. Ya en Puebla, Carranza desconoció los acuerdos de la Convención y la declaró en rebeldía.

A la fuga de Carranza siguió en cascada la deserción de los representantes de los principales jefes carrancistas, de modo que el 5 de noviembre apenas había setenta delegados en Aguascalientes. Así mermada, la Asamblea designó una comisión para negociar con el primer jefe y convencerlo de aceptar su cese. Esta, integrada por los generales Obregón, Villarreal, Aguirre Benavides, Hay y Gutiérrez de Lara, partió de inmediato rumbo a Puebla. Sin embargo, cuando por fin fue recibida por Carranza, en Córdoba, Veracruz, la guerra civil era un hecho, y los comisionados, con excepción del (todavía) villista Aguirre Benavides, se subordinaron a Carranza y ya no regresaron a Aguascalientes.

Cuando quedó claro que lo que seguía era la guerra, se diluyó la facción pacificadora. Unos pocos permanecieron en la Convención, como soporte del gobierno de Eulalio Gutiérrez, mientras la mayoría, incluidos Obregón y Villarreal, retornaron a las filas carrancistas. La minoría, que encontró una inesperada cabeza en Eulalio Gutiérrez, no tenía otro sostén que los villistas y los zapatistas, que no habían electo a Gutiérrez ni se sentían representados por él. Y paradójicamente, la suerte inmediata de Gutiérrez dependería de su capacidad para consolidar la alianza entre la División del Norte y el Ejército Libertador. La guerra decidiría, en los meses siguientes, el destino de la Convención y de la Revolución misma.

Desdeñado por los carrancistas, sin apoyo de los zapatistas, abandonado por quienes lo llevaron a un cargo sin poder, Eulalio Gutiérrez tuvo que apoyarse en los únicos que parecían mantener su compromiso sin condiciones y el 10 de noviembre (cuando expiró el plazo dado a don Venustiano) designó a Villa jefe de los Ejércitos de la Convención, que si aún esperaron cuatro días para avanzar, fue porque el propio Eulalio realizó un postrero intento de negociación.

Una vez deslindados los campos, ¿cómo se presentaba la nueva guerra?

El 14 de noviembre de 1914 se rompieron las hostilidades entre el constitucionalismo y la Convención, cuando la guarnición carrancista de León, Guanajuato, se retiró rumbo al sur levantando las vías, lo que estaba prohibido en el armisticio acordado un par de días antes por Pablo González y Eulalio Gutiérrez. Pancho Villa, quien fue nombrado por el gobierno de Eulalio Gutiérrez comandante en jefe de las fuerzas convencionistas, ordenó de inmediato el avance de sus tropas, que sorprendieron por completo a las avanzadas carrancistas, con lo que se inició el colapso de la primera línea de defensa constitucionalista, conformada por 20 000 hombres que González tenía repartidos desde San Francisco del Rincón, Guanajuato, hasta Pachuca. Con ese dispositivo, González pensaba ofrecer una «defensa elástica» como las que había conducido contra los federales en 1913, solo que esta vez no tenía enfrente a jefes de obtuso criterio, sino a un caudillo audaz e imaginativo que mandaba tropas entusiastas y acostumbradas a la victoria. Así inició la guerra civil entre los revolucionarios victoriosos, que habría de ser aún más enconada y sangrienta que la lucha contra Díaz y contra Huerta; sin embargo, antes de contarla, es necesario mostrar un retrato político-militar de la República en ese momento.

Es un lugar común en la historiografía de la Revolución decir que casi todas las ventajas estaban del lado convencionista, dueño de un ejército mayor en número y en recursos que el de los carrancistas, y en control de la mayor parte del territorio nacional.

En realidad, la situación estaba mucho más equilibrada. Los carrancistas habían establecido una red de seguridad frente al villismo consistente en dos líneas de defensa: las ya mencionadas fuerzas al mando directo de Pablo González, con generales como Teodoro Elizondo, Alberto Carrera Torres y Jacinto B. Treviño, en Guanajuato, Querétaro e Hidalgo. Detrás de ellos había una segunda línea: 7 500 hombres de Francisco Murguía en Toluca; 18 000 en la Ciudad de México que estaban nominalmente a las órdenes de Álvaro Obregón, con Benjamín Hill, Salvador Alvarado y Lucio Blanco; y 8 000 más de Cesáreo Castro y Francisco Coss, en Puebla y Tlaxcala.

El problema de este dispositivo es que tenía algunos huecos, el más notable de los cuales consistía en la indefinición de Lucio Blanco, verdadero dueño de la capital con sus 12 000 jinetes. Por ello, Venustiano Carranza decidió abandonar la capital y establecerse en Veracruz (aunque hubo de esperar unas semanas a que los *marines* evacuaran el puerto). Además de ese hueco había un error de concepción en el plan de Pablo González, pues el general nuevoleonés calculó que los villistas avanzarían como los federales en 1913 y 1914, dándole tiempo de retirarse lentamente hacia México y Pachuca. Lo que en realidad ocurrió fue que el incontenible avance de los villistas destruyó todo el dispositivo de defensa, del que González solo pudo salvar unos 3 000 o 4 000 hombres que llevó a Tampico a través de la Huasteca. Otros 5 000 soldados del general Alberto Carrera Torres huyeron de Guanajuato hacia su región original, en Tamaulipas, donde tardaron varias semanas en decidirse por el bando convencionista.

Además de este dispositivo de defensa, los carrancistas dominaban tres grandes regiones: el noreste, en donde controlaban Coahuila —menos La Laguna, Nuevo León, Tamaulipas y parte de San Luis Potosí—, con cerca de 20 000 hombres a las órdenes de los generales Antonio I. Villarreal, Luis Gutiérrez, Luis Caballero y Rafael Cepeda. En el occidente y el noroeste, Manuel M. Diéguez tenía 8 000 soldados en Jalisco; Ramón F. Iturbe, 5 000 en Sinaloa, y Plutarco Elías Calles, 1 500 en la frontera de Sonora.

Y controlaban también el oriente y el sureste donde los generales Cándido Aguilar, Jesús Carranza, Jesús Agustín Castro, Luis Felipe Domínguez reunían a 14 000 hombres que dominaban las regiones —o al menos sus ciudades principales— y las vías férreas de Veracruz, Tabasco, el Istmo de Tehuantepec, Chiapas y la Península de Yucatán. Hay que señalar que la posesión del istmo y sus puertos —Coatzacoalcos y Salina Cruz— permitía a los carrancistas mantener comunicadas entre sí todas sus posiciones —salvo el enclave de Calles en la lejana frontera sonorense— por vía marítima, pues además tenían en su poder los seis buques de la Armada de México. En síntesis, al inicio de la guerra las fuerzas de Carranza eran: 20 000 hombres de González; 21 000 o 22 000 de Obregón, Murguía, Castro y Coss en la segunda línea de defensa, sin contar las fuerzas de Lucio Blanco; 20 000 en el noreste; unos 14 000 en occidente y el noroeste; y 14 000 en el oriente y el sureste. En total, unos 90 000 hombres.

Resulta mucho más difícil contabilizar los efectivos de la facción convencionista en el momento de la ruptura definitiva, aunque puede hacerse una aproximación a la cantidad de fuerzas operativas sobre la base de los hombres que Villa movilizó para la segunda ofensiva, posterior a la toma de la Ciudad de México, cuando dividió sus fuerzas en tres columnas. La primera columna, que a las órdenes de Pancho Villa y Rodolfo Fierro se desprendió de Irapuato hacia Guadalajara, sumaría unos 12 000 o 15 000 hombres. La segunda columna, que salió de Torreón rumbo a Saltillo a las órdenes de Felipe Ángeles y Emilio Madero, sumaba 12 000 hombres. Es más difícil precisar los efectivos de la tercera columna, que salió de San Luis Potosí rumbo a Tampico al mando de Tomás Urbina y Manuel Chao, tendría de 12 000 a 15 000 soldados. Si sumamos estas fuerzas, advertimos que Villa podía disponer de unos 45 000 hombres, a los que habría que sumar las guarniciones de los centros ferroviarios estratégicos como Irapuato y Torreón, y de las ciudades consideradas bases de operaciones, como Chihuahua (lo que daría unos efectivos similares a los de las columnas operativas: otros 15 000 soldados, quizá). Hay que considerar que en las cuentas anteriores ya se incluyen buena parte de los contingentes aliados al villismo, como los de Alberto Carrera Torres, Pánfilo Natera y Julián Medina, caudillos populares de Tamaulipas, Zacatecas y Jalisco, respectivamente.

De los zapatistas ha dicho la historiografía tradicional que en esa coyuntura, aún más que en los otros períodos de la lucha armada, demostraron su falta de vocación ofensiva y su regionalismo. Sin embargo, esta opinión no ha sido exacta, pues no tuvo en cuenta la ofensiva zapatista contra el gobierno de Huerta en 1914, cuando los surianos cercaron las ciudades del centro del país desde el campo y, sin tener acceso al mercado de armas, dislocaron las defensas federales en una región clave por su densidad económica y demográfica. Este prejuicio tampoco considera la carencia de armamento ofensivo y de municionamiento, ni la crisis de la economía del maíz con el consiguiente desabasto de alimentos para el Ejército Libertador del Sur. Durante la ofensiva contra el carrancismo, el zapatismo dependería una vez más, casi por entero, de los pueblos. Y a pesar de eso, sitiaron la capital de la República en el verano de 1914, y en diciembre pudieron movilizar alrededor de 30 000 hombres sobre Puebla. Había otros contingentes convencionistas en la costa del Pacífico: quizá 6 000 hombres leales al gobernador José María Maytorena, con el control de casi todo Sonora; y las fuerzas que reunió en Nayarit el general Rafael Buelna, que sumaban unos 3 000 soldados, más los hombres de Jesús H. Salgado que controlaban Guerrero. En síntesis, los convencionistas podían contar con hasta 100 000 hombres, cifra ligeramente superior a la de los contingentes carrancistas.

Otro error común es contar entre los convencionistas a numerosos grupos indecisos, neutrales u hostiles al carrancismo después de 1916, que en 1915 no tenían ninguna relación orgánica con la Convención. Los más importantes, en noviembre de 1914, eran los jefes cercanos a Lucio Blanco, y el general Gertrudis Sánchez, que con su División del Sur dominaba Michoacán. Los principales lugartenientes de ambos jefes, Enrique Estrada y Joaquín Amaro, terminarían uniéndose al Ejército de Operaciones de Álvaro Obregón. Neutrales, hasta el verano de 1915, fueron los oaxaqueños del general Guillermo Mexueiro y José Inés Dávila, y el guardia blanco de las compañías petroleras en la Huasteca, Manuel Peláez.

Pero las posibilidades de un bando u otro en una guerra civil no inician ni terminan con el número de soldados y su poder de fuego. Se atribuye a Napoleón Bonaparte el dicho según el cual las guerras se ganan con tres cosas: dinero, dinero y dinero. Es probable que no la haya dicho él y seguro que no fue el primero en decirlo, pero la frase es certera sobre el aspecto que ahora abordaremos: los recursos para armar, sostener y poner en marcha a los ejércitos. En un país como el México de 1915, que libraba una guerra industrial (por el armamento y las municiones que se usaban) sin industria de armas, ese dinero debe entenderse como recursos frescos para adquirir materiales de guerra en un mercado en el que la demanda superaba con creces a la oferta y que provenía fundamentalmente de Estados Unidos. Pero también, en un país en el que se habían dislocado el mercado interno y el sistema monetario, y bajado claramente la producción agrícola y el hato ganadero, el dinero debe entenderse como recursos para alimentar a un ejército en movimiento sin matar de hambre —o no del todo— a la población civil. De tal modo que el mapa de la guerra no debe verse tanto en términos de extensión territorial sino como de control de recursos y, en particular, de aquellos capaces de generar divisas.

Considerando de esa forma el mapa del país, la *zona fundamental de los cereales* (bautizados así los valles agrícolas del altiplano central, de Tehuacán, Puebla, a Tequila, Jalisco, por don Andrés Molina Enríquez en 1909) estuvo en disputa durante la guerra civil: los zapatistas controlaban su región meridional; el Bajío y los llanos de Jalisco y Michoacán cambiaron tres veces de bando; los carrancistas dominaban los valles de Puebla. Los otros graneros también estaban divididos: los de Sonora para los convencionistas, los de Sinaloa para los carrancistas, al igual que los de Tamaulipas. Fue el sector dedicado al consumo interno el que más resintió la violencia revolucionaria. Casi todos los datos son devastadores en ese sentido y explican la crisis de la economía del maíz que paralizó al Ejército Libertador del Sur, y las terribles hambrunas y epidemias que iniciaron en 1914 y alcanzaron sus cotas más altas entre 1915 y 1916. También la agroindustria de exportación estaba dividida, aunque la más floreciente, la del henequén, se ubicaba en la región dominada por los carrancistas.

Los recursos del subsuelo representaban más del 60% de las exportaciones en 1910, y un porcentaje aún mayor en 1920. La lucha armada provocó una gran inestabilidad en el sector minero, sobre todo al afectar la disponibilidad de mano de obra y los sistemas ferroviarios, pero la minería siguió funcionando y aunque experimentó una fuerte caída entre 1914 y 1916, se recuperó muy rápido. Sin embargo, justo en los años de la guerra civil que ahora nos interesan se experimentó el punto más bajo de la productividad y, por lo tanto, del pago de impuestos en un sector que era controlado en un 90% por capital extranjero.

El único de los grandes negocios cuyo comportamiento resultó contrario a la tendencia general de la economía mexicana durante esos años fue el petrolero. Las exportaciones petroleras pasaron de 0.2 millones de pesos en 1910 y 1911 a 516.8 millones en 1920; esta última cifra representó el 60.4% de las exportaciones totales. La producción del petróleo mexicano se concentraba en tres zonas, y sus puertos de salida (Tampico y Coatzacoalcos), así como prácticamente todos sus campos, permanecieron sin disputa bajo control carrancista durante toda la guerra civil, y fue el gobierno constitucionalista el que cobró íntegramente los impuestos de exportación.

Así pues, el estudio de las fuentes de recursos de México en 1914, y el cruce de esos datos con los mapas de las posiciones militares, nos muestra que los constitucionalistas, incluso en el momento de su máxima contracción territorial, entre noviembre de 1914 y febrero de 1915, controlaban las principales fuentes de riqueza capitalizable, lo que se traducía en la obtención más fluida y segura de divisas, y también en recursos que le permitían presionar a las potencias, a las que todas las facciones tenían que acudir para adquirir pertrechos de guerra.

Así estaban las cosas cuando Pancho Villa y Emiliano Zapata prepararon el plan de operaciones de los ejércitos convencionistas para la campaña que empezaba, luego de barrer con la primera línea carrancista y ocupar la Ciudad de México. Para muchos historiadores, los caudillos campesinos no tenían ni podían tener una visión global de la guerra, por lo que su considerable ventaja inicial se diluyó cuando Villa dispersó sus fuerzas en vez de darle el golpe de gracia al carrancismo, acorralado en Veracruz, como sugirió Felipe Ángeles.

En lugar de marchar contra Veracruz, Villa atendió un urgente llamado del general Emilio Madero, jefe de armas de La Laguna, quien informó que una columna carrancista avanzaba desde Saltillo hacia Torreón. Fue entonces cuando decidió dejar a Zapata la línea de Veracruz y enviar a Ángeles, al frente de un poderoso contingente, a evitar la caída de Torreón y tomar a su vez Saltillo y Monterrey. De esa decisión se desprendió la siguiente, que implicó la fragmentación de la División del Norte en tres grupos principales y una fuerte reserva. El primero de esos grupos operaría sobre Saltillo y Monterrey, a las órdenes de Ángeles; el segundo, a las órdenes directas de Villa con Rodolfo Fierro como segundo, sobre Guadalajara; el tercero, mandado por Tomás Urbina y Manuel Chao, sobre Tampico y la zona petrolera.

Ángeles insistió de manera tan gráfica en su plan de atacar a Carranza en Veracruz que los historiadores lo han considerado como el único acertado: el plan de Villa, al dispersar las fuerzas de la División contra enemigos secundarios, convertía en desventajas todas las ventajas de su posición central y daba al debilitado centro constitucionalista el tiempo que necesitaba para reorganizarse política y militarmente. Según la mayoría de los historiadores, Ángeles, que veía la guerra y el país con un criterio nacional y militar estratégico tenía la razón, y la decisión de Pancho Villa resultaría en el desastre militar de la División del Norte. Sin embargo, cuando Villa dictó su plan general de operaciones, era un caudillo que había aprendido sobre el terreno los principios fundamentales del arte de la guerra, y tenía una visión global del territorio, que había puesto en práctica en decisiones estratégicas de la campaña de 1913-1914. Conocía también los principales factores políticos, económicos, sociales y geográficos que se le presentaron, pues no solo escuchó cuidadosamente las opiniones contrapuestas de Felipe Ángeles y Emiliano Zapata (el uno proponía que el grueso de la División del Norte atacara Veracruz, el otro solicitaba esa ruta «para sus armas»), sino que prestó atención a varios de sus principales consejeros y sus más capaces generales.

Su negativa a desproteger Chihuahua y La Laguna para avanzar sobre Veracruz no se debía solamente a una preocupación regional y al temor de perder el apoyo de su base social y de aprovisionamiento, puesto que el elevado costo de mantenimiento de la División del Norte se pagaba con recursos salidos de esas regiones. Tenía mucho más claro que Ángeles, militar profesional enfocado en los temas puramente militares, que la Ciudad de México no podía funcionar como retaguardia estratégica.

Finalmente, aunque es posible que eso no lo supieran ni Villa ni Ángeles, aunque por poco que conocieran la plástica y flexible mente estratégica de Obregón podían suponerlo, el caudillo sonorense había previsto un vigoroso ataque sobre Veracruz y había explorado la posibilidad de retirar sus contingentes y el centro constitucionalista al Istmo de Tehuantepec en lo militar y a Yucatán en lo político. De esta manera, contra lo que Ángeles opinaba, la caída de Veracruz no equivaldría al fin del constitucionalismo, en especial si consideramos que este no extraía sus principales recursos del puerto jarocho sino de la región petrolera y el noreste en general, hacia donde Villa lanzó los principales esfuerzos de la campaña, y del inalcanzable Yucatán.

Villa, pues, decidió dividir a su ejército para asegurarse el apoyo social y los recursos de las zonas que ya estaban organizadas como economías de guerra al servicio de la División del Norte y para asegurarse también el control de la cuenca carbonífera de Coahuila. Como segundo objetivo estaba la conquista de Tampico, Guadalajara y Monterrey, fuentes de recursos para los constitucionalistas, y con ello, la destrucción de tres grandes contingentes enemigos.

Además, el número de tropas constitucionalistas en Jalisco y el noreste (incluidos El Ébano y Tampico) era bastante considerable e, incluso, superior al Ejército de Operaciones con el que Obregón se internó en el corazón de la República. Los combates en esos otros frentes también fueron fundamentales: a la postre, es posible que la defensa de El Ébano haya sido tan importante como las batallas de Celaya para la decisión final, lo mismo que Pancho Villa no hubiese podido destruir los contingentes que Manuel M. Diéguez y Francisco Murguía tenían en Jalisco. Fracasados sus planes, a veces por márgenes muy estrechos, Villa tuvo que pasar a la defensiva y adaptarse a las iniciativas de Obregón.

2. El villismo a la ofensiva

El 14 de noviembre de 1914, los planes de Pablo González y su impresionante dispositivo defensivo comenzaron a derrumbarse estrepitosamente. Ese día, los villistas destruyeron la 3ª División de Caballería del Noreste, de Teodoro Elizondo, «en movimiento que nombran envolvente», dictaría Villa a sus biógrafos.

Perdida la 3ª División por un descuido inaudito de Pablo González, el resto de sus fuerzas se desmoronaron. Alberto Carrera Torres se retiró hacia San Luis Potosí sin combatir, abriendo un boquete espectacular en el frente; aunque al mirar el mapa se entiende perfectamente: o hacía eso o se enfrentaba, él solo con su gente, a toda la División del Norte. Algunos jefes menores, situados entre los villistas y las fuerzas que se retiraban de León hacia Silao —en realidad, no dejaron de correr hasta Pachuca—, se rindieron o dispersaron, y cuando don Pablo se dio cuenta, había perdido, sin combatir, a la mitad de sus 20 000 hombres. ¿Distracción?, ¿imprevisión?, ¿traición? Más bien, la sorpresa total de un cuadro de mandos habituados a la «defensa elástica» frente a los federales y no frente a un Ejército revolucionario acostumbrado a ofensivas decididas y velocísimas. A Teodoro Elizondo y Pablo González les costó cara una novatada que dejó lecciones precisas a quienes los vieron desplomarse.

Al enterarse del hundimiento del primer sector del frente, Pablo González ordenó el repliegue de todas las fuerzas hasta Querétaro, luego a Tula y finalmente hasta Pachuca, donde el 20 de noviembre concentró a 6 000 hombres. Las fuentes carrancistas hablan de deserciones en masa, pero el único jefe que intentó pasarse a los villistas fue fusilado por sus propios soldados. Lo que hubo, en medio de la mayor confusión y de órdenes contradictorias, fue la dispersión de numerosas tropas: al menos, 4 000 o 5 000 hombres perdió Pablo González en la marcha hacia Pachuca, tras haber perdido en Guanajuato dos divisiones enteras, la 3ª y la 6ª.

En realidad, salvo la 3ª División, don Pablo había colocado a sus mejores tropas en la segunda línea (Castro y Coss en Puebla y Murguía en Toluca; además de Villarreal, que se quedó en el noreste), que con los 18 000 hombres de Obregón en la Ciudad de México, formaban la verdadera línea de defensa. Pero el colapso de la primera línea y las dudas sobre la lealtad de Lucio Blanco obligaron a redefinir los planes que había diseñado Obregón para defender la Ciudad de México.

Mientras lo que quedaba de las fuerzas de Pablo González se concentraba en Pachuca, Obregón ordenó evacuar la Ciudad de México antes de que los zapatistas le cerraran el camino a Puebla y de que los villistas llegaran a Pachuca. Las fuerzas de Obregón salieron de la ciudad entre el 18 y el 24 de noviembre y se concentraron en Córdoba y Orizaba. Justo el día 23 de ese mes, los *marines* estadounidenses entregaron Veracruz, donde el primer jefe estableció su capital. El grueso de la División del Norte avanzó hacia la Ciudad de México mientras la 1ª Brigada Villa, del general José Rodríguez, caía sobre Pachuca el 29 de noviembre poniendo en fuga a los últimos contingentes de don Pablo. Este los reagrupó como pudo, cruzó las huastecas y reapareció semanas después en el noreste. Para entonces, había dejado de ser el principal jefe militar del carrancismo, cargo que recayó en el general Obregón.

La primera ofensiva villista tuvo resultados muy importantes: arruinó el primer plan de guerra de Carranza, González y Obregón, consistente en defender la Ciudad de México, obligando a Obregón a rediseñarlo. Además, modificó de manera radical el mapa militar: los villistas tomaron sucesivamente León, Irapuato, Celaya, Guanajuato y Querétaro, dominando el Bajío. De inmediato ocuparon Pachuca y las entradas al valle de México, forzando a los carrancistas a evacuar México y Toluca.

Un efecto colateral de enormes consecuencias sería la aparición de Álvaro Obregón como principal jefe militar del constitucionalismo, frente al acelerado eclipse de la figura de Pablo González. En efecto, el 13 de diciembre, Álvaro Obregón fue designado jefe del Ejército de Operaciones, con mando directo sobre los principales contingentes constitucionalistas.

Mientras tanto, los convencionistas ocupaban la ciudad: cuando el 24 de noviembre Obregón terminó la evacuación de sus tropas, Lucio Blanco desobedeció la orden de Obregón de reunirse en Toluca con Francisco Murguía para que las dos divisiones (unos 18 000 hombres) marcharan a Jalisco a fin de construir con Diéguez el mayor núcleo militar del carrancismo. En lugar de ello, Blanco se quedó entre ambos ejércitos... y se fue quedando sin tropas: varios de sus generales lo dejaron para reunirse en Puebla con Obregón, y luego, la mayoría de sus otras fuerzas se fueron disgregando para reincorporarse al carrancismo. Lucio Blanco, entre tanto, aceptaba el cargo de secretario de Gobernación de Eulalio Gutiérrez, donde, de acuerdo con testimonios de gente cercana, se proponía minar la alianza convencionista desde dentro. A juzgar por los resultados, eso fue lo que hizo.

Entre tanto, Obregón sumaba 7 000 hombres a la concentración de tropas carrancistas en el oriente del país, y en una serie de viajes y entrevistas con Carranza diseñó un segundo plan general de operaciones que presentó al primer jefe el 4 de diciembre. El plan preveía que fuerzas carrancistas retrocedieran poco a poco ante una previsible ofensiva sobre Veracruz, hasta finalmente abandonar el puerto y trasladar la capital a Mérida, y así convertir al istmo de Tehuantepec en el eje de la estrategia carrancista, concentrar los mayores contingentes militares en el noreste y occidente, y desde ahí avanzar sobre el centro villista y zapatista.

Cuando quedó claro que Villa no avanzaría sobre Veracruz, el 13 de diciembre Carranza nombró a Álvaro Obregón jefe de las operaciones militares sobre la Ciudad de México, lo que se convertiría después, de manera más laxa, en *jefe del Ejército de Operaciones*. El nombramiento ponía a las órdenes del sonorense todas las fuerzas que se encontraban en los estados de Puebla, Veracruz, Tlaxcala, Oaxaca e Hidalgo y, con ello, las divisiones de Cesáreo Castro, Francisco Coss, Cándido Aguilar y Salvador Alvarado (4ª y 7ª divisiones del Noreste, 1ª División de Oriente y 1ª División de Infantería del Noroeste), y algunas fuerzas menores que sumaban unos 25 000 hombres, veteranos fogueados de las campañas del Noreste y el Noroeste.

Mientras tanto, Zapata y Villa llegaban a la cumbre simbólica de la revolución popular, la cresta de la ola: a veces olvidamos que los hombres de Obregón no salieron hacia Puebla ni los de Blanco hacia Toluca solamente porque el caudillo de Sonora, en combinación con don Venustiano, hubiese decidido abandonar la capital por un cálculo estratégico; o porque Blanco todavía dudara —o aparentara dudar— qué partido tomar. Los tiempos de la salida tampoco son resultado exclusivo del incontenible avance de la División del Norte. El factor que nos hemos acostumbrado a obviar es el asfixiante cerco que estableció sobre la capital el Ejército Libertador del Sur. Lucio Blanco declaró a la prensa la víspera de su salida de la capital que se retiraba porque se le agotaba el parque y sus tropas estaban siendo «diezmadas», «pues el enemigo nos ataca en número abrumador».[7]

Porque, a pesar de la crisis de la economía del maíz y los crecientes problemas que los surianos tenían en la primavera de 1914 para adquirir elementos de guerra y boca, al momento de la firma de los acuerdos de Teoloyucan los mejores elementos zapatistas ya asediaban la capital de la República. Unos 20 000 zapatistas se apoderaron en julio y agosto de las plazas de Chalco y Amecameca, al oriente; Milpa Alta y Tulyehualco, al sureste; Topilejo al sur; Magdalena Contreras al suroeste, además de varias poblaciones del suroeste del Estado de México cada vez más cercanas a Toluca, y de mantener bajo ataque constante Xochimilco y Tlalpan.

Esas eran las posiciones zapatistas cuando, la noche del 13 al 14 de agosto, fuerzas de Lucio Blanco reemplazaron a los federales en el arco que defendía las partes bajas del valle de México frente a los zapatistas, dueños de las zonas serranas. Y así permanecieron durante tres meses, hasta el 14 de noviembre, cuando el general Emiliano Zapata dictó la orden general de ataque. Las operaciones empezaron tres o cuatro días después y entre el 21 y el 24 de noviembre, casi siempre sin combatir o tras librar ligeras escaramuzas que producían no más de una docena de muertos, los surianos tomaron Iztapalapa, Xochimilco, Tlalpan, Coyoacán, San Ángel, Cuajimalpa y Tacubaya. El 25 de noviembre los zapatistas se apoderaron de la capital.

Son bien conocidas las crónicas del choque cultural entre los indígenas surianos que formaban el grueso de las fuerzas ocupantes y los habitantes de la capital. «El pánico imperaba soberano entre todos los habitantes. ¡Se habían contado tales horrores de los zapatistas!».[8] Sin embargo, las cosas fueron muy distintas: no hubo una sola agresión, ni asalto, los zapatistas no ocuparon una sola casa de propiedad particular y, por el contrario, encontraron completamente saqueadas las que habían sido ocupadas por los generales carrancistas. La gente miraba con asombro a los surianos, vestidos de manta y cubiertos con amplios sombreros, con sus cananas terciadas y su carabina en bandolera, pedir con humildad un taco o pagar religiosamente el café que consumían.

El 27 de noviembre Emiliano Zapata desembarcó en la Estación de San Lázaro, de donde se dirigió a la Escuela de Tiro. Ahí, a la pregunta expresa de un reportero respondió que no entraría a la Ciudad de México: «Aquí permaneceré, pues no deseo entrar a la capital antes que el general Francisco Villa. Mañana regresaré al estado de Puebla». Pasó la noche en un modesto hotel frente la estación de San Lázaro y al día siguiente salió rumbo a sus dominios.

El 1º de diciembre de 1914, recién llegado a Tacuba, donde ya estaba el general Felipe Ángeles con la vanguardia de la División del Norte, Pancho Villa le escribió a Emiliano Zapata:

> Creo oportuno participarle que no entraré a la Capital de la República con las fuerzas de mi mando, hasta que no tenga el gusto de hacerlo en compañía de usted; pues deseo que todo el mundo se dé cuenta de que estamos unidos fraternalmente y dispuestos a hacer toda clase de esfuerzos y sacrificios, por el bienestar y la tranquilidad de nuestra patria por la que tanto hemos luchado, usted en las montañas del Sur y yo en las estepas del Norte.[9]

En los días siguientes Villa buscó al presidente Eulalio Gutiérrez y envió mensajeros a Zapata. Y el 4 de diciembre, acompañado de oficiales de su Estado Mayor y una escolta de dorados, Villa salió rumbo a Xochimilco, donde lo había citado Zapata. El caudillo suriano lo esperaba en compañía de los generales Eufemio Zapata, Manuel Palafox, Otilio Montaño, Amador Salazar, Samuel Fernández, Francisco Pacheco, Antonio Barona, Vicente Navarro. Dos dorados que acompañaban a Villa recuerdan la consigna: «ni un trago para nosotros. Los zapatistas sí tomaron, pero poco». Al encontrarse frente a frente Villa y Zapata, «todos guardamos silencio y al verlos estrecharse en fuerte abrazo prorrumpimos en vivas». Luego, montados en briosos caballos, marcharon hacia el edificio de la escuela municipal.[10]

El secretario particular de Roque González Garza tomó taquigráficamente la entrevista que Zapata y Villa sostuvieron poco después. Hablaron del reparto agrario y fue ahí donde bromearon sobre la altura de las banquetas y las ganas de irse de la ciudad. Villa afirmó:

Este rancho está muy grande para nosotros; está mejor por allá afuera. Nada más que se arregle esto para ir a la campaña del norte. Yo creo que a cada plaza que lleguemos también se las tomo. Va a parar el asunto en que para los toros de Tepehuanes, los caballos de allá mismo.

Cerca de las dos de la tarde, Villa y Zapata conferenciaron en privado durante algo más de una hora, en presencia únicamente de Palafox.

De acuerdo con la versión oral del general Roque González Garza, Villa y Zapata celebraron una alianza formal entre la División del Norte y el Ejército Libertador del Sur; aceptación del Plan de Ayala (con excepción de los ataques a Madero) en lo referente a la repartición de tierras; compromiso de Villa de procurar a Zapata elementos de guerra y compromiso solemne de elevar a la presidencia de la República a un civil identificado con la Revolución.

Concluida la conferencia, se pasó al comedor, donde «al final de un sencillo banquete al estilo mexicano, se pronunciaron algunos discursos».[11]

Los acuerdos alcanzados por ambos caudillos en su reunión privada han sido llamados Pacto de Xochimilco, en los que se diseñó el plan general de operaciones de los convencionistas, que tan criticado ha sido. De ese plan de operaciones, así como otros elementos revelados en los siguientes días, saldrían buena parte de los argumentos de muchos analistas sobre la ausencia de vocación de poder o de proyecto de nación de los caudillos populares. Dos días después, el 6 de diciembre, la División del Norte y el Ejército Libertador del Sur hicieron su entrada triunfal en la capital de la República, que ha dejado una enorme cantidad de símbolos e íconos: el pueblo, por primera y única vez en la historia de México, ocupa la sede del poder y sus espacios reales y simbólicos.

Durante cerca de una semana, la Ciudad de México estuvo ocupada por ambos ejércitos. En esos días, según los enemigos de los caudillos populares, se desató una oleada de terror en la que Villa y Zapata se intercambiaron víctimas o asesinaron a placer a jefes revolucionarios que no eran de su agrado, ya que llegaron a cometerse hasta doscientos asesinatos. ¿Las fuentes? Martín Luis Guzmán, que escribió 13 años después queriendo quedar bien con el régimen, y José Vasconcelos, que escribió dos décadas después como parte de su rencor racista y clasista. En realidad, como se ha mostrado documentadamente, este terror revolucionario es una «calumnia atractiva» sin sustento.

Lo que sí hicieron los caudillos populares durante su estancia en la ciudad fue afinar su plan de operaciones y ponerlo en práctica. Los zapatistas no se detuvieron en México: no hay interrupción temporal entre la ocupación de la ciudad y el inicio de las operaciones sobre Puebla. A su vez, Pancho Villa también movilizó, casi de inmediato, las fuerzas que debían ocuparse de las campañas de Jalisco y el noreste.

¿Por qué Pancho Villa no lanzó a la victoriosa División del Norte contra el puerto de Veracruz? La respuesta de los historiadores a esta pregunta se ha convertido en uno de los mitos más poderosos sobre la Revolución mexicana: el de la incapacidad de los dirigentes campesinos para plantearse una estrategia militar de alcance nacional, porque carecían de visión de Estado. Aquí no revisaremos las especulaciones de los historiadores, sino que trataremos de entender, con base en las escasas fuentes villistas, la estrategia militar del alto mando convencionista. También hay que considerar que siempre es muy difícil —a menudo imposible— comprender los planes de un comandante derrotado.

La rapidez con que se cumplió el primer objetivo de villistas y zapatistas —ocupar la Ciudad de México para instalar ahí a la Convención, un objetivo más político que militar— no dio tiempo siquiera de hacer planes elaborados para enfrentar a un enemigo que se replegaba sin plantar cara. Sí hay, sin embargo, rastros de la decisión de Villa en un telegrama enviado a Zapata, fechado en Aguascalientes el 10 de noviembre, en el que le decía que en vista de que Carranza había sido declarado rebelde por la Convención,

[...] ha llegado el momento que se rompan las hostilidades de manera decisiva y vigorosa en contra de aquel mal ciudadano, y mañana mismo empezará mi avance rumbo a la capital de la República, cuya plaza espero tomar dentro de poco tiempo, pues cuento con suficientes elementos para ello.

Como según parece, el núcleo más poderoso de fuerzas enemigas se encontrará en el estado de Puebla, le recomiendo que al recibo de la presente, se sirva Ud. disponer que el mayor número de las fuerzas de su mando se sitúen entre México y Puebla, a fin de interceptar el paso de las fuerzas que Carranza tratará de enviar a la capital de la República.[12]

La lógica dictaba, en efecto, que se reforzara la guarnición de la capital, como lo sugirió Obregón a Carranza el 16 de noviembre, pero como hemos dicho, la rapidez con que se desplomó la línea de Pablo González obligó a unos y otros a modificar sus planes. Por lo tanto, fue después de la ocupación de la Ciudad de México, cuando los carrancistas se afirmaron en sus nuevas posiciones e incluso iniciaron su propia ofensiva, que el alto mando convencionista diseñó un plan general de operaciones para enfrentar a sus enemigos. Entre las confusiones de esos días no es menor el hecho de que Zapata considerara a Lucio Blanco parte de la alianza convencionista, y le dictara órdenes que aquel no cumplió. Así Álvaro Obregón pudo evacuar sus fuerzas hacia Puebla, formando en el oriente del país, como Villa había adivinado, un poderoso núcleo militar.

Por esos días, el general Felipe Ángeles ya había diseñado un plan de operaciones para culminar la campaña contra el constitucionalismo. La clave de dicho plan era de gran simplicidad: sin detenerse en la Ciudad de México, la División del Norte debía continuar hacia el oriente, sin perder ritmo, y no parar hasta Veracruz, arrollando a su paso a las fuerzas acumuladas por el carrancismo desde Puebla a Veracruz con el fin de ocupar la sede de gobierno de Carranza.

Pero el mando militar y, por lo tanto, la última palabra, no estaba en manos del prestigiado táctico de artillería, sino en las del abigeo semianalfabeto de las sierras de Durango, el general de división Francisco Villa. Ahora bien, durante su carrera militar y en especial durante la formidable ofensiva de la División del Norte que destruyó la voluntad de resistencia del Ejército federal, entre marzo y junio de 1914, Villa fue un jefe acostumbrado a consultar a sus subordinados y a tomar decisiones después de haberlos escuchado con cuidado, y esta vez no dejó de hacerlo. Desafortunadamente, no hay testimonios sobre las juntas de generales sostenidas por Villa en esos días (entre el 2 de diciembre, cuando el Centauro llegó a Tacuba, y el 10 de ese mes, cuando dio las órdenes definitivas para iniciar la siguiente fase de la campaña), pero sí la hay de dos momentos, de diálogos y peticiones hechos por dos hombres a quienes también respetaba, que lo habrían empujado a no aceptar el plan de Ángeles.

El primer momento fue el encuentro con Emiliano Zapata en Xochimilco, el 4 de diciembre de 1914. Roque González Garza, a quien Villa le habría dado cuenta de los acuerdos de su reunión privada con Zapata, diría que ambos caudillos decidieron que el Ejército Libertador del Sur se encargaría de la campaña del sur y, por lo tanto, de la línea de México a Puebla y Veracruz, y del compromiso de Villa de abastecer a las fuerzas zapatistas de materiales de guerra suficientes.

Sin embargo, parece ser que Pancho Villa dudó en los días siguientes de que esa fuera la estrategia correcta. Fuentes cercanas al general Ángeles aseguran que este trató de convencerlo por distintas vías de que su propio plan era mejor. Según otra fuente, ante la enumeración hecha por Villa de todos los frentes abiertos por los carrancistas, el artillero habría respondido:

> Oigo lo que me dice, mi general; pero considere que esos peligros menores desaparecerán en cuanto pase el grande peligro que Carranza representa. Aquellos jefes son como sombreros colgados de un perchero, que es Venustiano Carranza, y aconseja el buen uso de nuestros elementos no ir descolgando uno a uno los sombreros, mi general, sino quitar el perchero, para que de esa forma todos los dichos sombreros se caigan.[13]

Las dudas de Pancho Villa, si es que realmente las tuvo, cesaron el 10 de diciembre, cuando recibió un telegrama urgente del general Emilio Madero, quien desde Torreón le anunciaba que las avanzadas de las fuerzas de Antonio I. Villarreal habían llegado a las cercanías de San Pedro de las Colonias y Viesca, amenazando las ciudades laguneras y su nudo ferroviario. Emilio Madero pedía refuerzos urgentes, pues no bastaban sus escasas fuerzas para defender Torreón. Villa ordenó ese día la inmediata movilización de una fuerte columna de refuerzo, precisamente a las órdenes de Felipe Ángeles, mientras él se trasladaba con otra columna a Irapuato, donde estableció su Cuartel General.

Sobre esa decisión se han tejido muchas especulaciones, en el sentido de que Villa cometió un gravísimo error de apreciación y que debió hacer caso a Ángeles, quien tenía razón. A diferencia de Villa y Zapata, dirigentes campesinos incapaces de trascender su estrecha visión localista ni plantearse una estrategia de alcance nacional, Ángeles era el único dirigente de la facción convencionista con visión de Estado. Fue la decisión del comandante en jefe la que diluyó las supuestas ventajas de la facción convencionista, la que daría a la postre la victoria al carrancismo.

¿Por qué Pancho Villa, en lugar de atacar Veracruz inmediatamente después de ocupar la Ciudad de México dividió su ejército en tres columnas y se olvidó del puerto jarocho? La estrategia trazada por Pancho Villa consistió en enviar a Veracruz a las fuerzas de Emiliano Zapata, sabiendo que estas serían incapaces de triunfar sobre el ejército de Obregón, pero pensando que podrían contenerlo durante un tiempo suficiente, y en dividir al ejército villista en tres grupos de tropas, encargados de otras tantas misiones. El primer grupo, a las órdenes de Felipe Ángeles y José Rodríguez, avanzaría en dos columnas, una paralela al río Bravo y otra por la vía de Torreón a Saltillo y Monterrey, con la encomienda de destruir las fuerzas carrancistas del noreste y ocupar Monterrey, metrópoli industrial de aquella región; con esto se aseguraría, además, el control villista de Chihuahua y La Laguna, no solo porque fueran el terruño villista, como Ángeles simplificaba, sino porque de los recursos ahí generados se alimentaba la División del Norte.

Una segunda columna, a las órdenes de Tomás Urbina y Manuel Chao, debía avanzar desde San Luis Potosí hasta Tampico, buscando arrebatar a los carrancistas el *puerto jaibo* y con él lo que el petróleo significaba en términos de recursos y herramienta de política internacional. La tercera columna, a las órdenes directas de Pancho Villa, con Rodolfo Fierro y Calixto Contreras, se ocuparía de Jalisco, donde Diéguez y Murguía estaban al frente de un numeroso contingente que se cernía amenazador sobre el Bajío, punto vital de las comunicaciones convencionistas.

Esta estrategia, ambiciosa y de largo alcance, que tomaba en cuenta los más importantes factores económicos y militares del momento, no tuvo éxito y, por lo mismo, ha sido descalificada o, para decirlo en términos militares, juzgada sumariamente y condenada al paredón. En su lugar, por un lado, se han hecho los ejercicios contrafactuales que dan *a posteriori* la razón a Ángeles y, por el otro, se ha sostenido la errónea idea de la desmedida desproporción de los ejércitos enemigos en noviembre de 1914.

Además, como hemos visto, el mando militar constitucionalista no pensaba aferrarse al puerto de Veracruz. De hecho, hasta mediados de diciembre de 1914, el plan de Obregón buscaba fortalecer *los flancos* (es decir, las columnas carrancistas que operaban en el noreste y el occidente) y no *el centro* (la línea Puebla-Veracruz).

En tres de los cuatro frentes principales abiertos en la nueva guerra, los convencionistas obtuvieron victorias parciales, ninguna de las cuales resolvió los respectivos teatros de operaciones en el terreno militar.

El primero de esos cuatro frentes, encomendado al Ejército Libertador del Sur y sus nuevos aliados excolorados (algunos de ellos procedentes de Chihuahua y La Laguna, como José Inés Salazar y Benjamín Argumedo), fue el de la línea México-Puebla-Veracruz. Los carrancistas habían concentrado en Puebla de 12 000 a 15 000 soldados cuyo mando se le dio a Salvador Alvarado (con las divisiones de Castro, Coss y el veracruzano Agustín Millán, más contingentes menores).

El 9 de diciembre, apenas tres días después del desfile triunfal en la Ciudad de México, los zapatistas ocuparon Atlixco y empezaron a tomar posiciones frente a Puebla: durante los días siguientes, Zapata llegaría a concentrar hasta 20 000 hombres, entre zapatistas de Morelos y poblanos y sus aliados colorados. Seis días después, tras fuertes combates, la plaza estaba en sus manos, como le informó a Villa:

> Muy distinguido y estimado compañero:
> Actualmente podemos felicitarnos de haber alcanzado una nueva victoria, pues con la toma de esta plaza que tuvo lugar ayer, ha quedado limpio de carrancistas el estado de Puebla. La ocupación de esta ciudad vino a ser el término de una serie de combates desarrollados durante los días 12, 13, 14, 15 y hoy al amanecer, habiéndose tomado las plazas de San Martín Texmelucan, Frailes, San Gerónimo y Cholula, y otras de menor importancia que no obstante su insignificancia como poblaciones, contenían un crecido número de enemigos por sus condiciones estratégicas.
> Cuando nos veamos tendré el gusto de referir a Ud. con detalle todas y cada una de las operaciones llevadas a cabo, las que dieron por resultado la ausencia del carrancismo. Espero tendrá Ud. la bondad de informarme del resultado de sus trabajos, en la creencia de que ya irán muy adelantados también.[14]

Zapata pensaba continuar hacia Veracruz. Incluso organizó una columna de 10 000 hombres para perseguir a Alvarado, envió a 3 000 zapatistas tlaxcaltecas hacia Xalapa y ordenó a los zapatistas del sur de Puebla que asediaran las vías de Orizaba y Córdoba. ¿Por qué, a pesar de estos preparativos, los zapatistas no pasaron de Puebla? Zapata regresó a Morelos, probablemente enfermo de algún padecimiento prolongado, y las fuerzas que permanecieron en Puebla no recibieron el material de guerra que habían pedido insistentemente. Y, además, no hubo respiro entre la ocupación de Puebla y la formación del Ejército de Operaciones: Salvador Alvarado logró sacar de Puebla a casi toda su gente por el camino de San Martín, y el mismo 16 de diciembre se reunió en San Marcos con los 4 000 soldados de las infanterías de Sonora que formaban la columna de refuerzo, al mando directo de Álvaro Obregón. Los zapatistas, entonces, pasaron a la defensiva e iniciaron obras de fortificación de la plaza de Puebla. Ahí los reencontraremos.

El segundo de los frentes principales, donde Villa tomó personalmente el mando al inicio de la campaña, era el de la línea del Bajío a Guadalajara y Manzanillo. Jalisco y Colima estaban en manos de la División de Occidente del general Manuel M. Diéguez, y ahí se reunió con él, tras una accidentada travesía por el estado de Michoacán, donde lo combatió Gertrudis Sánchez por «violar» la neutralidad de ese estado, el general Francisco Murguía. También se concentraron otros contingentes, como una fracción de la división de caballería de Lucio Blanco, a las órdenes de Enrique Estrada. En total, y con los refuerzos que llegaron de Manzanillo, Diéguez y Murguía reunieron bajo su mando unos 15 000 hombres. Pero antes de que llegara Murguía, Diéguez empezó a movilizar parte de sus fuerzas hacia los límites de Jalisco con Guanajuato.

La amenaza era clara: si Diéguez tomaba Irapuato, cortaría la principal, acaso única, fuente de suministros de cualquier fuerza convencionista del centro del país, y separaría físicamente los ejércitos zapatistas y villistas, lo que permitiría la rápida destrucción de los primeros. Por segunda vez en esta guerra, Villa sorprendió con la rapidez de sus movimientos a los carrancistas, destruyendo la línea defensiva de Diéguez en el oriente de Jalisco, entre el 11 y el 12 de diciembre, y el 17 tomó Guadalajara, entre el entusiasmo delirante de una ciudad que según también los testimonios carrancistas era mayoritariamente villista.

Diéguez llegó a Zapotlán (Ciudad Guzmán) el 15 de diciembre y le escribió a Obregón para justificar el abandono de Guadalajara, adonde prometía volver en el término de un mes. Reclutó nuevas fuerzas, pidió a Obregón que le devolviera los batallones

15 y 17 de Sonora (siempre la necesidad de infanterías yaquis). El 6 de enero llegó la columna de Francisco Murguía, que fue refaccionada por Diéguez, y ya juntos planearon la ofensiva sobre Guadalajara, iniciada el 10 de enero.

Pancho ya no estaba en Guadalajara: los negocios internacionales y la defección de Eulalio Gutiérrez (de la que hablaremos más adelante) lo habían obligado a detener la ofensiva y resignar el mando del frente en el general Calixto Contreras, y el gobierno en Julián C. Medina. Los escasos días que estuvo en Guadalajara le bastaron para enemistarse con la oligarquía, al advertir que iniciaría la expropiación de haciendas para el reparto agrario, y pagaría por las propiedades incautadas el valor declarado al fisco por sus dueños.

Cuando Diéguez y Murguía pasaron a la ofensiva, el 10 de enero, Contreras pidió refuerzos a Villa, quien envió una columna de caballería a las órdenes de Rodolfo Fierro; este último, contra la opinión de Contreras y Medina, propuso presentar combate en lugar de replegarse hacia el Bajío. A pesar de sus conflictos internos, su rivalidad y su incapacidad para unificar el mando, Diéguez y Murguía lograron coordinarse y los días 17 y 18 de enero derrotaron en una reñida batalla a los villistas, que huyeron rumbo a Tonalá. Los villistas, que serían unos 9 000 o 10 000 hombres, perdieron ocho cañones y un número considerable de hombres.

Un mes después de su victoria, Villa veía otra vez amenazado el vital centro de comunicaciones (y de recursos) del Bajío, ahora por fuerzas mayores en número, por lo que tuvo que interrumpir sus trabajos políticos y reunir nuevos contingentes con la intención de eliminar de manera definitiva al ejército de Diéguez y Murguía. Organizó en Aguascalientes una columna de 12 000 hombres, que en otra rápida maniobra expulsó a los carrancistas de Guadalajara empujándolos hacia Colima. El 12 de febrero, Villa entró la Perla Tapatía por segunda vez. Una vez más, una multitud lo aclamó a su paso por las calles y se reunió para escuchar el discurso contra Carranza que pronunció desde el Palacio de Gobierno.

Sin parar en Guadalajara, Villa ordenó una serie de maniobras que entre el 13 y el 17 de febrero le permitieron alcanzar a Diéguez y Murguía en la cuesta de Sayula, punto impreciso del mapa entre la ciudad de ese nombre y Zapotlán (Ciudad Guzmán), donde el 18 de febrero se libró lo que con alguna exageración he llamado *la última victoria de la División del Norte*. Ahí se enfrentarían unos 12 000 villistas contra otros tantos carrancistas. Aquel 18 de febrero fue quizás uno de los días más sangrientos de la Revolución, en una batalla campal que terminó con la derrota de los carrancistas en toda la línea y su desordenada huida rumbo a Colima.

El 19 de febrero, los villistas persiguieron al enemigo hasta Ciudad Guzmán y luego hasta Tuxpan, donde se dio orden de hacer alto. Ahí Villa logró comunicarse por telégrafo con Monterrey, Chihuahua y la Ciudad de México, lo que lo llevaría a tomar la decisión de no continuar la persecución de las derrotadas fuerzas de Diéguez y Murguía.

Todo parece indicar que Villa pudo haber liquidado lo que quedaba de las fuerzas enemigas, y asegurar el control del Occidente de la República al eliminar esa amenaza sobre el Bajío. De hecho, Diéguez había previsto internarse en la tierra caliente de Michoacán en el caso de que los villistas lo persiguieran. Sin embargo, el Centauro del Norte tomó una decisión que permitió a Diéguez y Murguía rehacer sus columnas y avanzar una vez más sobre Guadalajara, que arrebataron a Fierro el 18 de abril, pocos días después de la derrota de Villa en Celaya.

¿Por qué, teniendo todo a su favor en ese teatro de operaciones, Villa suspendió la persecución, con lo cual no se realizó la última fase de toda campaña? Porque fue llamado a otro de los teatros de operaciones de aquella guerra. Decíamos que al llegar a Tuxpan, al anochecer del 19 de febrero, Villa pudo comunicarse telegráficamente con el resto del país. El general Felipe Ángeles, que mandaba e107n jefe las fuerzas villistas del teatro de operaciones del noreste, solicitó desde Monterrey una conferencia telegráfica urgente, en la que le explicó que era imprescindible su presencia en Monterrey al frente de una columna de refuerzo.

Villa pensaba, con razón, que Ángeles podía contener a los carrancistas del noreste mientras él se lanzaba sobre Manzanillo, se apoderaba de los trenes del enemigo así como del puerto, para que no pudiera recibir refuerzos, y una vez eliminada como problema militar la columna de Diéguez y Murguía, podría marchar hacia el noreste. Sin embargo, Ángeles esgrimió suficientes razones como para convencer a Villa o al menos hacerlo ceder. Intervino en esta decisión el creciente respeto de Villa por Ángeles, a quien quería elevar a la presidencia de la República. También hay que considerar que en ese momento, las operaciones estratégicas más importantes se realizaban en el noreste de la República, donde además de la columna de Ángeles operaban otras fuerzas villistas con el objetivo de apoderarse de Tampico. El Centauro detuvo la persecución, dejando en Jalisco los contingentes de Rodolfo Fierro, Calixto Contreras y Julián C. Medina para contener a Diéguez y Murguía en el caso de que se rehicieran. Estas fuerzas resultaron insuficientes y dos meses después Diéguez y Murguía recuperaron Guadalajara, de donde salieron inmediatamente a reforzar a Obregón, que acababa de derrotar a Villa en Celaya.

Así pues, los carrancistas pudieron revertir la victoria villista y apoderarse de ese teatro de operaciones después de infligir más de 2 000 bajas a Fierro y Contreras en cerca de un mes de combates (22 de marzo al 18 de abril), y sus fuerzas habrían de ser fundamentales en la resolución de las batallas del Bajío, tras haber asegurado Jalisco.

Sin embargo, la derrota de los carrancistas el 18 de febrero pudo haber sido decisiva, según todos los testimonios. Un empujón bastaba para liquidarlos como amenaza militar y asegurar Jalisco y Colima para el convencionismo. Y queda una fuerte impresión: al dejar pasar la posibilidad de resolver la situación en uno de los frentes, quizás el villismo perdió también la posibilidad de ganar la guerra.

El tercero de los cuatro frentes principales es el del noreste de la república. De hecho, podríamos consignarlo como el primero, pues fue el angustioso telegrama que desde Torreón dirigió Emilio Madero a Pancho Villa, el 10 de diciembre de 1914, lo que puso fin a las discusiones sobre el plan general de operaciones. Villa ordenó la inmediata movilización de una fuerte columna de refuerzo a las órdenes de Felipe Ángeles, quien, a pesar de su renuencia, aceptó la misión.

Dos contingentes convencionistas de relativa importancia estaban acantonados en el teatro de operaciones en que debía actuar el general Felipe Ángeles, en comunicación con la columna villista que, desde San Luis Potosí, avanzaría sobre la Huasteca: Tampico era objetivo final. Además de las fuerzas de Emilio Madero, de guarnición en La Laguna, estaban en la región de Tula los hombres del general Alberto Carrera Torres, quien después de algunas vacilaciones se declaró por la Convención y avanzó hacia Ciudad Victoria. La brigada de Carrera Torres fue considerada como fuerza auxiliar de las columnas de Ángeles y Urbina.

Emilio Madero tenía 6 000 hombres en La Laguna, y Ángeles llevó otros tantos de México. Con las fuerzas de ambos inició de inmediato el avance de Torreón hacia Saltillo, de donde ya venían en sentido contrario fuertes contingentes carrancistas (unos 15 000 hombres movilizados hacia Torreón, con otros 6 000 en otras zonas del noreste) a las órdenes de Antonio I. Villarreal y Maclovio Herrera. Entre el 28 y el 30 de diciembre, Ángeles concentró sus fuerzas en Estación Marte, para iniciar desde ahí la ofensiva.

Las fuerzas villistas, de 11 500 a 12 000 hombres según la cuenta de Emilio Madero, estaban mandadas por oficiales formados en la campaña del norte a las órdenes directas de Villa. Los generales a las órdenes de Emilio Madero —Raúl Madero, Orestes Pereyra y Máximo García— eran de origen lagunero con prestigio propio, revolucionarios veteranos de 1910 y fogueados en el mando y el combate. La mayor parte de sus hombres eran también laguneros entusiastas y curtidos en la lucha. Los hombres de la Brigada Toribio Ortega provenían del desierto de Chihuahua y eran también revolucionarios de la primera hora. Por el contrario, los contingentes puestos a las órdenes del general Ángeles estaban constituidos por soldados de reciente reclutamiento, aunque habían tenido tiempo de ser entrenados por oficiales de confianza promovidos al mando por Pancho Villa y que habrían de probar su lealtad y su eficacia en la dura campaña por venir. Todos confiaban en el comandante en jefe del frente de operaciones, el general Felipe Ángeles.

Los días que siguieron al 30 de diciembre muestran la erudición táctica de Felipe Ángeles: siguiendo las instrucciones de un manual de operaciones, Ángeles fue reduciendo paulatinamente las posibilidades de sus enemigos hasta ponerlos donde él quería el 7 de enero, es decir, en posiciones desventajosas. Lo que siguió fue la liquidación de las fuerzas carrancistas en una batalla también de pizarrón: tal como se planeó la batalla, se llevó a cabo. Los carrancistas huyeron dejando trenes, material de guerra y 3 000 prisioneros, que fueron liberados por Ángeles, luego de pedirles que no volvieran a tomar las armas contra la Convención. Entre los materiales capturados estaba el archivo de Antonio I. Villarreal, con las cartas enviadas por Eulalio Gutiérrez, que mostraban su connivencia con los carrancistas y su sabotaje a la alianza convencionista. Estos documentos, remitidos con urgencia por Ángeles a Villa, precipitaron la ruptura entre los ejércitos populares y quienes ejercían el gobierno formal de la Convención. Dos notas: murió de las heridas recibidas en combate uno de los primeros compañeros de Villa, el general Martiniano Servín. Y una buena parte del éxito de las maniobras que colocaron a los carrancistas en situación desventajosa se debió a los ferrocarrileros, que sabotearon los movimientos de Villarreal en momentos clave, pues eran villistas.

Así, la columna de Villarreal perdió momentáneamente su capacidad combativa, aunque Ángeles, que ocupó Monterrey sin combatir el 14 de enero, no pudo capitalizar su victoria como habría deseado. Porque por esos días llegó Pablo González al noreste, tras tardar seis semanas en cruzar la Sierra luego de su desastre en Pachuca, al principio de la guerra. Con nuevas tropas y nuevo mando, González decidió asediar Monterrey desde todos los rumbos posibles. El 26 de enero empezó este asedio, que del

16 al 22 de febrero se convirtió en ataque directo. Ángeles había perdido la iniciativa y estaba encerrado en la Sultana del Norte por fuerzas mayores en número y elementos. Fue entonces cuando se produjo aquella conferencia telegráfica que llevaría a Villa desde los límites de Jalisco y Colima hasta la capital de Nuevo León, al frente de 4 000 hombres.

Villa enfrentó complicaciones logísticas en el camino y no llegó con su habitual celeridad, pero cuando lo hizo y estudió la situación, reprendió a Ángeles. Esto puede entenderse porque Ángeles era muy capaz en campañas que se hacían de acuerdo con los cánones del arte militar, pero quedaba rebasado cuando sus oponentes lo desafiaban por fuera de esos marcos. Por lo pronto, la sola llegada de Pancho provocó el repliegue de los carrancistas por sus tres rutas de acceso a la ciudad, hasta Cadereyta, Ramones y Villa Aldama. El 13 de marzo, otra vez en una maniobra relampagueante, Villa tomó Ramones mientras Ángeles avanzaba hacia Cadereyta.

Tras batir al enemigo, Villa diseñó la continuación de la campaña en tres columnas: Orestes Pereyra y Rosalío Hernández tenían la misión de tomar Nuevo Laredo y contralar la frontera. José Rodríguez avanzaría sobre el bajo río Bravo hasta ocupar Matamoros. Máximo García y Severino Ceniceros se afianzarían en Ciudad Victoria para, desde ahí, auxiliar a Tomás Urbina en las operaciones contra Tampico. Ángeles permanecería en Monterrey coordinado la campaña.

Hecho eso, el 24 de marzo Villa marchó apresuradamente hacia el Bajío: estaba por caer Álvaro Obregón. Así lo resumió Villa en carta a Zapata:

> Como le digo antes, la circunstancia de no haber dominado la situación por estos lugares me obligó a venir violentamente con fuerzas de caballería. Las fuerzas del general Ángeles dominaban esta Plaza y otras muchas que ya he mencionado; pero no podían evitar definitivamente a los infidentes en virtud de tener a su cargo un inmenso radio de acción. A los dos días de haber llegado a este lugar salí por tierra en busca del enemigo, y como le digo al principio de esta carta, en

Ramones nos echamos ensima de los trenes quitándoles dos de ellos y más de mil fusiles (los que están en buenas condiciones la mayor parte), sesenta mil cartuchos, cuatro ametralladoras, tres carros de provisiones y muchos otros elementos. El asalto fue de noche y como no teníamos medios para detener los trenes pudieron escaparse algunos elementos. Inmediatamente después organicé tres columnas: una va al norte para apoderarse de la Plaza de Laredo, otra sobre Matamoros y la tercera que manda el general Ángeles se pondrá en contacto con la Columna Chao para apoderarse del Puerto de Tampico. Debido a la multiplicidad de mis atenciones y a la necesidad de dirigir la campaña hoy he tenido que regresar a esta ciudad, adonde llegué hace unas cuantas horas. Tengo la convicción de que a pesar de tener muchos enemigos en el norte de Coahuila y Nuevo León, antes de un mes habré dominado completamente la situación, entonces me pondré en marcha definitivamente para el centro de la República.[15]

Las tres columnas villistas del noreste, más la columna auxiliar de Alberto Carrera Torres, fueron incapaces de cumplir las tareas encomendadas por Villa: García y Ceniceros llegaron hasta Ciudad Victoria el 20 de abril, pero no pudieron continuar su avance hacia Tampico. Luego la columna fue mermada y las mejores tropas enviadas al Bajío, y finalmente se replegaron en mayo frente a una incontenible contraofensiva carrancista.

En el segundo sector, Rosalío Hernández salió de Ciudad Camargo rumbo a Sierra Mojada y libró de carrancistas la frontera de Coahuila, y coincidió con Orestes Pereyra, procedente de Monterrey, frente a Nuevo Laredo. Entre el 13 y el 23 de abril hay una serie de combates muy confusos que terminan con la retirada de los villistas. En esos combates, murió de manera misteriosa —algunos dicen que asesinado por alguno de sus hombres—, el comandante carrancista del sector, Maclovio Herrera, villista entre 1913 y 1914.

Por su parte, sin dejar de combatir, José Rodríguez, al frente de 1 000 o 2 000 hombres, llegó hasta el rincón noreste de la república, atacando Matamoros del 21 al 23 de marzo. Rechazado por

Emiliano Nafarrete y sin recursos suficientes, el día 30 regresó hacia Monterrey. El fracaso de estas ofensivas coincide con el declive general del villismo.

Finalmente, el cuarto de los frentes principales abiertos por el mando convencionista tenía un objetivo asaz ambicioso: la toma de Tampico, punto económico y estratégico fundamental por el que salía nuestro principal recurso de exportación en ese año: el petróleo. El general Juan Barragán, jefe de Estado Mayor de Carranza, lo explica bien:

> Tampico era el objetivo del ejército de Francisco Villa, por la fuente inagotable de recursos en dinero que producían el puerto y la zona petrolera, en un momento en que la producción estaba en todo su apogeo y los precios por las nubes por la guerra europea. Por eso, el Primer Jefe consagró su mayor esfuerzo a aprovisionar de elementos de guerra a las fuerzas que defendían El Ébano.[16]

Para esperar el embate de las fuerzas villistas provenientes de San Luis Potosí, los mandos carrancistas del noreste eligieron las cercanías de la población petrolera de El Ébano, que ofrecía considerables ventajas defensivas, a 56 kilómetros de Tampico, entre los ríos Pánuco y Tamesí. La situación geográfica obligaría necesariamente a los villistas a atacar esa posición (la única manera de llegar a Tampico con un ejército sin pasar por ahí era desde Ciudad Victoria... o por vía marítima), y ahí los carrancistas establecieron poderosas fortificaciones que su propagada llamaría con notable exageración, *El Verdún mexicano*, en referencia al inicio de la guerra de trincheras en Europa, donde franceses e ingleses detuvieron la ofensiva alemana.

Antes de acabar 1914, la línea defensiva de 5.5 kilómetros de largo, entre el río y el pantano, y apoyada en las torres petroleras, era realmente impresionante. Ahí llegaría a acumular el general Jacinto B. Treviño hasta 8 000 o 10 000 hombres. Se calcula que en el momento más rudo de la batalla, los generales villistas Urbina y Chao dispusieron de 12 000 soldados.

Los combates secundarios en el sector empezaron a fines de noviembre y alcanzaron su punto más violento en el mes de marzo, cuando al fin llegó Urbina con toda su gente. Mucho se ha criticado que Villa le diera el mando de un sector decisivo: se olvida que Urbina había tomado Durango en 1913, que diseñó con Ángeles el plan de la toma de Zacatecas, que estaba a la par de cualquier otro y tenía mayor prestigio que muchos. Su contrincante, Treviño, reunía un notable equilibrio como militar teórico y práctico, y aunque nunca había encabezado una batalla, estaba listo para hacerlo. Colocó su cuartel general a pocos metros de las trincheras, convirtiéndose en un jefe respetado y obedecido con lealtad.

La de El Ébano fue una batalla de desgaste, aunque ninguno de los contendientes lo había planeado así. Empezó con escaramuzas y encuentros parciales durante el repliegue carrancista de Ciudad Valles hacia Tampico, para de pronto plantarse en el terreno y no ceder a sus enemigos los campos petroleros de El Ébano, aprovechando las condiciones defensivas de la posición. En un segundo momento, los villistas pensaron que sería relativamente sencillo barrer esas defensas, en una rápida marcha a Tampico. Finalmente, reforzados unos y otros, se convirtió en una batalla de desgaste, en la que Urbina y Chao nunca diseñaron un plan de largo plazo para ir reduciendo las posibilidades de los defensores, sino que siempre vieron el obstáculo que ante ellos se alzaba como una plaza a medio fortificar... hasta que aquello se empantanó en un combate de trinchera a trinchera en el que un bando tenía cada vez más prisa por las exigencias de su mando, la dificultad de abastecerse (los villistas depredaron la región de Ciudad Valles para dar de comer a su ejército, mientras que los carrancistas tenían un flujo permanente desde Tampico) y una situación general cada vez más adversa, mientras que los carrancistas no tuvieron nunca la necesidad de pasar a la ofensiva.

Los ataques villistas del 21 al 23 de marzo y del 2 al 7 de abril fueron incapaces de penetrar las defensas carrancistas, pero los contraataques de Treviño también se estrellaron contra las trincheras villistas El 20 de abril, Villa ordenó a Urbina lanzar una ofensiva definitiva: el Centauro acababa de perder Celaya y necesitaba resolver algún otro frente. Urbina se perdió en una respuesta larga y enredada:

> Tienen estas tropas carrancistas del mando de Pablo González y Jacinto B. Treviño, cañones muy bien dispuestos; tienen ametralladoras; tienen muy largas trincheras, protegidas por zanjas y alambradas. De noche embarazan mis movimientos con las luces de sus reflectores; de día descubren la situación de mis tropas con el vuelo de sus aeroplanos.[17]

Y luego le pide refuerzos, municiones, consejos, con la desesperación de un hombre que no encuentra solución al problema al que se enfrenta. Villa solo puede responderle una cosa: que continúe con el ataque, pues no tiene ni hombres ni elementos para reforzarlo. Seis días después se repite la conversación, solo que el tono de Villa es más urgente, más perentorio y, esta vez, Urbina responde con la promesa de que lanzará un ataque masivo que confía en que sería definitivo. Las tácticas de Urbina se desprenden de una siguiente carta, enviada pocos días después:

> Sigo aquí peleando, aunque siempre con desventaja y contra grandes embarazos [...] ya dedico parte de mi gente a abrir brechas que me lleven, mediante un rodeo, hasta la retaguardia enemiga, y espero consumar así ataques que quebranten esta grande resistencia. Han conseguido mis hombres llegar hasta el Chijol, punto de la retaguardia, donde destrozaron y empezaron a levantar la vía que va del Ébano a Tampico [...]. Intento movimientos de flanqueo y trato de adelantar en mis ataques contra el ala izquierda enemiga, propuesto a conquistar los pozos de petróleo que desde allí se dominan, o a destruirlos.[18]

El 29 de abril, luego de más de un mes de intensos combates, se reventó uno de los grandes contenedores de petróleo, justo cuando los villitas iniciaban un ataque masivo a las posiciones afectadas. Se rechazó a los villistas con la construcción una nueva línea. El incendio duró tres días. La última ofensiva de Urbina, ya desesperada, se realizó el 12 de mayo. Y el 15, Treviño contraatacó desalojando a los villistas de sus posiciones: la batalla había terminado.

Para juzgar esta batalla, hay que entenderla en el marco general de la lucha nacional, de modo que los contendientes no necesariamente tenían la necesidad u obligación de destruir al enemigo, sino de contribuir a la victoria en mayor escala, lo que podía hacerse, por ejemplo, ganando tiempo o conservando una posición o una región claves para la estrategia global. Tal fue el caso de los carrancistas: su intención no era, en este teatro de operaciones, aniquilar al enemigo, sino retrasarlo al máximo y no perder el puerto de Tampico. Al lograrlo, aun sin aniquilar a las fuerzas de Urbina, consiguieron sus objetivos. Urbina y Chao, por el contrario, tenían órdenes de apoderarse de Tampico, y para ello necesitaban aniquilar la resistencia.

Los villistas llegaron a El Ébano confiados en la serie de victorias obtenidas en otros frentes y lanzaron dos ofensivas, una por Chao y otra por Urbina, creyendo que vencerían si seguían las líneas generales de un modelo que había resultado exitoso en otros campos de batalla. Sin embargo, hay también un elemento a considerar: los principales contingentes destinados a este frente llegaron tardíamente para contribuir al esfuerzo general de la guerra, porque perdieron demasiado tiempo aislando y aniquilando al núcleo de seguidores de Eulalio Gutiérrez.

Y eso nos obliga a hablar de un quinto frente temporal, más político que militar pero significativo en el resultado de la guerra, pues retrasó varias semanas la llegada de Urbina a El Ébano: el que abrió la defección de Eulalio Gutiérrez.

En los dos primeros meses de la guerra, los convencionistas obtuvieron resonantes victorias y ocuparon posiciones importantísimas, entre las que destacaban México, Puebla, Guadalajara y Monterrey, pero en ninguno de los frentes principales obtuvieron una victoria decisiva, y, poco a poco, casi insensiblemente, la guerra entraría en un confuso empantanamiento que duraría tres meses. No parece que exista un momento o una situación que explique el nuevo ritmo de la guerra, pero muchos historiadores lo han encontrado en la ruptura de Eulalio Gutiérrez con Villa y Zapata, que se cocinó despacio y estalló por fin la noche del 15 al 16 de enero de 1915.

¿Cuál fue el verdadero peso de la defección de Gutiérrez y de sus trabajos de auténtico sabotaje interno contra la alianza villista y zapatista?

Hay que recordar que Gutiérrez había sido elevado a la presidencia provisional por la inestable mayoría pacificadora o tercerista de la Convención, cuyos tres principales personajes (Obregón, Villarreal y Blanco) regresaron al redil carrancista dejándolo solo y sin base. Hay que llamar la atención también sobre el hecho de que Gutiérrez había sido un carrancista leal hasta un mes antes de ser electo presidente provisional.

Ya en la capital de la República, se hizo evidente la animadversión de Eulalio Gutiérrez y sus principales colaboradores hacia los caudillos populares y lo que representaban. Y muy pronto, esta animadversión se convirtió en oposición política. Detrás de la «calumnia atractiva» sobre el terror villista y zapatista, y del clasismo y el racismo de las virulentas crónicas de dos colaboradores de Gutiérrez de aquellos días (José Vasconcelos y Martín Luis Guzmán), se percibe con claridad el rechazo a las transformaciones sociales que villistas y zapatistas estaban realizando y a que los caudillos populares no entregaran el poder, salvo en apariencia, a Gutiérrez.

Desde mediados de diciembre, Gutiérrez decidió sabotear desde adentro el esfuerzo de guerra de los convencionistas en contubernio con Obregón y Villarreal. En esos mismos días se delineó lo que Vasconcelos llamó el *plan de guerra contra Villa*: según las cuentas del grupo de Eulalio, podían contar con 9 000 hombres de Eugenio Aguirre Benavides y Herminio Álvarez, en San Luis Potosí, y con los 10 000 jinetes de Lucio Blanco perdidos en el

Bajío, más los hombres que pudieran sacar de México. Como las vías férreas estaban en poder de Villa, todo consistía en poder llegar a San Luis, donde podrían concentrar unos 25 000 hombres, y dirigir desde ahí a los contingentes de Obregón, Villarreal, Luis Gutiérrez y otros jefes, que engañaban a Eulalio diciéndole que se unirían con él contra Carranza y la Convención, cuando en realidad ya no darían marcha atrás a su decisión de luchar con Carranza.

Al mismo tiempo, desde la Secretaría de Guerra y otras dependencias, se saboteaba descaradamente el esfuerzo de guerra convencionista. Dice Martín Luis Guzmán:

> Pero esperar quería decir defenderse —defenderse del amago más próximo, que era el de Villa y Zapata—, por donde nos fue preciso desarrollar una de las políticas más incongruentes de cuantas pueden concebirse: contribuir a que nuestros enemigos declarados —los carrancistas— vencieran a nuestros sostenedores oficiales —los villistas y zapatistas.[19]

Desde la Secretaría de Guerra se negaban pertrechos y materiales a los jefes zapatistas que combatían en Puebla y en otros frentes cercanos a la capital. Del 12 al 16 de diciembre, los zapatistas libraron rudos combates en torno a Puebla. El día 16, Zapata informó a Villa que la capital poblana había caído en sus manos, y añadió:

> Como Puebla está bien cerca de la capital de la República a cada momento estoy recibiendo informes de que nuestros enemigos están trabajando muy activamente para dividir al Norte y al Sur, por lo que me veo precisado a recomendarle que tenga el mayor cuidado posible sobre este particular, pues por mi parte ya tomo todo género de precauciones para no dejarme sorprender y ya busco un remedio para la situación en beneficio de nuestro pueblo.[20]

Es decir que Zapata estaba perfectamente enterado de las maniobras de los convencionistas y algunos de sus jefes las expresaban públicamente: el general Arturo del Castillo, del Estado Mayor del Ejército Libertador del Sur, hizo unas declaraciones a la prensa, publicadas el 20 de enero de 1915, que explican la derrota: «Puebla cayó en poder de los carrancistas porque así lo quiso Eulalio Gutiérrez, se nos negó el parque con sospechosa intención, y el que se nos dio no era apropiado para ser empleado en las operaciones». Añadió que parte del parque era de salva y algunos cartuchos reventaban en la recámara de los fusiles.[21]

Por fin, y creyendo todavía que podría reunir bajo su mando 20 000 o 30 000 hombres en San Luis y otros tantos en el noreste, Eulalio salió de la Ciudad de México con sus partidarios la noche del 15 al 16 de diciembre de 1915. La decisión fue forzada porque los propios carrancistas le mandaron avisar que Villa tenía testimonios irrefutables de sus deslealtades y corría a México a ajustarle cuentas. Al enterarse de la fuga de Eulalio, rumbo a Pachuca, Villa decidió que no tenía caso llegar a la Ciudad de México y ordenó la concentración de fuerzas en Irapuato, para continuar la campaña.

Los 50 000 hombres con los que creía contar Eulalio se hicieron humo en menos de lo que él tardó en cruzar la Sierra de Hidalgo y San Luis (bloqueada la ruta rápida del Bajío por Pancho Villa). La gran mayoría no estaban con él, pues sus jefes lo habían engañado. Y los supuestos 9 000 soldados de Eugenio Aguirre Benavides se evaporaron tan pronto los enfrentó una fuerza villista. El valiente lagunero, villista de la víspera, abandonó San Luis sin combatir por miedo a enfrentar a Tomás Urbina (enviado contra él por Pancho Villa, lo que como comentamos, retrasó la llegada del León de Durango a El Ébano), pues no confiaba en la solidez ni la convicción de sus tropas. Y tenía razón: el 28 de enero, sus 9 000 hombres fueron batidos en la hacienda la Quemada, municipio de San Felipe Torresmochas, Guanajuato, en una acción de armas sumamente confusa, cuyo resultado fue dejar a Gutiérrez casi sin gente ni lugar adonde ir.

Si quedara alguna duda sobre la completa falta de bases y apoyo del grupo de Gutiérrez, la batalla de San Felipe las despeja por completo. En efecto: Eugenio Aguirre Benavides evacuó San Luis Potosí antes incluso de que llegara la muy mermada columna de Eulalio Gutiérrez, al darse cabal cuenta de que sus hombres se rehusarían combatir contra los villistas. En su repliegue hacia Guanajuato, los alcanzaron los 2 000 serranos chihuahuenses de la Brigada Guerrero, del general Agustín Estrada, quien al parecer, dado lo reducido de sus fuerzas, no pensaba entablar formal combate sino solo contener a Aguirre Benavides, para dar oportunidad a que la columna de Urbina lo alcanzara; sin embargo, eso bastó para que la gente de Aguirre, en masa, se pasara a los villistas. Aguirre Benavides se quedó con solo seiscientos hombres, al frente de los cuales alcanzó al día siguiente a Eulalio, en las cercanías de San Felipe.

Lo que quedó para Eulalio fue errar de manera cada vez más penosa entre el Bajío y el noreste. El villista Isaac Arroyo y el convencionista Alberto Carrera Torres le propinaron un par de derrotas más, y el 28 de mayo Eulalio renunció a la presidencia (un cargo que ya nadie le reconocía) y se entregó a los carrancistas.

En fin, tenemos que mencionar que la guerra ardía en todo el país: además de los cuatro frentes principales y del quinto que abrió Gutiérrez, en Sonora combatían los yaquis leales al gobernador Maytorena contra el carrancista Plutarco Elías Calles; entre Sinaloa y Nayarit el carrancista Ramón F. Iturbe contra el convencionista Rafael Buelna; peleaban en el sureste contra fuerzas locales los carrancistas Salvador Alvarado, Jesús Agustín Castro y Jesús Carranza (luego asesinado por un grupo de traidores); había batallas en Guerrero y en Oaxaca, en Baja California y Quintana Roo... la guerra ardía en todo el país.

3. Las batallas del Bajío

Para principios de abril, los ejércitos de la Convención «operando por líneas interiores»[22] habían obtenido importantes victorias en Puebla, Ramos Arizpe, Sayula y San Felipe Torresmochas, pero no habían destruido ninguna de las columnas carrancistas con posterioridad a la ofensiva de noviembre de 1914.

Y mientras la guerra se empantanaba en Jalisco, el noreste y El Ébano, mientras medio país se ensangrentaba sin resultados estratégicos, Álvaro Obregón recuperó Puebla, ocupó la Ciudad de México y, con una fuerte columna, avanzó hacia el Bajío, planteando un desafío que Villa no podía rechazar.

Así dicho, tan escuetamente, parecemos darle la razón a quienes sostienen que el zapatismo no colaboró en términos militares, o que fue fácilmente barrido, o no fue obstáculo para el Ejército de Operaciones, pero hay que considerar que los combates para recuperar Puebla iniciaron el 27 de diciembre y Obregón no llegó a Celaya sino hasta el 4 de abril. Durante esos más de tres meses los zapatistas no dejaron de hostilizar o combatir ni un solo día a Obregón, y los villistas, empantanados, no pudieron resolver ningún otro de los frentes. Durante esos meses, Obregón ocupó temporalmente la Ciudad de México, que volvió a abandonar tras asegurar una vía alterna de comunicaciones con Veracruz (la vía del ferrocarril que va de Tula a Ometusco y de ahí a Puebla).

Al avanzar sobre el Bajío, Obregón tenía intenciones muy claras: separar físicamente al villismo del zapatismo y unirse con la columna de Diéguez y Murguía en Irapuato. El objetivo del caudillo sonorense era transparente: reducir el espacio vital del villismo hasta forzar al Centauro a atacarlo, aprovechando las ventajas tácticas de la defensa. Pancho Villa entendió el desafío, como lo explicó con claridad a Emiliano Zapata en una larga carta que le envió el 18 de marzo, desde Monterrey, en respuesta a un mensaje de Zapata del 20 de febrero, en el que le pide parque para tomar México y continuar la campaña sobre Veracruz.[23] La misiva de Villa inicia dando «brevemente [...] cuenta de todos los trabajos que he emprendido desde que nos separamos», por lo que es una tempranísima historia de primera mano de la campaña. El recuento inicia con la «traición de Gutiérrez», sigue con las campañas de Occidente y de El Ébano, y su abandono del frente occidental para auxiliar a Ángeles en el noreste. Menciona también las acciones de Rafael Buelna, Juan Cabral, José María Maytorena, Petronilo Hernández y Severino Ceniceros en Durango, y otros jefes.

> Todas las explicaciones que acabo de darle le harán comprender a Ud. perfectamente cuánta ha sido la actividad de nuestros trabajos y cuál es el éxito tan satisfactorio que hemos alcanzado. Al mismo tiempo, le hará comprender a Ud. que no hay egoísmo ni poca disposición de nuestra parte para no mandarles por ahora los elementos que desearían. Le aseguro a Ud. que más tardamos en quitar armas, municiones o cualesquiera clase de pertrechos de guerra, cuando ya los tenemos absolutamente repartidos, y a pesar del botín quitado al enemigo tenemos repartidos en diversos puntos más de tres mil hombres que no tienen armas; y en cuanto a las municiones, la actividad de los Carrancistas, el mucho dinero de que disfrutan por haber robado a la Nación en grande escala y las atenciones de la Guerra Europea me tienen en condiciones difíciles, porque no tengo el parque necesario para mí y para toda mi Columna, pues la compra de cuarenta millones de cartuchos fracasó completamente y ahora tengo contratados diecisiete millones que aún no empiezan a entregarme, y que tendré que recibir en partidas para terminar en tres meses. Esta carestía de municiones me ha hecho formar la resolución definitiva de ir en todos los casos a quitarlas al enemigo, que es el único que las tiene, pues de otra manera si me pongo a esperarlas me pongo en peligro de tener que dejar de combatir por mucho tiempo. Por lo demás, yo le aseguro a Ud. que en cuanto pueda acercarme al Sur de la República, tendré el gusto de ayudarlo con alguna cosa, pues Ud. sabe que considero a Ud. y a todos los compañeros del Ejército Libertador como amigos leales, que jamás entrarán en componendas con los enemigos del pueblo y que lucharán heroicamente conmigo

hasta perder la existencia o alcanzar la realización de los ideales sacrosantos de la Revolución.[24]

Estos serían los datos fundamentales en vísperas de la batalla de Celaya: la angustia ante la creciente dificultad para conseguir material de guerra, el agotamiento de los recursos, la imposibilidad para ayudar a sostener el esfuerzo de guerra de los zapatistas y, sobre todo, la sensación de que el tiempo se agotaba, de que estaba cada vez más rápidamente a favor de los carrancistas. Los testimonios que reproducen la posición y los argumentos de Villa ante la coyuntura abierta por el avance de Obregón al Bajío van en ese sentido. Por lo tanto, puede asegurarse que su plan era reactivo: enfrentar a Obregón cuanto antes y volver a enlazar sus líneas con los zapatistas.

Cuando Villa reunió algunos contingentes en el noreste para marchar a Celaya, Ángeles intentó convencerlo de que no atacara, de que retrocediera para obligar a Obregón a extender sus líneas. Pero Ángeles no consideró que la caída de Irapuato en manos de Obregón supondría, necesariamente, el abandono del frente occidental y con ello, la unificación de las fuerzas de Diéguez y Murguía con el Ejército de Operaciones, además de que Obregón estaría recibiendo refuerzos constantemente. Villa le demostró que si no se detenía a Obregón en ese momento, cada día que pasara sería nefasto para los ejércitos convencionistas. Tenía razón.

Saliendo de Torreón, en su avance hacia Irapuato, Villa fue sembrando desinformación: que si tenía 32 000 soldados, que si avanzaría con el grueso de las tropas contra Diéguez y Murguía dejando solo un retén en el Bajío, nada de lo cual engañó a Obregón, principal destinatario de estos informes, pero sí a muchos historiadores, que creyeron en la enorme superioridad numérica de las fuerzas villistas en la primera batalla de Celaya.

¿Con qué gente se presentó Villa en Celaya? Calculamos que unos 11 500 soldados de las brigadas Guerrero, del general Agustín Estrada; fuerzas guanajuatenses del gobernador Abel Serratos;

la Brigada Robles, a las órdenes de Canuto Reyes; la Brigada Trinidad Rodríguez, del general Isaac Arroyo, y la Brigada Benito Artalejo, formada por la caballería de Pablo López y la infantería de José I. Prieto. Llegaron también tres tercios de infantería, de los generales Dionisio, el Cura, Triana, José Herón González, Gonzalitos, y Eduardo Ocaranza. Contaba además con 22 cañones, aunque su ventaja artillera quedaba un tanto neutralizada por las ametralladoras de Obregón y, sobre todo, porque prácticamente no le quedaban granadas St. Chaumond, y las fabricadas en Chihuahua eran de pésima calidad.

La diferencia entre la fuerza de Obregón y la de Villa no estribaba tanto en los números, sino en el escaso fogueo de muchas de las tropas villistas y en la ausencia de todos los mandos importantes de la División del Norte: ninguno de los jefes de Brigada de la campaña contra Huerta estaba presente. Villa disponía de hombres que habían sido jefes de escuadrón o regimiento en aquella campaña, es decir, que nunca tuvieron responsabilidad de mando, aunque había algunos fogueados y de confianza, sobre todo Agustín Estrada, que ya había tenido mando en el año de 1915, Isaac Arroyo y Canuto Reyes. Otros habían sido oficiales de dorados (es decir, enlaces del Cuartel General) como Pablo López o José I. Prieto; e incluso oficiales federales habilitados por Ángeles, como Ocaranza y Gonzalitos. En cuanto a las tropas, salvo las brigadas Guerrero y Trinidad Rodríguez, cuyo núcleo estaba formado por veteranos de Chihuahua, el resto de las fuerzas eran novatas (los guanajuatenses de Serratos, los tercios de infantería y parte de la Brigada Artalejo, formada por reclutas michoacanos) o de lealtad dudosa (la Brigada Robles, cuyo jefe nato vagaba por el noreste en compañía de Eulalio Gutiérrez, y el grueso de la Brigada Benito Artalejo: 1 600 soldados que habían sido de las fuerzas carrancistas de Alfredo Elizondo, capturados semanas atrás en Querétaro). Probablemente la mitad de los efectivos iba a entrar en combate por vez primera.

El 6 de abril de 1915 inició la primera batalla de Celaya, o el conjunto de combates que hemos llamado *batallas del Bajío* y que terminaron el 5 de junio. El primer capítulo de estos combates, repito, la primera batalla de Celaya, consistió en dos días de enfrentamientos intermitentes en los cuales los villistas no lograron su objetivo de desalojar a Obregón con la mera fuerza de su empuje, que en algún momento del día 7 estuvo a punto de hundir la resistencia obregonista y definir la batalla. Agotado el empuje, y repitiendo una maniobra que había usado con éxito en 1913 y 1914, Obregón ordenó un contraataque clásico y sencillo que obligó a los villistas a replegarse.

En todos los testimonios villistas adquiere particular importancia la escasez de municiones. Juan B. Vargas apunta que, a fin de cuentas, esa fue la razón por la que no se coronó el triunfo. Para Federico Cervantes y Durón González, al atacar sin municiones suficientes Villa mostró su imprevisión, o su prisa, o su menosprecio por Obregón. Según Juan B. Vargas, Villa era consciente de que cada día que pasara Obregón recibiría más refuerzos y elementos de guerra.

¿Cuáles fueron los resultados de la batalla? En declaraciones que dio a la prensa en esos días, Villa aseguró que había sido una retirada temporal y que se preparaba para reemprender el ataque, en cuanto llegara el cargamento de municiones remitido desde Ciudad Juárez. Para Obregón, fue una victoria contundente, y aunque lo ocurrido en los días siguientes no permite darle la razón, para muchos testigos y analistas el 7 de abril se quebró un mito: el de la invencibilidad de Pancho Villa. Sin embargo, el empuje de los villistas en los combates posteriores tampoco permite asegurarlo.

En los siguientes días ambos caudillos buscaron acrecentar sus fuerzas. Los obregonistas se dedicaron a cavar loberas, algunas trincheras y a construir precarias fortificaciones y nidos de ametralladoras en torno a Celaya, mientras Villa buscaba desesperadamente el material de guerra que le urgía. Para el siguiente capítulo, las fuerzas volverían a estar numéricamente equilibradas: unos 15 000 por bando, pero ahora los obregonistas gozarían de las ventajas tácticas de una defensiva planeada. Los refuerzos que recibió Villa eran, una vez más, de fuerzas de escasa calidad y mandos no probados: el bravo chihuahuense que había sido Dorado, José Ruiz Núñez, con reclutas; Francisco Natera, con algunas fuerzas apenas reclutadas en Zacatecas; y soldados bisoños de Querétaro y Guanajuato. También recibió Villa un cargamento de municiones desde Ciudad Juárez, parte de una famosa compra de 17 millones de cartuchos. Según algunos testimonios, en esa remesa, mezcladas con las buenas, venían balas de máuser falsificadas o defectuosas.

El 13 de abril se reanudaron los combates: otra vez los villistas atacaron Celaya con la intención de desalojar a Obregón o destruir su ejército. Durante tres días de furiosos combates los villistas buscaron el punto débil de las defensas constitucionalistas. Uno de los generales de Obregón, Francisco R. Manzo, ofrecería posteriormente su testimonio sobre aquellos ataques:

> ¡Qué valientes eran los villistas! Se dejaban venir en compactas hileras cargando sobre nuestras trincheras y llegaban hasta nuestros parapetos. Yo vi con mis ojos a muchos ellos caer muertos sobre nuestras loberas. Tal era el arrojo de aquellos hombres, tan hombres.[25]

El parte telegráfico parcial de Obregón a Carranza, el 15 de abril, antes de que terminara la batalla, nos permite resolver el misterio de las cargas de caballería villistas: se trataba de líneas de jinetes, a media rienda, que avanzaban contra el enemigo, pero lo hacían para enmascarar el avance de las líneas de infantería. Entonces, y no pocas veces, llevaban en ancas a los soldados de las corporaciones de infantería, que tomaban posiciones, pie a tierra, lo más cerca posible de las líneas enemigas, y eran estas líneas de tiradores de infantería las que derrumbaban o penetraban dichas líneas, entre las oleadas de caballería. El parte telegráfico de Obregón también revela con claridad esa táctica, cuando señala que frente a las líneas de la infantería de Sonora, los villistas también tenían posiciones atrincheradas. Por su parte, Federico Cervantes cuenta que la cantidad de cargas de caballería de que habla Obregón son fruto de su fantasía o su autoexaltación.

Obregón había dejado su caballería de reserva fuera de Celaya para contraatacar con una maniobra envolvente en el momento en que considerara que empezaba a ceder el empuje villista, y así se hizo el 15 de abril. Los villistas fueron retrocediendo lentamente, pero en algún momento (fuentes villistas hablan de traición o debilidad de los generales Triana y Cíntora) se desplomó el frente y la retirada se convirtió en huida.

El mismo día 15 fueron fusilados en Celaya los oficiales prisioneros. Cuenta Juan Barragán que la victoria fue manchada «con un acto cruel e injusto [...]. Todos los oficiales hechos prisioneros, en número de ciento veinte, fueron ejecutados por órdenes del caudillo vencedor». Ninguno merecía ese castigo, pues eran valientes oficiales que luchaban por una causa que juzgaban buena. «Entre los fusilados había algunos que tenían el enorme delito de ser hermanos de enemigos personales de Obregón: Manuel Bracamonte, hermano de Pedro, y Joaquín Bauche Alcalde, hermano de Manuel». Obregón envió un telegrama a Carranza, que omitió dos años después en su libro, «quizá por rubor»:

> Celaya, Gto., abril 15 de 1915. Primer Jefe, Faros, Veracruz, Ver. Hónrome comunicar a usted que anoche fueron pasados por las armas, ciento veinte oficiales y jefes villistas, entre ellos Joaquín Bauche Alcalde y Manuel Bracamonte, de Sonora [...] respetuosamente. General en Jefe de Operaciones, Álvaro Obregón.

La propaganda obregonista mostró la contraofensiva del día 15 como una maniobra impecable de éxito total, pero un telegrama de Obregón a Carranza antes de que terminara la batalla, muestra que la situación estuvo mucho más equilibrada en la fase final:

> Hónrome en comunicar a usted que en estos momentos, unas quince pm, después de haber emprendido el asalto general sobre posiciones villistas, nuestras fuerzas se baten cuerpo a cuerpo con el enemigo y si para las 6 pm no hemos logrado una brillante victoria, nuestros ejércitos quedarán destrozados.

En su retirada, los villistas no pararon en Salamanca. En Irapuato apenas lo hicieron para esperar a la columna de Rodolfo Fierro, que abandonaba la campaña de Occidente. Al no haber frenado el avance del Ejército de Operaciones y perder el nudo ferroviario de Irapuato, cayeron en manos de los carrancistas los estados de Michoacán y Jalisco, hasta entonces tan disputados. La derrota en Celaya reducía, como Villa había previsto, el espacio vital de la Convención. Obregón lo avisó así al primer jefe:

Abril 20, Salamanca, Gto.
   Nuestras fuerzas han ocupado Irapuato. Al sentir aproximación, las tropas reaccionarias de Guadalajara abandonaron aquella ciudad saliendo en fuga por Irapuato hacia el norte. Todo el estado de Jalisco está en nuestro poder, lo mismo que Michoacán. Respetuosamente, el general en jefe, Álvaro Obregón.[26]

El tiempo mostró que la victoria de Celaya fue definitiva, pero en ese momento ni Obregón ni Villa la vieron así, y la batalla de Trinidad y Santa Ana del Conde, la de mayor envergadura de la Revolución, parece darles la razón; pero para poder presentar el combate y hacer frente a los crecientes contingentes carrancistas, Villa tuvo que recurrir a todas sus reservas, dar por perdido el frente occidental y suspender o debilitar las ofensivas en El Ébano y el noreste.

Además de la columna de Fierro, Villa hizo venir a Aguascalientes al general Felipe Ángeles con buena parte de las fuerzas que habían peleado en el noreste: los generales José Rodríguez y Máximo García, con casi todas sus tropas. También ordenó a Urbina lanzar una ofensiva contra las posiciones carrancistas de El Ébano, y cuando fracasó ese ataque, fue retirando casi todos los contingentes de ese frente para incorporarlos en León a la batalla ya iniciada.

El 24 de abril ya estaban en León las corporaciones con las que Villa iniciaría la batalla: Brigada Guerrero, del general Cruz Domínguez; Brigada Cazadores de la Sierra, del general Julio Acosta; Brigada Madero, del general Máximo García; 1ª Brigada Villa, del general José E. Rodríguez; 2ª Brigada Villa, del general Pablo Seáñez; 1ª Brigada Chao, del general Miguel Hernández; 2ª Brigada Chao, del general Isaac López Payán; 1ª y 2ª brigadas Robles, de Canuto Reyes y Margarito Salinas. También están ahí las brigadas de los generales Rodolfo Fierro, Calixto Contreras, Abel Serratos, José I. Prieto, Bonifacio Soto, Eduardo Ocaranza, Pánfilo Natera, Magdaleno Cedillo, Francisco S. Carrera, Gonzalitos y otros. Podemos calcular que entre los hombres que Villa sacó de Celaya (no menos de 9 000), los 5 000 o 6 000 que quedarían de la columna Fierro, los contingentes que hizo traer del noreste, así como otras fuerzas que sacó de posiciones de retaguardia, en las fases iniciales de la batalla, el Centauro contaría con unos 20 000 hombres, que todavía se reforzarían, a mediados de mayo, por 8 000 o 9 000 traídos por Tomás Urbina y Manuel Chao del frente de El Ébano, y algunos contingentes menores. Poco más de 30 000 hombres pondría en juego el general Villa para esta batalla, en detrimento de los frentes de occidente y del noreste de la República. Y a diferencia de lo ocurrido en Celaya, ahora sí tendría consigo a muchos de sus mejores hombres, aunque mezclados con fuerzas veteranas y mandos seguros y probados, había también fuerzas bisoñas, otras escasamente leales y mandos incapaces o sin experiencia. Y una vez más, su mayor problema sería la angustiosa escasez de material de guerra y las dificultades para conseguirlo. Durante largos períodos los combates se estancarían por esa causa, y varias de las ofensivas villistas tuvieron que interrumpirse por la misma razón.

Por su parte, Obregón llegaría a acumular un contingente similar, con cinco divisiones: cuatro en el frente (Benjamín Hill, Manuel M. Diéguez, Cesáreo Castro y Francisco Murguía) y otra a retaguardia (Joaquín Amaro). La mayoría de esas fuerzas la formaban los vencedores de Celaya y la columna de occidente. Traían consigo la confianza y la elevada moral resultantes de la victoria de Celaya.

La mayor batalla de la historia de México la libraron estos ejércitos desde fines de abril y hasta el 5 de junio, en una considerable extensión de terreno llano entre León y Silao, Guanajuato, aunque los combates se extendieron aún más lejos. Durante el momento más rudo de los combates, Obregón situó al grueso de sus fuerzas en un alargado rectángulo de poco más de veinte kilómetros de largo, con la estación Trinidad en el centro, para resistir ahí los ataques villistas.

Una vez que se establecieron esas líneas, la batalla tomó un ritmo lento, un carácter fragmentario en el espacio y el tiempo. A veces parece notarse indecisión en los mandos en una batalla defensiva por ambas partes, de las que economizan gente y material de guerra. Para paliar los efectos de los ataques zapatistas a la vía en el tramo Ometusco-Tula, Obregón resolvió dejar abierta la ruta hacia Manzanillo. El sonorense apostaba, otra vez, a agotar el empuje villista, mientras esperaba refuerzos. Esta vez, Villa optó también por una estrategia de desgaste, y durante un mes la batalla se prolongó como una lenta y tensa partida de ajedrez... que no podía eternizarse: los carrancistas avanzaban en el noreste.

Hubo varios intentos villistas por romper la línea, con ataques frontales combinados con maniobras de flanqueo que revelan que Villa conocía ya las tácticas de Obregón y buscaba la forma de romperlas y también, según algunos autores, muestran la presencia del general Ángeles en el campo de batalla, recomendando acciones de corte clásico. Sin embargo, las maniobras clásicas de flanqueo y la aceptación del ritmo y del carácter fragmentario de la batalla son decisiones que tomó Villa antes del arribo de Ángeles al campo de batalla.

Después de más de un mes de combates, ambos comandantes en jefe decidieron, casi al mismo tiempo, pasar a la ofensiva. El 29 de mayo arribó a Trinidad un importante cargamento de municiones (con días de retraso, causado por los zapatistas), poniendo al Ejército de Operaciones en posibilidad de atacar, y así lo comunicó Obregón a sus generales. Pero se les adelantó Pancho Villa, quien en consultas con sus generales diseñó un plan para forzar el final de la batalla. La decisión se debió en parte a la desmoralización de sus hombres, debida a las terribles condiciones de la vida en las posiciones atrincheradas, así pintada por Federico Cervantes:

> Hay una gran cantidad de cadáveres insepultos y es casi insoportable la hediondez. Después de nuestros «equivocados hermanos» los carrancistas, nuestros peores enemigos son las moscas, los piojos y las ratas. Las moscas son preciosas, verde pavo real, y hay millares que, de los ojos y las bocas de los cadáveres vuelan a posarse en nuestra comida. Las ratas son tan voraces que, a pesar de estar panzonas de carne de muertos, ante nosotros van a morder nuestras pocas provisiones [...]. A los dos o tres días de bañados y limpios, ya estamos empiojados de nuevo.[27]

Contra el consejo de Felipe Ángeles, Villa echó mano de todas sus reservas para la ofensiva. Parte de estas reservas fueron situadas en la línea del frente, en las posiciones que la infantería villista mantenía desde un mes atrás. El resto de la reserva integró una columna que realizaría un amplio movimiento de flanqueo, para colocar un fuerte contingente de infantería a la retaguardia de Obregón, a fin de romper su conexión con Silao. Durante esas operaciones, que mandaría Villa en persona, Ángeles mantendría su cuartel general en el mirador de Otates, para vigilar la línea de la infantería.

La noche del 31 de mayo los villistas ejecutaron con éxito la maniobra planeada y el día terminó con las fuerzas de Obregón aisladas, sitiadas por los cuatro vientos dentro de su cuadro defensivo. Del 2 al 4 de junio hubo fuertes combates en los que los villistas trataron de fragmentar ese extenso cuadro. Recuerdan los veteranos villistas:

> Tras haber estado combatiendo casi a diario por espacio de 32 días, los villistas han terminado por sitiar completamente al poderoso Ejército del general Álvaro Obregón, en estación Trinidad. Derrotada la caballería del caudillo sonorense en [...] Nápoles y Silao, se concentra en la hacienda de Santa Ana del Conde, quedando dentro

del círculo de fuego que los villistas les pusieron y que se estrecha cada vez más. Por el extremo sur habían unido los villistas sus nuevas líneas de fuego, pasando por la retaguardia, con sus extremos en Santa Ana del Conde.[28]

Capoteado lo peor, Obregón empezó a preparar su propia ofensiva del 2 al 3 de junio, y ese día se trasladó a Santa Ana del Conde, extremo sur de su rectángulo defensivo y cuartel general de Francisco Murguía, para pedirle paciencia a ese general y explicarle su misión —la fundamental— en la contraofensiva del día siguiente. Fue ahí cuando un oficial de artillería villista (Manuel García Santibáñez) notó una importante concentración de jefes carrancistas, hizo fuego contra ellos y una esquirla de granada le arrancó el brazo de Álvaro Obregón.

Incapacitado el comandante en jefe, tomó el mando el general Benjamín Hill, de acuerdo con órdenes previas. El 4 de junio en junta de generales se aprobó el plan de Obregón, y el día 5 las caballerías de Murguía por la izquierda y las de Castro por la derecha, respaldadas por las infanterías de Hill y Diéguez, iniciaron al amanecer un movimiento en toda regla. Al mediodía, León estaba en manos de los carrancistas y los villistas huían hacia Aguascalientes.

Reflexiones sobre la derrota villista en el Bajío: Aunque los villistas pondrían entre los factores de su derrota el día 5, la confusión que reinó en parte de sus filas y el abandono de la línea de las fuerzas de Magdaleno Cedillo, su argumento central siguió siendo el de la crisis del abasto de municiones. De 1914 a 1915 el precio de estas en el mercado de Estados Unidos se había duplicado, y las fábricas trabajaban a toda su capacidad para surtir pedidos franceses e ingleses. Esta situación también afectaba a los constitucionalistas, pero en menor medida, pues estaban mejor preparados para afrontarla: sus fábricas de armamento en Veracruz eran mucho más eficaces que las de Chihuahua y, sobre todo, las principales exportaciones de los territorios bajo su control (petróleo y henequén) habían subido de precio con la guerra y su producción también crecía, en tanto que el valor de las exportaciones de ganado, algodón y minerales preciosos de los territorios villistas fue menor en 1915 que en 1914. El primero de estos productos, el que más recursos directos generaba para la División del Norte, prácticamente se había agotado.

Los agentes comerciales de Villa en Estados Unidos fueron Félix Sommerfeld hasta principios de 1915, y posteriormente Lázaro de la Garza e Hipólito Villa. De la Garza, un personaje retorcido y corrupto vendió a agentes franceses el contrato por 17 millones de cartuchos que Villa había conseguido con fabricantes de armamentos, luego de introducir a México únicamente 700 000: el cargamento que le llegó a Villa a tiempo para los combates del 13 al 15 de abril. El resto nunca llegaría, y De la Garza se ocultó de los nuevos agentes comerciales del Centauro: Hipólito Villa, Carlos Jáuregui y José María Jaurrieta.

No hay duda, pues, de la angustia de los villistas en el tema de las municiones en los combates de Celaya. También las fuerzas de Obregón pasaron por algunos momentos angustiosos: un telegrama de Obregón a Carranza, el 13 de abril, dice que la falta de parque «está comprometiendo seriamente el combate». En su respuesta, Carranza le promete el envío de un tren la madrugada siguiente, aunque más adelante ofrece que el tren saldría esa misma noche. Ese tren habría llegado a Celaya en algún momento del día 15, a tiempo para la ofensiva.[29]

Queda el espinoso asunto de las balas falsas o defectuosas... y digo *espinoso*, porque no se habla de ellas en los testimonios de los oficiales villistas que escribieron sobre la batalla en los años posteriores (Federico Cervantes, Gustavo Durón González, Ignacio Muñoz o Juan B. Vargas), ni tampoco en fuentes carrancistas. Los testimonios explícitos sobre este «parque falsificado» aparecen entre los informantes de Calzadíaz, quien los entrevistó en las décadas de 1940 y 1950, y en las entrevistas levantadas para el Archivo de la Palabra de las de 1960 y 1970. Así, según Eulogio Salazar, el parque que llegó era de salva; José López cuenta que las balas eran de palo; Gilberto Nava Presa dice «de salva, de madera» y añade «traían balas de madera, con el casquillo de cobre niquelado, pero de madera por dentro»; Victorio de Anda asegura que las balas venían «de a tiro fallo de pólvora». No hay, pues, una idea clara sobre el asunto.[30]

Pero en la memoria colectiva de los villistas quedó la idea.

Eso nos plantea un interrogante: ¿realmente ocurrió el hecho? Todos los testimonios sobre las balas falsas son tardíos y orales, contradictorios entre sí. Por otro lado, la falsificación de armamento industrial exigiría una conspiración que implicara no solo al gobierno de Estados Unidos, sino también a las fábricas de material de guerra, que habrían tenido que alterar la cadena de montaje en momentos en que producían a su máxima capacidad y vendían a precios muy elevados. Al gobierno de Wilson le habría bastado con obstaculizar la entrada de remesas, como efectivamente lo hizo. ¿Hubo balas falsas en Celaya? Es posible, es posible que, al ir mezcladas con las buenas como señalan los testimonios, agudizaran el problema de la escasez de material de guerra. Es posible, también, que se tratara de una construcción imaginaria posterior, que diera sentido a algo que de por sí no lo tiene: la derrota.

El asunto de las municiones nos lleva a otro tema polémico y espinoso: tradicionalmente se ha adjudicado a los zapatistas una enorme responsabilidad en la derrota de la División del Norte. Así, por ejemplo, Federico Cervantes reprocha a los zapatistas que el tren con cuatrocientos soldados, 800 000 cartuchos y otros elementos de guerra llegó a Celaya el 12 de abril, y «pasó sin ser estorbado por los zapatistas».[31] Juan B. Vargas es aún más explícito:

> Otra de las causas de nuestras derrotas en Celaya, Trinidad y León, además de la hostilidad norteamericana que se dejaba sentir en la frontera con los obstáculos para las remisiones de pertrechos de guerra para las tropas de la Convención, fue indiscutiblemente la actitud de algunos jefes zapatistas y exfederales incorporados al Ejército del Sur, que comandaba el general Emiliano Zapata, y que venían operando precisamente en los estados de Puebla, México, Morelos, Hidalgo, etc. No obstante la recomendación del general Villa de que

interrumpieran las comunicaciones entre la columna de Obregón y su base de aprovisionamiento de Veracruz, tanto las líneas férreas como las telegráficas continuaron intactas, es decir, no se había hecho nada absolutamente para cumplir las órdenes que venían del cuartel general villista como del propio Caudillo del Sur, que tenía fuertes compromisos con la Convención.[32]

Muchos historiadores retoman esta opinión, quizá sin la dureza de Vargas (quien, hagamos la aclaración, llama *exfederales* a los colorados en las filas zapatistas). En realidad, en libros anteriores hemos mostrado que el esfuerzo de guerra zapatista se hizo en la medida de las posibilidades de ese ejército; así, por ejemplo, vimos antes que Obregón tardó más de tres meses en llegar de Puebla a Celaya. Sus actividades de sabotaje sobre la vía obligaban a los carrancistas a destacar cada vez más contingentes militares al tramo del ferrocarril Tula-Ometusco. Entre el 10 de marzo y el 15 de abril se cuentan 23 acciones militares en ese trecho. Y, sin embargo, queda una duda no desdeñable: ¿por qué una columna de 3 000 o 4 000 villistas a las órdenes de Canuto Reyes y Rodolfo Fierro fue capaz de hacer lo que no pudieron 20 000 zapatistas? La única explicación posible estriba en la debilidad estructural de los zapatistas para lanzar ofensivas en campo abierto contra ejércitos regulares.

Con esos 3 000 o 4 000 villistas, regresemos a la narración de esta historia. Vencida en León, la División del Norte se replegó a Aguascalientes, donde Pancho tuvo que atender urgentes negocios diplomáticos sin por ello desatender lo militar. La formidable derrota sufrida en León, que implicaba también el fin de la ofensiva sobre Tampico y el lento pero irreversible repliegue hacia el noreste, la formidable derrota, decíamos, que a otro lo hubiera vencido, no lo hizo con él, y en Aguascalientes concentró todos los elementos de que podía disponer pensando que aún podía revertir la marea de la guerra si acababa con Obregón.

Mientras coordinaba este supremo esfuerzo, Pancho Villa atribuyó su derrota a que nunca se cortó la línea de abastecimientos del Ejército de Operaciones y, con esa idea en la cabeza, formó una columna de caballería que tenía la misión de romper esas líneas, y la puso a las órdenes de Rodolfo Fierro y Canuto Reyes. Parece que el primero tenía la dirección política y el segundo el mando militar de la columna. Más allá de la orden de romper las líneas, los objetivos de esta cabalgata no quedarán del todo claros, porque quizá bastaba con eso. Sin embargo, se sugiere que también llevaba instrucciones de ponerse en contacto con la Convención y ofrecerle un refugio en el norte.

El 26 de junio salieron de Peñuelas, Aguascalientes, los 3 000 o 4 000 jinetes escogidos de Rodolfo Fierro y Canuto Reyes. Batieron a Diéguez, totalmente desprevenido, en Lagos de Moreno; tomaron León y destruyeron grandes tramos de la vía, y luego ocuparon sucesivamente Silao, Irapuato, Salamanca, Celaya y San Juan del Río. En Tula aniquilaron una fuerza de 1 500 carrancistas. Ahí mismo se les unió una columna salida de la Ciudad de México, que encabezaban los generales Benjamín Argumedo, Juan Banderas y Roque González Garza, con los últimos delegados villistas a la Convención Revolucionaria, y un puñado de hombres, que ante el colapso de los ejércitos campesinos veían en la columna Fierro la última oportunidad de reintegrarse a las filas de la División del Norte. Unidos ambos contingentes, el 15 de julio tomaron Pachuca, obligando a Pablo González a evacuar la Ciudad de México, que volvieron a ocupar temporalmente los zapatistas.

Sin embargo, aunque Fierro cumplió sobradamente con sus órdenes, el propósito fundamental de la brillante cabalgata fracasó, pues aunque cortado de su base de operaciones, Obregón decidió avanzar y propinó una terrible derrota a Pancho Villa en Aguascalientes, el 10 de julio, en la única de las batallas del Bajío en la que los hombres de Obregón sufrieron angustiosamente por la escasez de parque y comida. Fierro regresó al norte y alcanzó a Pancho en Torreón el 18 de agosto, tras haber recorrido más de 1 000 kilómetros.

La doble maniobra de lanzar a Fierro al sur y obligar a Obregón a atacarlo en Aguascalientes fue la penúltima carta que se jugó

Villa. Aislado por primera vez de su base de operaciones por la columna Fierro-Reyes, Álvaro Obregón decidió fugarse hacia delante y atacar a Villa en Aguascalientes antes de que la escasez de parque, carbón y víveres se convirtiera en ausencia total de dichos elementos. Los destrozos hechos por Reyes y Fierro eran de tal magnitud, que la alternativa que le quedaba a Obregón era avanzar sobre San Luis Potosí para abrir la vía hacia Tampico. Para ello, y considerando que esta vez cada día perdido jugaba en su contra, expuso a los generales Hill, Murguía y Castro un plan de operaciones cuyo primer punto consistía en dejar los trenes y la impedimenta en Lagos de Moreno, custodiados por una fuerza al mando de Diéguez (herido en combate contra la columna de Fierro), mientras el grueso del Ejército avanzaba pie a tierra hacia Aguascalientes, para donde saldría el 6 de julio. Unos 3 000 hombres de Diéguez se quedaron en Lagos de Moreno, el resto de la División avanzó con el Ejército, a las órdenes del general Fermín Carpio.

Villa supuso que Obregón se quedaría en la región de Lagos de Moreno, considerándolo reacio por sistema a tomar la ofensiva, pero de todos modos fijó el terreno en las llanuras y lomeríos de las afueras de Aguascalientes apoyado por los refuerzos llegados de San Luis Potosí y Zacatecas. Con 12 000 hombres, muchos de ellos reclutas escasamente entrenados, y solo veinte ametralladoras, diseñó una línea atrincherada de unos treinta kilómetros, desde el cementerio de la Luz al cerro del Gallo, aprovechando barrancas, cercos de piedra, cascos de hacienda y zonas arboladas. Como Obregón en la segunda batalla de Celaya, utilizó loberas, alambres de púas y minas. Los flancos quedaron cubiertos por terrenos muy pedregosos que hacían casi imposible las cargas de caballería. Había cartuchos suficientes para librar la batalla, pero escasos víveres, que Ángeles calculó (inmediatamente antes de irse a la frontera) que solo alcanzarían para alimentar al ejército solo ocho o diez días.

Obregón avanzó desde Encarnación de Díaz con 20 000 hombres, y al conocer la posición de Villa decidió flanquearla por la derecha y no atacarla. En la tarde del 7 de julio las fuerzas de

Obregón entraron en los llanos de Tecuán y la dificultad del camino las obligó a pernoctar frente a una barranca que les cerraba el paso a Congregación de Calvillo. Sin agua ni leña, quedaron en una situación expuesta que llevaría a Obregón a escribir: «¡Nunca habíamos presentado al enemigo mejor oportunidad, que esta vez, para infligirnos una derrota!». De esa forma casi accidental se construyó un *cuadrilongo defensivo*, más o menos de seis kilómetros por cuatro. Ese sería el campo de batalla.

El 9 de julio hubo una serie de combates preparatorios, al final de los cuales el secretario de Villa, el coronel Enrique Pérez Rul, envió un extenso informe a Hipólito Villa, en Ciudad Juárez, probablemente para que este lo usara con efectos propagandísticos que, sin embargo, dan idea de la situación en vísperas de la última gran batalla:

> El combate de ayer fue el más rudo y terrible porque el enemigo atacó con resolución y entereza. Hoy continúa el combate con intermitencias por casi todo el día [...]. El enemigo atacó con todas sus fuerzas [...] y de nuestra parte solamente entraron en acción unos 10 000 hombres de caballería: varias brigadas de caballería permanecieron inactivas y toda la infantería ha estado cruzada de brazos en sus magníficos atrincheramientos [...]. El resultado no pudo ser más brillante para nuestras fuerzas.

«En estos momentos» el enemigo se encuentra «sitiado» y en plena desmoralización. El frente de batalla tiene veinte kilómetros y los carrancistas trataron de salirse rumbo a San Luis Potosí, siendo batidos por las brigadas Agustín Estrada, Bañuelos y por los dorados. Están en una zona sumamente estrecha y sin agua. En los bolsillos de algunos muertos enemigos solo se les encontró semillas de calabaza y pedazos de nopal. «Ayer en la tarde», el general Isaac Arroyo se apoderó de la hacienda de San Bartolo. No han podido romper el cerco. Murió el general carrancista Martín Triana. Espera poder comunicar muy pronto que «ha terminado del modo más brillante esta batalla». El telegrama terminaba dando noticias de la columna Reyes-Fierro, que había aislado a Obregón de su base de aprovisionamiento.[33]

El 10 de julio se libró el epílogo de las batallas del Bajío; la última batalla campal entre Villa y Obregón, cuando tras dos días de encierro, el sonorense ordenó atacar. Tres batallones se desplegaron en líneas de tiradores contra las posiciones villistas de El Maguey, y avanzaron a paso veloz, ante el nutrido fuego de los villistas:

> A medida que el fuego arreciaba y la línea de combate se extendía, nuestros soldados aceleraban el paso, con la seguridad de que el peligro de sus vidas se prolongaría solo por el tiempo que se tomaran para llegar a las trincheras enemigas. Así sucedió: en menos de quince minutos, algunos de nuestros más intrépidos soldados llegaron a las cercas de piedra que servían de fortificación a los reaccionarios, y estos, abatidos ante el avance resuelto de los nuestros, se consideraban impotentes para emprender una lucha cuerpo a cuerpo, y emprendieron la huida por el camino... a Aguascalientes.[34]

Al mediodía, el Ejército de Operaciones entró triunfalmente en la ciudad de Aguascalientes. Villa y sus dorados coordinaron la retirada sobre el terreno y supervisaron la salida de los trenes con los heridos y la infantería, seguidos por los convoyes del Cuartel General. Cuando finalmente salían los trenes con las reservas de municiones, alcanzaron a los últimos heridos, que se accidentaron y obstruyeron las vías, bajo presión de los carrancistas, que ya tenían la estación bajo fuego.

4. La Soberana Convención y el proyecto de nación

Hasta aquí hemos de mostrar que Villa y Zapata sí diseñaron una estrategia militar para destruir a sus enemigos en el campo de batalla y, por lo tanto, tomar el poder y ejercerlo. Esto contradice las interpretaciones generalmente aceptadas de su derrota militar y nos lleva a preguntarnos sobre su programa político o proyecto de nación. ¿En realidad la revolución campesina y popular carecía de proyecto?, ¿los constitucionalistas ganaron la guerra porque ganaron en el terreno de la política, entendida como visión nacional de conjunto; es decir, en el terreno la estrategia y el control de recursos? Como mostramos antes, al obtener ventajas en ese terreno, los carrancistas obligaron a los villistas a atacar en un momento en que todas las ventajas tácticas se acumulaban del lado de la defensa. ¿Lo entendió Villa? Muy probablemente, porque entendió también que no atacar equivalía a rendirse. Quizá también lo entendieron algunos mandos constitucionalistas, como Diéguez, Hill o Treviño. Sin duda, lo entendió Obregón y actuó en consecuencia.

Ese control de recursos nos obliga a regresar a la historia económica, o al menos a la historia de los recursos para la guerra. Sobre ese mapa se fueron moviendo los ejércitos, modificándolo. Hubo regiones en las que la guerra no colapsó la economía (como la petrolera de la huasteca y la henequenera de Yucatán), y hubo otras en las que se suspendieron de manera parcial las actividades productivas, como muchos enclaves mineros del norte villista, y vastas regiones, sobre todo las dedicadas a la economía agrícola para el consumo interno, que estuvieron cerca del colapso por más que algunas de ellas se recuperaran con relativa rapidez cuando terminó esta etapa, la más violenta de la lucha armada. De ahí la crisis de la economía del maíz en los territorios zapatistas. De ahí la escasez de alimentos básicos que se transformó en hambruna, particularmente en la Ciudad de México. Esas historias son parte de esta historia no solo como telón de fondo sino, en algunos momentos, como parte de la explicación.

Ahora bien: el proyecto de país que se discutió en la Convención y que culminó con el Programa de Reformas Económicas y Sociales, así como el tema de los recursos para la guerra, nos obligan a llamar la atención sobre el alcance de las reformas y el funcionamiento de la economía en los territorios dominados por la División del Norte y el Ejército Libertador del Sur. Ha quedado claro el carácter revolucionario de las confiscaciones villistas en Chihuahua y La Laguna, el incipiente reparto agrario en Durango y la administración revolucionaria de los bienes intervenidos. Sin embargo, no hay registros documentales del funcionamiento de la oficina de bienes intervenidos ni de la economía villista. No debió de ser como lo pintan sus enemigos, porque hay numerosos testimonios de que no llegaron a aquellas regiones las hambrunas y epidemias que ya asolaban el centro del país, sino hasta después del final de los gobiernos villistas; testimonios que hablan del mantenimiento de cierta calidad de vida garantizada por las medidas sociales elementales de los gobiernos locales. No debió de ser ineficaz, pues al menos hasta agosto de 1915, aunque a veces entre enormes angustias, mantuvo funcionando la maquinaria bélica villista.

Lo mismo pasó con el Ejército Libertador del Sur. Una leyenda historiográfica querría mostrar la rebelión zapatista como una revolución «reaccionaria» que aspiraba a la vuelta a un pasado idílico inexistente. En realidad, desde agosto de 1914, cuando tuvieron el control de Morelos y las regiones aledañas, los zapatistas instrumentaron una revolución agraria: como secretario de Agricultura de la Convención, Manuel Palafox impulsó la fundación de un banco de crédito rural, ordenó el establecimiento de escuelas técnicas de agricultura y abrió oficinas para el reparto de tierras en regiones fuera de Morelos. No hay en ello nada que permita hablar de una vuelta al pasado. Se distribuyeron las tierras de las haciendas en función no solo de los viejos títulos, sino de las necesidades de los pueblos. Además, se expropiaron sin indemnización ingenios y destilerías de los «enemigos de la Revolución» y los pusieron bajo administración militar. El proyecto de impulsar y colectivizar la mayor riqueza del estado, ¿qué tiene que ver con el pasado? La guerra, sin embargo, impidió el disfrute de estas medidas y la derrota militar de la Convención dio marcha atrás a esos proyectos.

Preguntemos otra vez: ¿La revolución campesina y popular, villita y zapatista, carecía de proyecto político? En el capítulo anterior vimos cómo las demandas concretas de los rebeldes norteños se tradujeron en una práctica de gobierno revolucionaria que, aunque tenía como objetivo inmediato la atención de las necesidades de la guerra, también iniciaba y anunciaba la solución de aquellas demandas. Por su parte, los zapatistas también habían llevado a la práctica no solo el proyecto de reivindicación agraria consignado en el Plan de Ayala, de noviembre de 1911, sino también una reorganización de la vida económica y social de las regiones bajo su dominio militar, que apuntaba mucho más allá de la mera restauración de la comunidad.

Cuando inició la confluencia formal entre ambos movimientos, en los días de la Convención de Aguascalientes, arrancó también una profunda reflexión sobre los problemas nacionales y sus posibles soluciones, que duraría un año y medio. Hay autores que señalan este hecho como prueba de la inexistencia de proyecto. Hay que recordar que así proceden la mayoría de las revoluciones: más allá de utopías o programas previos, es al calor de la lucha, sobre la marcha, como se diseña el nuevo Estado. Así ocurrió en las revoluciones estadounidense, francesa y cubana, por ejemplo. Y así ocurrió con los propios carrancistas, que en 1914 no tenían aún ni idea de que tres años después promulgarían una constitución con un novedoso contenido social.

Así también, sobre la marcha y con base en sus respectivas trayectorias y experiencias, los revolucionarios populares empezaron a construir su propio proyecto, tan pronto los villistas decidieron que el de Carranza no se ajustaba a sus exigencias, tan pronto los zapatistas se integraron a una alianza nacional que les abrió la posibilidad de tomar el poder.

Desde los días de Aguascalientes, villistas y zapatistas impulsaron las líneas centrales de lo que sería su proyecto de nación, aunque los *terceristas* de Obregón Villarreal y Gutiérrez dominaban las votaciones en la política inmediata, eran los villistas y sobre todo los zapatistas quienes llevaban la batuta ideológica. Así quedó claro en la publicación del Manifiesto a la Nación del 14 de noviembre de 1914, en el que la Convención asume la soberanía nacional, pues quienes estaban ahí representados, los jefes militares de la Revolución «se habían hecho acreedores a la confianza del pueblo armado que al erigirlos en caudillos, los elegía de hecho en los genuinos representantes de la idea y de la práctica revolucionaria». De ese modo, el argumento de la legitimidad de mando de la División del Norte se convertía en el argumento de legitimidad de un gobierno revolucionario: «La Convención de los representantes del pueblo armado debía en consecuencia asumir... la soberanía, toda vez que esta en los tiempos normales reside en el pueblo levantado en armas, en la masa de la población que reacciona contra la tiranía y que rompe con los viejos moldes insuficientes para contener las nuevas necesidades nacionales».[35] El Manifiesto incluía los puntos del programa mínimo de la Revolución: la destrucción del latifundio y el reparto de tierra a pequeños propietarios individuales; la devolución de las tierras usurpadas a los pueblos; confiscación de los bienes de los enemigos de la Revolución; libertad municipal; restricción de las facultades del Poder Ejecutivo a través de la instauración de un régimen parlamentario; reorganización del Poder Judicial e instrucción de las clases trabajadoras.

Cuando se trasladó a México, y tras la defección de Eulalio Gutiérrez, la Soberana Convención Revolucionaria se convirtió en el órgano deliberativo en el que se discutía un proyecto de nación. El verdadero poder en los territorios ocupados por los ejércitos de la Convención lo ejercían Emiliano Zapata y el Cuartel General del Sur, desde Tlaltizapán, y un triunvirato ejecutivo designado por Pancho Villa, que integraban Miguel Díaz Lombardo, Luis de la Garza Cárdenas y Francisco Escudero, de modo que la autoridad real de los presidentes de la Convención (Roque González Garza, de enero a junio, y Francisco Lagos Cházaro hasta la disolución de la Asamblea) se limitaba a una especie de gobierno municipal de la Ciudad de México (cuando sesionaba ahí la Asamblea) y a presidir los debates.

En esos meses, se dio lo que quizá haya sido el debate de los problemas nacionales más representativo y popular de nuestra historia, cuyo resultado fue el Programa de Reformas Económicas y Sociales de la Revolución, un programa político y social integral, inaplicable porque, cuando terminó de redactarse, la División del Norte había sido destruida y el Ejército Libertador estaba cercado.

Es importante señalar que, salvo en las primeras etapas, en estos debates no estuvo verdaderamente representado el espíritu reivindicador y democrático del villismo popular, pues lo principales dirigentes sociales estaban ocupados en la campaña militar o la administración de los territorios bajo su gobierno y de los recursos confiscados a la oligarquía: estudiado el villismo a través de las posiciones de sus delegados en la Convención, parece un movimiento conservador. En realidad, cuando la Asamblea volvió a reunirse en la Ciudad de México, en noviembre de 1914, los principales generales villistas ya se habían incorporado a la campaña militar. Los nuevos delegados de la División del Norte eran oficiales medios e intelectuales, miembros del sector ideológicamente más conservador del villismo, es decir, el maderista, con una sobrerrepresentación del grupo cercano al gobernador de Sonora, José María Maytorena. Al propio Villa lo representaba un joven maderista de tendencias relativamente conservadoras y escasa ambición intelectual: Roque González Garza. No se hicieron presentes en la Convención quienes desarrollan en el norte del país una política de reivindicación social que inició con la confiscación efectiva de los bienes de la oligarquía. No estuvieron presentes los caudillos populares y agraristas como Calixto Contreras y Orestes Pereyra. Es evidente que las prioridades del villismo como movimiento revolucionario, en 1915, no estuvieron en la Convención, sino en el ejercicio del gobierno revolucionario y, sobre todo, en la guerra. Por su parte, los zapatistas estuvieron mayoritariamente representados por intelectuales urbanos ligados al movimiento obrero y artesanal.

Esta Convención, que sesionaba en la capital cuando los zapatistas la ocupaban y que emigró temporalmente a Toluca y a Cuernavaca durante las ocupaciones de Álvaro Obregón y Pablo González y que cerró sus sesiones (ya únicamente con representantes zapatistas) en Jojutla, Morelos, adoptó una serie de definiciones entre las que destacan la adopción del parlamentarismo como el sistema al que debía sujetarse el gobierno constitucional. La Convención podía destituir al encargado del Poder Ejecutivo por el voto de las dos terceras partes de sus miembros si violaba o dejaba de cumplir los acuerdos de la Convención entre ellos, los principios del Plan de Ayala—, y si atentaba contra la soberanía de ella, la cual también ratificaba y podía destituir a los ministros. Esos principios de gobierno parlamentario no quedaron solo en el papel sino que comenzaron a aplicarse dentro de la Convención.

El 16 de enero de 1915 fue elegido Roque González Garza, como «Presidente de la Convención, encargado del Poder Ejecutivo», quien reforzó su gabinete con los zapatistas Manuel Palafox en Agricultura, Francisco Pacheco en Guerra y Rodrigo Gómez en Justicia. Sin embargo, la suerte de ese gobierno y la posibilidad de representar una alternativa viable para todo el país, dependería del resultado de la guerra. Al estar en primer plano el aspecto militar, la responsabilidad mayor recayó necesariamente en la División del Norte, mucho más poderosa que el Ejército Libertador del Sur. Así, los soldados villistas se convirtieron en los protagonistas centrales de la tarea que los unificaba con el zapatismo: derrotar a Carranza.

La Convención itinerante y perseguida terminó su tarea al establecer su concepción del Estado como una entidad benefactora, protectora de las clases más necesitadas, con rasgos paternalistas. La base social de ese Estado sería no solamente campesina, tendrían cabida también los sectores de pequeños y medianos propietarios agrarios, así como los industriales y comerciantes. Se destruiría el latifundio y se repartiría la tierra. Promoverían el esfuerzo individual y garantizarían por igual la propiedad privada y el respeto a las formas colectivas y a las tradiciones de las comunidades que así lo decidieran, cuyos derechos estarían garantizados legalmente. También se incorporaron las demandas del movimiento obrero y artesanal al reconocer a las organizaciones de trabajadores el derecho de huelga y de boicot. El Estado asumía también el papel de árbitro en los conflictos laborales. Junto al fortalecimiento del municipio, destacó también el establecimiento del sistema parlamentario, con lo que quisieron poner límite a la concentración del poder en manos del Poder Ejecutivo y contar con una Cámara de Diputados que no solo sirviera de contrapeso, sino que tuviera en sus manos la facultad de veto, de vigilancia y de destitución del presidente de la República. Ninguna de estas propuestas tuvo efectos prácticos inmediatos. Al perder la guerra contra los constitucionalistas, sus propuestas quedaron, en buena medida, marginadas de la discusión nacional en los meses siguientes.

Concluido el Programa de Reformas y luego de la debacle villista, la Convención se disolvió. Los pocos delegados norteños que quedaban en ella emigraron, en medio de múltiples dificultades, hacia sus territorios (la mayoría lo habían hecho, junto con Roque González Garza y Benjamín Argumedo, unidos a la columna de Canuto Reyes y Rodolfo Fierro). El zapatismo se quedó solo, defendiendo su revolución local y al frente de una Convención que no podía seguir con la pretensión de ser un gobierno ni una asamblea nacional ni tampoco un poder soberano. Decidieron disolverla.

Mientras tanto, el villismo había entrado en una dinámica muy distinta.

NOTAS

[1] Véase el texto del Pacto y el Acta de las Conferencias en Federico Cervantes, *Francisco Villa y la Revolución*, México, INEHRM, 1985, pp. 197-201.

[2] Testimonio de Eulogio Salazar, PHO/1/37, ff. 23-24.

[3] Los telegramas y su glosa en Juan Barragán Rodríguez, *Historia del Ejército y la Revolución Constitucionalista*, vol. II, México, INEHRM, 1985, pp. 84-87.

[4] Álvaro Obregón, *Ocho mil kilómetros en campaña*, México, FCE, 1959, p. 208.

[5] Glosado por Vito Alessio Robles, *La Convención Revolucionaria de Aguascalientes*, México, INEHRM, 1989, pp. 95-99.

[6] Armando Ruiz Aguilar (comp.), *Nosotros los hombres ignorantes que hacemos la guerra. Correspondencia entre Francisco Villa y Emiliano Zapata*, México, Conaculta, 2010, pp. 131-132.

[7] Citado por Ariel Rodríguez Kuri, *Historia del desasosiego. La Revolución en la Ciudad de México, 1911-1922*, México, El Colegio de México, 2010, p. 103.

[8] Vito Alessio Robles, *La Convención...*, pp. 366-367.

[9] Armando Ruiz Aguilar (comp.), *Nosotros los hombres...*, pp. 136-138.

[10] Alberto Calzadíaz, *Hechos reales de la Revolución,* vol. II, México, Editorial Patria, 1967, p. 96.

[11] Federico Cervantes, *Francisco Villa y la Revolución,* pp. 361-369.

[12] Osorio, Rubén, *La correspondencia de Francisco Villa. Cartas y telegramas de 1912 a 1923*, Chihuahua, Premio Chihuahua de Ciencias Sociales, 1986, p. 45. El original en AGN/Galería 3/Presidente, Fondo Revolución, caja 3, carpeta 3, f. 927.

[13] Martín Luis Guzmán, *Memorias de Pancho Villa*, México, Porrúa, 1984, p. 746. La figura del perchero o clavijero también está en Vito Alessio Robles, *La Convención...*, p. 408.

[14] Armando Ruiz Aguilar (comp.), *Nosotros los hombres...*, p. 141.

[15] *Ibidem*, pp. 147-152.

[16] Juan Barragán Rodríguez, *Historia del Ejército y la Revolución*, vol. II, p. 259. Sobre la certeza de que los villistas tenían Tampico como objetivo, hay un telegrama de Pablo González a Venustiano Carranza, el 2 de enero. AHDN/481.5/294, f. 11.

[17] Martín Luis Guzmán, *Memorias de Pancho Villa*, México, Editorial Porrúa (Colección "Sepan cuantos...", núm. 438), 1984, p. 573.

[18] *Ibidem*, pp. 592-593. Alberto Calzadíaz, *Hechos reales...*, vol. II, 1967, p. 222.

[19] Martín Luis Guzmán, *El águila y la serpiente*, México, Porrúa, 1987, p. 408. También Vito Alessio Robles, *La Convención...*, p. 419.

[20] Armando Ruiz Aguilar (comp.), *Nosotros los hombres...*, pp. 140-141.

[21] Saúl Armando Alarcón Amézquita, *En la línea de fuego. Juan M. Banderas en la Revolución*, Culiacán de Rosales, 2013, p. 367.

[22] Federico Cervantes, *Francisco Villa y la Revolución*, p. 419.

[23] Armando Ruiz Aguilar (comp.), *Nosotros los hombres...*, p. 146.

[24] *Ibidem, Nosotros los hombres...*, pp. 147-152.

²⁵ Alberto Calzadíaz, *Hechos reales...*, vol. II, 1967, p. 202.
²⁶ AHDN/481.5/118, f. 48.
²⁷ Federico Cervantes, *Francisco Villa y la Revolución*, p. 426.
²⁸ Alberto Calzadíaz, *Hechos reales...*, vol. II, 1967, p. 254.
²⁹ Los telegramas intercambiados entre Obregón y Carranza durante la batalla, en AHDN, 481.5/118, ff. 22-38. Transcritos y glosados por Cervantes 1985:432-435. Federico Cervantes, *Francisco Villa y la Revolución*, pp. 432-435.
³⁰ PHO/1/37, f. 8; PHO/1/2, f. 11, PHO/1/26, ff. 33-34, PHO/1/46, ff. 46-47.
³¹ Federico Cervantes, *Francisco Villa y la Revolución*, pp. 428-429.
³² Juan Bautista Vargas Arreola, *A sangre y fuego con Pancho Villa*, México, FCE, 1988, pp. 220-221.
³³ Federico Cervantes, *Francisco Villa y la Revolución*, pp. 469-471.
³⁴ Álvaro Obregón, *Ocho mil kilómetros en campaña*, p. 404.
³⁵ José Vasconcelos, *La tormenta*, México, Ediciones Botas, 1935.

Capítulo V
HACIA LA LEYENDA

1. El fin de la División del Norte

A las derrotas del Bajío siguió la rápida reducción del espacio dominado por los villistas. Esto había empezado en el noreste, cuando a media batalla de Trinidad y León, Pablo González, otra vez comandante en jefe del carrancismo en ese sector, dictó un plan general de operaciones que ordenaba a 18 000 hombres pasar a la ofensiva. El 13 o 14 de mayo se retiró de El Ébano el grueso de la columna villista de Urbina y Chao. El 29 de mayo, los carrancistas recuperaron Ciudad Victoria y dieron por terminada la campaña regular en Tamaulipas (seguiría una cruenta lucha contraguerrillera que se coronaría con la prisión y fusilamiento de un moribundo Alberto Carrera Torres). El 23 de mayo había caído Monterrey en manos de los carrancistas, lo que produjo en cascada las ocupaciones constitucionalistas de Saltillo, Monclova y Nuevo Laredo. No había terminado la campaña del noreste: todavía entre el 11 y el 24 de junio Rosalío Hernández y Raúl Madero atacaron Monterrey con la intención de recuperarla. La derrota de Villa en Aguascalientes, a la que siguió la ocupación carrancista de San Luis Potosí, obligó a esos contingentes villistas a retirarse hasta Torreón. Y, tras la derrota de Aguascalientes, Pancho Villa ordenó un repliegue general. Obregón, por su lado, ordenaría la limpia de remanentes villistas en Jalisco, Michoacán, Guanajuato, Zacatecas, Coahuila y San Luis Potosí.

Las derrotas en las batallas del Bajío marcaron también el inicio de la desbandada: se cortaron de las filas villistas aliados de otras regiones, que libraron bajo las banderas de la Convención la terrible guerra civil, como Pánfilo Natera y Rafael Buelna; pero también jefes que habían formado la División del Norte desde 1913, como Rosalío Hernández, e incluso compañeros de la primera hora y antes, como Tomás Urbina. Enterado por diversas fuentes que Urbina se preparaba para pasarse al enemigo, Villa se movilizó sigilosamente hasta Las Nieves, Durango, refugio de su compadre, y en la madrugada del 4 de septiembre de 1915 irrumpió ahí con una escolta que mandaban Rodolfo Fierro, Martín López y Pablo Seáñez. Rápidamente reducida la resistencia de los leales a Urbina, el León de Durango, herido en un brazo y agotados los tiros de su pistola y su carabina, se retiró a las caballerizas con la intención de escapar, pero fue detenido tras luchar a brazo partido.

Conducido ante su compadre, Urbina se postró ante él y, en privado (pues los presentes se retiraron respetuosamente «para no presenciar ni escuchar aquel cuadro entre aquellos dos viejos revolucionarios, luchadores y llenos de entereza»), lo convenció de perdonarlo. Villa ordenó que se preparara un automóvil para conducir a Urbina a Chihuahua, escoltado por Martín López y ocho dorados.

Ya había salido Urbina, cuando llegó a todo galope el general Fierro, quien con cuarenta hombres se había separado de Villa para perseguir a una fuerza de caballería que vieron al acercarse a Las Nieves. Fierro persiguió a esa fuerza hasta Canutillo y llegaba preguntando a gritos si se había escapado Urbina. Villa le explicó lo que había ocurrido y Fierro, visiblemente irritado, recordó las razones por las que había que ejecutar a Urbina: no solo por lo pasado, sino en previsión del futuro inmediato en el que Urbina, unido a los carrancistas, sería el peor enemigo posible del villismo, pues conocía como nadie sus caminos, sus escondites y secretos.

La vehemencia y las razones de Fierro parecieron convencer al Centauro, que le permitió salir a buscarlo. Y Fierro «levantó la rienda de su vigoroso caballo retinto y emprendió la vertiginosa carrera en pos del automóvil», al que alcanzó unos diez kilómetros antes de llegar a Villa Ocampo, y sin más trámite que notificarle a Martín López que se hacía cargo del prisionero por órdenes de Villa, descargó las balas de su pistola en el pecho de quien había sido su jefe en 1913, quien solo alcanzó a exclamar: «¡Fierro...!». Martín López, bajo la sombra de un encino cercano, lloró la súbita muerte de aquel que tanta sangre había vertido por la causa villista.[1]

Reducido a su territorio de 1914, destruidas sus principales fuerzas, aniquilada su economía, el villismo debió entender la realidad de la derrota. Pero Villa era de otra pasta y planeó una nueva campaña: puesto que los principales contingentes carrancistas estaban en el altiplano septentrional reduciendo el espacio vital villista, o en el sur de la República, construyendo el cerco al estado de Morelos, Villa decidió concentrar en Chihuahua la mayor cantidad de fuerzas posibles. Desde ahí, invadiría Sonora, para sumar allá a las fuerzas leales al gobernador José María Maytorena, y luego repetir la ruta de Obregón en la campaña contra Huerta, derrotando a los contingentes carrancistas y reactivando a los leales que le quedaban en la costa del Pacífico: Felipe Bachomo en Sinaloa (adonde, además, enviaría una columna desde Chihuahua), los restos del buelnismo en Nayarit; Julián Medina, Pedro Zamora y otros guerrilleros en Jalisco; con todos ellos avanzar al centro, para «tener el placer de estrechar su mano», le escribió a Emiliano Zapata.

Pero el mando carrancista reaccionó con celeridad y frustró el plan del Centauro antes incluso de que se dispararan las primeras balas: en su parte general sobre las operaciones en Sonora, Obregón le contó a don Venustiano que tras ocupar la Comarca Lagunera con sus fuerzas, fijó su atención en la situación de su estado natal, por lo que urgió al general Diéguez a trasladarse con su columna a Guaymas, con el apoyo del cañonero *General Guerrero*, y que de ahí se moviera al centro del estado para ocupar Hermosillo. Simultáneamente, ordenó al general Plutarco Elías Calles que saliera de Agua Prieta para atraer sobre sí la atención de los villistas y facilitar los movimientos de Diéguez. Inmediatamente después organizó la columna de Gabriel Gavira, fuerte en 7 000 hombres, y la envió a Guaymas a alcanzar a Diéguez. Por último, envió a Francisco Serrano con 4 000 soldados y diez cañones por los ferrocarriles estadounidenses, desde Piedras Negras, Coahuila, a Agua Prieta, Sonora. Las columnas carrancistas se movieron con toda oportunidad: Serrano estaría en Agua Prieta justo en el momento de la batalla, y Diéguez y Gavira arrebatarían Hermosillo a los partidarios de Maytorena mientras Villa aún estaba en el norte del estado.

Para los villistas, la campaña empezó bajo malos auspicios. Concentrada la columna principal en Casas Grandes, el 13 de octubre ocurrieron varios eventos que destacan en sus relatos los supervivientes: un accidente hizo explotar el cargamento de dinamita de la División, causando graves pérdidas a la gente de los generales Severo y Natividad Reza Pérez. El general Villa se presentó en el campo del desastre, ayudando a socorrer a los numerosos heridos. De regreso en Casas Grandes, tuvo que presenciar la ejecución de un jefe que se insubordinó contra su superior. Al mismo tiempo, llegó la noticia de la toma de Guaymas por el general Manuel M. Diéguez, lo que ponía en grave predicamento todos los planes de la invasión a Sonora y, apenas se asimilaba esa noticia, le informaron a Villa que el general Rodolfo Fierro acababa de ahogarse en la Laguna de Guzmán.

La muerte de Fierro dio lugar a una leyenda sobre su corrupción —que abonó a la tejida sobre la corrupción de los mandos villistas y aumentó la de su brutalidad—, pero Juan B. Vargas cuenta que los villistas se llenaron de angustia y tristeza por la muerte del terrible exferrocarrilero y que Villa «se conmovió hondamente por la pérdida de uno de sus más adictos y eficaces colaboradores en sus futuros planes». El mando de la Brigada Fierro recayó en el general Tomás Rivas.

Y una hora después llegó por la línea telegráfica la noticia de otra terrible derrota, esta vez diplomática: el reconocimiento por parte de Estados Unidos al gobierno de hecho que encabezaba Carranza. Más tarde llegó el complemento lógico: el gobierno de Woodrow Wilson permitiría a los carrancistas trasladar tropas a través de su territorio, de Piedras Negras, Coahuila, a Agua Prieta, Sonora. Esta noticia se sumó a la del desembarco de Diéguez en Guaymas, que ponía en riesgo todos los planes de Villa. No obstante la acumulación de malas noticias, Villa ordenó emprender la marcha.

Para colmo, cuando la columna villista llegó a Sonora, José María Maytorena ya había abandonado la lucha: desde mediados de año las diferencias entre el guaymense y el Centauro venían creciendo. El período para el que Maytorena fue electo gobernador expiraba el 15 de agosto y este planteó a Villa la entrega del gobierno a la persona que designara la Convención, pero Villa lo instó a permanecer en el cargo, a pesar de que algunos convencionistas sonorenses, como Pedro Bracamonte, mostraban a Villa la ausencia de reformas sociales del gobernador. A fines de septiembre, Maytorena entregó el gobierno del estado a Carlos Randall y la jefatura de operaciones militares a Francisco Urbalejo, y el 1º de octubre cruzó la frontera sin esperar a que llegara Villa, por más que este se lo había pedido.

El resultado de todo esto fue el lógico: la columna que Villa envió a Sinaloa a las órdenes de Juan Banderas y Orestes Pereyra fue despedazada. Orestes y cuarenta jefes y oficiales fueron fusilados por los carrancistas el 7 de noviembre. El 3 de enero, seguros ya de la derrota de Villa, se rindieron Juan Banderas, sinaloense que se había proclamado zapatista desde 1911, y Felipe Bachomo. Ya avanzado 1916, Bachomo fue juzgado y fusilado en Los Mochis. Así murió el caudillo indígena que desde 1910 luchaba por recuperar la tierra de los mayos. Juan Banderas, el Agachado, permanecería en prisión, en Guadalajara, y luego en Lecumberri, hasta mayo de 1917. Moriría en un enfrentamiento en 1918.

La columna principal de 12 000 a 15 000 hombres que a las órdenes de Pancho Villa llegaron frente a Agua Prieta el 31 de octubre no pudo tomar esa población defendida por Calles y Serrano, y Villa dejó ahí a José Rodríguez y salió rumbo a Hermosillo. La columna de Rodríguez sería despedazada por Obregón en persona (que llegó a la frontera, desde Coahuila, a tiempo para perseguir a Rodríguez al frente de 10 000 soldados... en una columna en la que iban cuatro futuros presidentes: Obregón, Calles, Abelardo Rodríguez y Cárdenas) y se retiró a Chihuahua al mismo tiempo que la columna de Pancho Villa.

Pancho Villa atacó Hermosillo al frente de 5 000 hombres de la División del Norte y otros tantos yaquis maytorenistas que mandaban Ramón V. Sosa y Francisco Urbalejo. La batalla inició el 18 de noviembre y terminó el 22, cuando Villa, que no pudo desalojar a Diéguez de Hermosillo, se enteró que desde la frontera bajaba Álvaro Obregón con 10 000 hombres. Los prisioneros yaquis fueron fusilados, según reza el *Boletín militar* del Cuerpo Expedicionario del Noroeste:

> Todos los prisioneros yaquis cogidos con las armas en la mano fueron fusilados inmediatamente, comprobando que el mejor yaqui es el yaqui muerto. Solamente los heridos se curan en los hospitales.[2]

Cuando llegó Obregón a Hermosillo, Diéguez le transmitió «las pretensiones de los yaquis rebeldes las que, desde luego, me parecieron inadmisibles», pues implicaría reconocer sus «atavismos», escribió el caudillo. «Animado de los mejores deseos de llegar a un convenio satisfactorio». Sin embargo, no se alcanzó ningún acuerdo: «decidí abandonar en lo absoluto toda actitud conciliatoria hacia los rebeldes [...]. En tal virtud, di instrucciones al general Diéguez para que, desde luego, abriera una enérgica campaña contra los rebeldes». Pero este nuevo capítulo de la guerra de exterminio contra la nación yaqui no es ya parte de esta historia.[3]

Mientras los sonorenses reanudaban la guerra endémica contra los yaquis, Pancho Villa buscaba el camino de Chihuahua. Los movimientos de las fuerzas de Obregón lo obligaron a tomar directamente el camino de la Sierra, donde ocurrió uno de los eventos más atroces de la guerra civil que terminaba y que anunciaba la inaudita violencia de la etapa que se abriría después: la masacre en San Pedro de la Cueva. Los vecinos del pueblo dispararon contra una columna villista que se acercaba, abatiendo a 16 a la primera descarga. Pero como los villistas eran muchos, los desalojaron de su posición y luego entraron al pueblo buscándolos.

Varias horas después se dio aviso de lo ocurrido al general Villa, quien marchó a San Pedro, donde ordenó que se catearan todas las casas, pero desde una de ellas y desde la orilla del pueblo hicieron fuego contra los villistas, y mataron a un sobrino del Centauro. Villa, enfurecido, reaccionó violentamente y «ordenó ejecutar a todos los que tomaron parte en la refriega, lo que se hizo en el costado poniente de la iglesia». La narración posterior pinta con claridad el significado de la guerra:

> La matazón de los villistas tuvo lugar el día 1º de diciembre, durante el mediodía. Toda la tarde y la noche se dedicaron los villistas a molestar a la gente de San Pedro, encarcelando a todos los hombres que eran de algún modo responsables y después a violar muchachas y mujeres sin distinción. Antes de irse Villa, se ordenó un saqueo y quemar las casas de los responsables, que los mismos vecinos del pueblo los denunciaron. Los soldados se apoderaron de las mujeres.[4]

Lo que siguió fue una atroz travesía por la Sierra Madre bajo un frío «sencillamente insoportable», como recordó Juan B. Vargas:

> En pleno invierno el Ejército del Norte, o mejor dicho, los fantasmas del ejército de Villa, aguerrido y poderoso, volvía a Chihuahua vencido y famélico, tropezando con los caminos cubiertos de nieve, las montañas como un tapiz blanco como un sudario y el ejército en derrota [...] los hombres de Villa [...] perecieron ateridos y de inanición, agarrotados a sus armas, con crispaciones de tragedia y de dolor.[5]

Ocupado Villa en Sonora, los carrancistas dieron el asalto final al corazón del villismo. Treviño y Murguía ocuparon Torreón el

28 de septiembre. Un mes después Murguía avanzó hacia Durango, batiendo en el camino a Calixto Contreras, tras lo cual incendió Cuencamé, cuna del agrarismo radical duranguense, que había encabezado Contreras desde antes de la Revolución. En ese distrito habían nacido 17 generales villistas, por lo que se cuenta que Murguía exclamó al ver arder la villa: «¡Se acabó la fábrica de generales!».[6] Por los mismos días, la Brigada Madero, de Máximo García, fue despedazada por Domingo Arrieta, limpiando temporalmente de villistas el estado de Durango.

A principios de diciembre, 10 000 carrancistas a las órdenes de Treviño salieron de Torreón rumbo a Chihuahua. Tardaron diez días en llegar a Camargo, pues estaba frente a ellos el general Cruz Domínguez con la legendaria Brigada Agustín Estrada. Pero sobre todo, porque se gestionaba un final de guerra lo menos cruento posible.

Las gestiones carrancistas obtuvieron resultados: el 20 de diciembre se rindió en Ciudad Juárez el general Fidel Ávila (gobernador de Chihuahua desde 1914), a quien Villa había autorizado para negociar la amnistía de quienes quisieran o pudieran acogerse a ella. Los constitucionalistas publicaron una amplia amnistía que excluía únicamente a Pancho Villa, su hermano Hipólito y a los tres funcionarios civiles de más alto rango: Miguel Díaz Lombardo, Luis de la Garza Cárdenas y Francisco Escudero. También se excluiría después a José E. Rodríguez y otros generales. El 22, Obregón llegó a Ciudad Juárez procedente de Sonora.

De ese modo, cuando Villa llegó a Chihuahua, el 15 de diciembre, tras el terrible trayecto de la Sierra, prácticamente solo le quedaba esa ciudad y la zona occidental del estado. Mientras Cruz Domínguez retrocedía paso a paso desde Camargo y Fidel Ávila gestionaba la amnistía y la entrega pacífica de Juárez y Chihuahua, Pancho se preparaba para una nueva etapa de lucha y ordenó la concentración de todas las fuerzas y materiales disponibles en la hacienda de Bustillos.

Nevaba o había nevado en la ciudad de Chihuahua cuando Pancho Villa se despidió del pueblo de esa ciudad, que sus fuerzas controlaron sin contratiempos ni amenazas durante dos años y 12 días. Algunos testigos contaron una multitud, otros hablaban de trescientas personas agobiadas por el frío atroz cuando se asomó Villa por el balcón central del palacio de gobierno. Villa, muy emocionado y a ratos casi con lágrimas, contó que Carranza se había vendido a Estados Unidos y aseguró que él continuaría la lucha en la Sierra.

Una vez evacuada Chihuahua, Villa conferenció en Bustillos con 27 generales; 23 de ellos dejaron bien claro que no deseaban continuar una lucha que no tenía esperanza ni futuro y que pensaban aceptar la amnistía de Carranza o refugiarse en Estados Unidos. Se acogieron a la amnistía Fidel Ávila, Manuel Madinabeitia, y un total de cuarenta generales, 5 046 jefes y oficiales y 11 128 soldados.

Los generales y jefes que decidieron continuar la lucha acordaron disolver la División del Norte. El propósito de Villa «era resistir, resistir siempre al enemigo, mientras se presentaba la oportunidad de asumir la fuerza suficiente que diera al traste con la dictadura creada por don Venustiano».[7]

La División del Norte había muerto. La experiencia villista de gobierno se cerraba con la ocupación de Chihuahua. El Ejército Libertador del Sur estaba cercado y muy pronto vería la invasión de su territorio y la disolución de la Asamblea deliberante que, en Jojutla, seguía llamándose Convención. La mayor parte de los asesores civiles, los legisladores, los diplomáticos de ambos ejércitos, estaban ya en el exilio. Muchos de los jefes militares clave murieron bajo las balas. Una generación entera de jóvenes rebeldes del norte y del sur también había caído. El campo de Morelos, Guerrero, Chihuahua y Durango estaba devastado, aún más que el resto del país; su economía dislocada no bastaba siquiera para alimentar a una población mucho menor que la de 1910.

La guerra civil había terminado.

Contemos dos epílogos vitales: lo que quedaba de la columna que a las órdenes de José E. Rodríguez había dejado Villa en la frontera de Sonora, apenas regresó a Casas Grandes el 4 de enero de 1916. Ahí se enteraron que la División del Norte se había disuelto y que gran parte de sus hombres se habían amnistiado en Ciudad Juárez. En una asamblea, la mayoría votó por hacer lo mismo y quienes eso decidieron marcharon a la ciudad fronteriza. Pero un puñado decidió seguir luchando y buscar a Villa: entre ellos el jefe de la columna, el legendario general José E. Rodríguez (de apenas 23 años), y los generales Severino Ceniceros, Baudelio Uribe, Martín López, Candelario Cervantes, Carlos Almeida y el yaqui sonorense Francisco Beltrán.

Pancho Villa envió a José Rodríguez a Sinaloa, con 50 000 pesos y la orden de ponerse al frente de lo que quedara de la columna de Juan Banderas (en realidad, como ya vimos, Orestes Pereyra había sido fusilado y Banderas y Bachomo se rindieron el 3 de enero). En el camino, Rodríguez fue traicionado por Tomás Rivera, su ayudante de campo, en Bavícora. Herido, Rodríguez intentó suicidarse, pero se lo impidieron sus captores. Enviado preso a Ciudad Juárez, fue linchado en el camino por rancheros estadounidenses que se acababan de enterar del asesinato de sus connacionales a manos de Pablo López (de ello hablaremos más adelante). Murió a su lado uno de sus valientes lugartenientes, el general Carlos Almeida.

Al mismo tiempo que enviaba a Rodríguez a Sinaloa, Pancho mandó a La Laguna al coronel de dorados Juan B. Vargas, a buscar a Benjamín Argumedo. El «Tigre de La Laguna» había regresado a su región incorporado a la columna de Canuto Reyes y Rodolfo Fierro, y durante las últimas semanas de 1915 hizo la guerra de guerrillas en Durango y La Laguna en compañía de Calixto Contreras y Canuto Reyes. En esas correrías enfermó de gravedad y en compañía de Lázaro Alanís (el compañero de Práxedis Guerrero desde 1910 y luego lugarteniente de José Inés Salazar), que estaba herido, se escondió en San Miguel del Mezquital, Zacatecas. Ahí lo encontró el coronel Vargas. Argumedo estaba tan enfermo que no pudo montar a caballo para acompañar a Vargas en busca de Villa, a quien nunca había visto. Quizá presintiendo su fin, le contó una serie de anécdotas de su vida militar y se lamentó de la reciente rendición de Pedro Rodríguez Triana, a quien tanto quería. Vargas regresó solo a San Jerónimo, donde Villa estaba concentrando a sus leales.

Al día siguiente, delatado por algunos antiguos compañeros, Argumedo cayó en manos de fuerzas del general Francisco Murguía, que lo llevaron a Durango, donde tuvo un proceso y se le condenó a muerte. Fue fusilado el 26 de febrero de 1916.

2. Columbus y la Expedición Punitiva

El 8 de enero de 1916 Pancho Villa le escribió una larga carta a Emiliano Zapata en la que exponía el sentido de la nueva etapa: le describió minuciosamente la colaboración de Estados Unidos con los carrancistas durante la campaña de Sonora y declaraba que, tras el pacto secreto de Carranza con Wilson (de este supuesto pacto hablaremos más adelante), Estados Unidos se había convertido en el enemigo común de todos los patriotas, y había que atacar sus bienes y golpearlos «en su propia madriguera». La carta no llegó a manos de Zapata: su portador, el general Eduardo Ocaranza, fue asesinado el 13 de enero.

De eso había hablado Pancho Villa en Bustillos con los generales que decidieron continuar la lucha: el enemigo directo era, ahora, Estados Unidos. Y el 10 de enero hubo un primer acto —brutal e innecesario— de provocación. El 10 de enero, en Santa Isabel, el coronel Pablo López (hermano de Martín) emboscó un tren y ordenó el fusilamiento de 19 técnicos mineros de nacionalidad estadounidense que en él viajaban. Pancho Villa no participó en el hecho e incluso llegó a condenarlo... pero no castigó a Pablo López.

Villa había decidido golpear el orgullo estadounidense invadiendo su propio territorio y una vez que pasó la oleada de deserciones y pudo saber más o menos con quien contaba, empezó a reunir a lo más granado de los que deseaban seguir luchando en la hacienda de San Jerónimo, cerca de Namiquipa. Ahí, y camino de la frontera, concentraría a casi seiscientos hombres fogueados y leales, bien armados y montados, y ahí también empezaron a aparecer los nuevos liderazgos, los de la etapa guerrillera, muchos de los cuales habían sido dorados u oficiales de confianza desde 1910: los hermanos Martín y Pablo López, de Santa Isabel; Nicolás Fernández Carrillo, amigo de Villa desde antes de 1910 y coronel de dorados en 1914 y 1915; el yaqui Francisco Beltrán; Juan Pedroza, uno de los coroneles de la Brigada Cuauhtémoc; Ernesto Ríos, otro coronel de dorados; Candelario Cervantes, de Namiquipa, oficial de valor y crueldad reconocidos, rebelde desde el 20 de noviembre y fogueado en las brigadas Villa y Guerrero...

Y así, poco después de la medianoche, en la madrugada del 9 de marzo, los villistas cruzaron silenciosamente la frontera y, a la vista del poblado, Villa ordenó desmontar y se quedó él, con un centenar de hombres, cuidando la caballada. Dos columnas marcharon pie a tierra e irrumpieron en el poblado a las 4:25 de la mañana al grito de «¡Viva Villa!, ¡viva México!». Los mandaban Martín y Pablo López, Candelario Cervantes; Nicolás Fernández y Francisco Beltrán. Una parte de los atacantes buscaba a un comerciante de armas, Sam Ravel, que había estafado a Villa. El yaqui sonorense Francisco Beltrán atacó el cuartel del 13.º Batallón. Y dos horas después, los clarines tocaron retirada: los heridos se evacuaron a lomos de caballo y cubrieron la retaguardia Candelario Cervantes y Nicolás Fernández: detrás de ellos, el pueblo ardía en llamas.

Esta acción, una de las más mediocres de Villa en términos militares, se convertiría en un símbolo de orgullo nacional y marca el inicio de una nueva etapa de la Revolución en el norte, poco más de dos meses después de la disolución de la División del Norte.

¿Por qué Villa atacó Columbus? Cuando el presidente estadounidense, Woodrow Wilson, reconoció como gobernante de hecho de México a Venustiano Carranza, el 13 de octubre de 1915, Villa quedó convencido de que el primer jefe había firmado un pacto que convertiría a México en un protectorado estadounidense y decidió impedir semejante iniquidad mediante un acto de provocación que causara una guerra capaz de salvar a la patria.

La existencia de ese supuesto pacto se explicó en el *Manifiesto de Naco*, dirigido por Villa a la nación y publicado el 25 de noviembre de 1915. Villa empezaba preguntándose por qué Carranza, «que nunca había dado garantías a los americanos, que los había despojado, que había privado a los extranjeros de tierras, y que siempre había azuzado la antipatía hacia Estados Unidos, había obtenido tan repentinamente no solo el reconocimiento, sino también el apoyo activo de Estados Unidos», consistente, según Villa, en un préstamo de quinientos millones de dólares y el permiso para que tropas de Carranza cruzaran territorio estadounidense.

La respuesta a la pregunta era clara: «El precio para estos favores es, simplemente, la venta de nuestro país por el traidor Carranza». Esta venta estribaba en la aceptación de Carranza de ocho condiciones impuestas por Estados Unidos: *1)* la amnistía de los presos políticos; *2)* una concesión por 99 años que otorgaba derechos sobre el Istmo de Tehuantepec, Bahía Magdalena, Sonora y otra región no nombrada; *3)* un acuerdo para que el gobierno de Estados Unidos autorizara los nombramientos de los secretarios de Hacienda, Relaciones y Gobernación; *4)* la consolidación del papel moneda lanzado por la Revolución; *5)* el pago de todas las reclamaciones justas presentadas por extranjeros por los daños causados por la Revolución y la devolución de las propiedades expropiadas a extranjeros; *6)* El control de los ferrocarriles por un consejo estadounidense, hasta que se saldaran las deudas de la nacionalización de los mismos; *7)* control del uso y el servicio de los quinientos millones prestados, por un funcionario del Departamento del Tesoro, y *8)* designación del general Pablo González como presidente provisional, con la misión de convocar a elecciones en seis meses.

Ante eso, Pancho Villa preguntaba en el *Manifiesto*: «¿Podrán los extranjeros, especialmente los yanquis, abrigar la ilusión de que se consagrarán a explotar en paz y en gracia de Dios las riquezas del suelo mexicano?», y declaraba que se sentía desligado del respeto a cualquier garantía exigida por Estados Unidos, y formulaba la posibilidad de un enfrentamiento armado entre México y Estados Unidos, aunque negaba que esa fuera su intención.[8]

En realidad, no hubo tal pacto, aunque Villa tenía motivos para creer en su existencia, porque un alto funcionario del gobierno de Wilson le había ofrecido un acuerdo así (a espaldas de su propio gobierno) en vísperas de las batallas del Bajío. Convencido de la existencia de ese pacto, Pancho Villa decidió provocar una intervención estadounidense que debilitara a Carranza y lo obligara a romper su pacto secreto con Estados Unidos... o, de plano, provocar la caída de Carranza. Suponía también que la previsible reacción nacionalista sería canalizada por el villismo, que resurgiría de su derrota y podría volver a ser una alternativa nacional al carrancismo. También pensaba que en la coyuntura internacional, Estados Unidos no ocuparía México, que la intervención sería limitada.

Esa última esperanza se cumplió casi de inmediato: el presidente de Estados Unidos, Woodrow Wilson, había logrado hasta entonces contener la agresividad de la derecha e importantes sectores de la opinión pública, que exigían intervenir en México, pero ante el clamor provocado por el ataque villista, tuvo que ceder, aunque eso sí, cuidando —como Villa había calculado de no hacerlo en gran escala—, para no provocar una guerra con México ni comprometer al Ejército cuando para él era inminente la guerra contra Alemania. Como le escribió a un cercano colaborador, «Empieza a parecer que la guerra con Alemania es inevitable. Si viene, y ruego a Dios que no sea así, no quiero que las energías y las fuerzas de Estados Unidos tengan que dividirse, porque necesitaremos hasta la última onza de reserva...».

Por eso, Wilson estaba obligado a enviar una fuerza de castigo, so pena de perder todos sus bonos dentro de su país, pero quería hacerlo sin provocar la guerra. Así, el 10 de marzo, al día siguiente del ataque a Columbus, declaró: «Una fuerza suficiente será enviada de inmediato en persecución de Villa, con el solo objeto de capturarlo y poner fin a sus desafueros. Esto puede hacerse y se hará como ayuda amistosa para las autoridades constituidas de México y con escrupuloso respeto a la soberanía de esa república».[9]

Los mandos militares estadounidenses desde el principio protestaron ante los limitados objetivos de la expedición, pero finalmente los aceptaron, como era su obligación. Las instrucciones que recibieron los militares les creaban un problema que Villa había previsto: salvo que se toparan por casualidad con los villistas, para acabar con ellos tendrían que realizar una campaña contrainsurgente, como la de Filipinas: quemar aldeas, amedrentar civiles, ejecutar prisioneros, lo que solo podía hacerse colaborando con las autoridades carrancistas o ignorándolas. Pronto quedó claro que el gobierno mexicano no aceptaría lo primero y que lo segundo causaría la guerra que Wilson deseaba evitar.

El 15 de marzo cruzó la frontera la vanguardia de la Expedición Punitiva. Integraban la columna cuatro regimientos de caballería: 7º, 10º, 11º y 13º, que tenían la encomienda de perseguir a Villa. Dos regimientos de Infantería, el 6º y el 16º, se encargarían de custodiar los campamentos y las comunicaciones. La columna traía consigo ocho cañones de montaña y ocho aeroplanos a las órdenes del capitán Benjamin D. Fulois. En total, 4 800 hombres bajo el mando de John J. Pershing.

El 17 de marzo, Pershing estableció su cuartel general en la colonia Dublán: ahí permanecería la base de operaciones estadounidense durante toda la expedición, pues ellos se sentían cómodos entre los colonos mormones, de origen estadounidense y angloparlantes, que vivían en esa población.

Ahí, Pershing se enteró de que Pancho Villa estaba en Bavícora, la relativamente cercana hacienda de William R. Hearst (recuerden *El ciudadano Kane*) y envió a los setecientos soldados del 7º de Caballería (sí, el mismo regimiento destruido por los sioux de Toro Sentado en Little Big Horn), con el coronel Erwin, en pos del Centauro. Desde ese primer intento quedó claro que Villa pretendía torearlos: acercarse a ellos, atraerlos, jugar con su lentitud. El carrancista Alberto Salinas Carranza lo ilustró sarcásticamente: los expedicionarios estadounidenses iban excesivamente cargados y recorrían de 28 a 35 kilómetros diarios, «Nuestras soldaderas, a pie recorrían esa distancia». Las ágiles caballerías villistas burlaban y eludían sin problema a las caballerías estadounidenses.

Cuando los estadounidenses llegaron a Bavícora, Villa estaba en Rubio; cuando llegaron a Rubio, Villa iba hacia Namiquipa; cuando se acercaron a Namiquipa, Villa había dado una paliza a una columna carrancista y se dirigía hacia el río Papigochic. Pancho no parecía tener prisa: no dejaba que lo alcanzaran pero jugaba con ellos. Su intención era atraerlos hacia el corazón de Chihuahua.

El 26 de marzo, Pancho Villa se acercó al pueblo de San Isidro. Los estadounidenses estaban a no menos de dos jornadas de distancia, por lo que Pancho decidió darle un buen susto al general carrancista Marcial Cavazos (villista de los de Maclovio Herrera entre 1913 y 1914), cuyas tropas guarnicionaban Ciudad Guerrero, San Isidro y otros pueblos del Papigochic. La oportunidad la brindaba el hecho de que la oficialidad estaría celebrando el cumpleaños de Cavazos y que nadie sospechaba que Villa estaba ahí mismo.

Al amanecer del 27 de marzo, tres columnas villistas atacaron Ciudad Guerrero, Miñaca y San Isidro. El ataque a Guerrero, donde Cavazos celebraba su cumpleaños, lo mandaba Candelario Cervantes. Villa esperaba en el panteón con tropas de reserva que podían dirigirse a cualquiera de las tres poblaciones, y caballos de refresco.

Hay diversas versiones de los hechos: algunas hacen huir al general Cavazos y a su segundo, el antiguo orozquista Lázaro Alanís, mientras las llamadas *Defensas Sociales* (vecinos armados) enfrentaban a los villistas. Otras versiones ponen a Cavazos al frente de la defensa. Alguna versión cuenta que Villa, al frente de setenta hombres, puso en fuga a más de doscientos carrancistas en el centro de Ciudad Guerrero. Entre tantas versiones hay una cosa cierta (y ni sobre la manera en que ocurrió hay acuerdo): Pancho Villa recibió una herida unos centímetros por debajo de la rodilla. La bala astilló el hueso (la tibia) y no salió.

Los villistas que habían tomado Miñaca sin combatir (los mandaba Nicolás Fernández) se replegaron a Guerrero, donde alguien (otra vez hay tres o cuatro versiones muy extrañas) le habría hecho a Villa una cura rápida y chapucera. Lo único que parece indiscutible es que el general yaqui Francisco Beltrán le hizo las primeras curaciones, sacándole el cuero de las mitazas para luego desinfectar y vendar la herida.

Cuenta Paco Ignacio Taibo: «El desconcierto recorría la columna. El villismo era Villa. La sensación de eternidad que rodeaba al caudillo se desvanecía. Estaban en guerra con medio mundo. El jefe estaba herido y la herida iba a cambiar la operación que Pancho tenía en mente respecto de la Punitiva».

Mientras lo curaban, Pancho se enteró de que los estadounidenses se acercaban a Ciudad Guerrero. Los carrancistas de Cavazos habían sido dispersados y no representaban amenaza, pero al no poder montar a caballo, la mayor ventaja de Villa se diluía. En junta de generales, Villa informó que se iba a ocultar y tras consultar con los asistentes delegó el mando militar, mientras durara su ausencia, en el general Francisco Beltrán; ordenó que las fuerzas se dispersaran y encargó su traslado y escolta al general Nicolás Fernández.

En una calesa y entre terribles dolores y sacudido por la fiebre, escoltado por 150 jinetes, Pancho salió de Ciudad Guerrero. Cuenta Rafael F. Muñoz que se despidió así de la gente: «Nomás me voy un rato hasta que se me desentuma la pata. Pero todos digan que Pancho Villa está muerto y que ustedes vieron que lo llevaban a enterrar».

El día 28, los estadounidenses llegaron a La Junta. El 7º de Caballería había recorrido seiscientos kilómetros en 14 días y ahora sí sentían a Pancho al alcance de su mano, pero los guías los hicieron andar en círculos y perdieron su oportunidad. Llevado en calesa, Pancho volvió a tomarles un día de ventaja, mientras un centenar de leales a las órdenes de Eligio Hernández lanzaba tiros aislados, distraía, contenía a los invasores.

El general Pershing dio cuenta de estos hechos y de lo que la Punitiva podía esperar en un amargo telegrama a sus superiores, fechado el 18 de abril:

> Sin duda gente ayudó Villa evadir tropas estadounidenses cercanías de Namiquipa. Nuestros mejores guías e intérpretes (que) conocen pueblo mexicano durante larga residencia aquí, completamente engañados y columnas demoradas por falsedades de mexicanos. Cuando 7º Caballería dejó Bachíniva 29 de marzo, para Guerrero, peones mexicanos salieron de noche de ranchos vecinos para notificar Villa. Después combate Guerrero habitantes sin excepción ayudaron Villa escapar abiertamente dando información aparentemente auténtica basada por completo falsedades.[10]

Mientras los estadounidenses volvían a perder su rastro, Villa, muy debilitado y en medio de una fuerte nevada, guio a sus escoltas sin decirle a nadie hacia dónde se dirigían. El 30 de marzo la pequeña tropa llegó a Cieneguita y se quedó con solo cuatro hombres, luego despachó a Nicolás Fernández hacia el sur, con la calesa. Llevaban la orden de decir que Villa seguía con ellos. No eran los únicos: otras columnas villistas contaban por todos los rumbos de Chihuahua que Pancho estaba ahí, acá, acullá, que los mandaba, que estaba listo para regresar o que había muerto y lo enterraron en este o aquel punto.

Los cuatro acompañantes eran Joaquín Álvarez, primo de Pancho, nacido en San Juan del Río, Durango; su cuñado Juan Martínez, esposo de Martina Villa; su cuñado Marcos Corral, hermano de doña Luz Corral de Villa; y Bernabé Cifuentes. Iban al rancho de Los Avendaños (cerca del pueblito de Santa Ana, municipio de San Francisco de Borja), propiedad del padre del general José E. Rodríguez, el valiente jefe de las caballerías villistas, del núcleo duro de la División del Norte, recientemente asesinado por los carrancistas. El 1º o 2 de abril, Pancho se escondió en la cueva del Coscomate, con Álvarez y Cifuentes: solo ellos dos y el padre del general Rodríguez sabían en dónde estaba. Pancho Villa permaneció más de dos meses en la cueva. Perdió contacto con sus hombres y se le dio por muerto más de una vez.

Y ahora ¿dónde estaba Villa?, se preguntaban estadounidenses y carrancistas. Pershing dejó la colonia Dublán con una pequeña escolta y el 29 de marzo llegó a San Gerónimo. A lo largo de su trayecto, remontando el río Santa María, percibió que la mayoría de la población simpatizaba con Villa y repudiaba la intervención. Así lo hizo saber a sus superiores.

En una reunión con sus oficiales, con espías e informantes, en Bachíniva, el 1º de abril Pershing llegó a la conclusión de que Villa podía haberse retirado hacia la región de Parral (hacia donde, en efecto, se dirigía Nicolás Fernández con cien leales y la calesa, anunciando a voz en cuello que llevaba a Pancho Villa). Pronto comprendería su error: pocos días más tarde escribió a sus jefes: «Vagos rumores y afirmaciones positivas de los nativos indicaban que Villa había partido en casi cualquier dirección y hablaban de su presencia en varios lugares al mismo tiempo». La imaginación popular redujo este hecho a una frase: «Villa está en todas partes y en ninguna».[11]

Por lo pronto, destacó al 10º de Caballería hacia Ciudad Guerrero, en cuyas cercanías ese contingente de soldados afroamericanos se enfrentaron con una fuerza mexicana, sin que hasta la fecha se sepa a ciencia cierta si eran villistas o carrancistas. Cayeron presos de los mexicanos una docena de soldados negros, que fueron liberados, y un sargento anglosajón, fusilado sobre el terreno. El 11 de abril esa misma columna acampó al pie del cerro en el que estaba escondido Pancho Villa.

Al mismo tiempo, el mayor Tompkins, con fuerzas del 13º de Caballería (el contingente atacado en Columbus), salió rumbo a Parral. Cubría su flanco izquierdo el coronel Brown y su retaguardia el coronel Allen. Parecían seguros, ahora sí, de atrapar a Villa: el 4 de abril recibieron un mensaje urgente de Pershing, que se había tragado el anzuelo preparado por Pancho y ejecutado por

Nicolás Fernández: Villa, malherido, iba camino a Parral. Tompkins sentía que lo alcanzaba y, en efecto, estaba cada vez más cerca de los cien hombres de Fernández.

El 12 de abril, Tompkins llegó a Parral. El comandante de la guarnición carrancista, general Ismael Lozano, le cerró el paso al entrar a la ciudad y le pidió que se retirara. Repentinamente, la multitud que se había congregado empezó a lanzar piedras a los invasores a grito de «¡Viva Villa!» y «¡Viva México!». Inició la protesta una adolescente que daba clases en una escuela, cuyos alumnos estaban entre la multitud: Elisa Griensen.

Los adolescentes pedían a los soldados mexicanos que dispararan contra los invasores. Las piedras volaban y pronto hubo alguno, algunos, que abrieron fuego. Un sargento que estaba al lado de Tompkins cayó muerto. Como ocurre reiteradamente con esta historia, hay muchas versiones (la más descabellada, la que escribió el propio Tompkins, muy afecto al autobombo y la desmesura), pero lo cierto es que los estadounidenses se retiraron llevándose dos muertos y seis heridos, entre los que se contaba el propio Tompkins. Quedan para los anales la actitud de los pobladores de Parral y el gesto de Elisa Griensen.

Pershing, desde Satevó (tan cerca de Villa y sin saberlo), intentó que las autoridades mexicanas castigaran a los «agresores»... pero ordenó a sus fuerzas que se replegaran hacia el norte.

Fracasada la captura de Villa y quizá consciente de que no iba a encontrarlo, Pershing cambió de estrategia. Podríamos hablar de un segundo momento de la Expedición Punitiva en términos militares. Ya no buscaba al fantasma de Villa, sino que, al parecer, se propuso destruir a las partidas villistas que operaran en el occidente y norte de Chihuahua. Y en ese sentido, los estadounidenses, de hecho a veces en colaboración con los carrancistas, se apuntaron algunos tantos: desde finales de abril hasta el 21 de junio, varias guerrillas villistas fueron alcanzadas y dispersadas y, sobre todo, cayeron de diversas maneras cuadros clave del villismo guerrillero: Candelario Cervantes, Pablo López, Cruz Chávez, Cruz Domínguez, Ramón Tarango, Julián Granados y Manuel Baca, entre otros.

La mayor parte de esos éxitos los obtuvieron fuerzas carrancistas, mientras los estadounidenses aumentaban sus fuerzas hasta los 12 000 efectivos y seguían viéndose repudiados por la población mexicana. Aún enviaban columnas en persecución de los villistas, hasta que el incidente del 21 de junio los obligó por segunda vez a cambiar de táctica.

Ese día una columna estadounidense llegó al pueblo de El Carrizal, municipio de Villa Ahumada, a pesar de que una semana antes el comandante militar carrancista de Chihuahua, Jacinto B. Treviño, había advertido a Pershing de no moverse al sur o al oriente de sus posiciones. El general estadounidense respondió con altanería: «Usaré mi propio juicio para decidir cuándo y en qué dirección se mueven mis fuerzas».

Al intentar cruzar el pequeño poblado, el jefe de las Defensas Sociales, el exvillista Félix U. Gómez, advirtió al comandante de la columna estadounidense, capitán Charles T. Boyd, que se retirara. Boyd respondió ordenando a sus 81 hombres desplegarse en posición de combate. Una descarga cerrada de los mexicanos (unos cuatrocientos) bastó para decidir el combate: cayeron 44 invasores y fueron capturados otros 24, que fueron liberados poco después. Los mexicanos perdieron una treintena de hombres, entre ellos el general Félix U. Gómez, quien junto con Elisa Griensen, sería el héroe simbólico de todo el episodio.

La tensión llegaba al máximo y la guerra entre México y Estados Unidos parecía estar a la vuelta de la esquina. Por ello, y sin saber dónde estaba Villa y dispersadas sus guerrillas, los mandos militares estadounidenses entendieron que iniciar acciones contrainsurgentes provocaría una guerra que no querían ni Wilson ni Carranza. Además, en el verano de 1916 estalló una crisis entre Estados Unidos y Alemania, y cada vez estaba más claro que más temprano que tarde, los estadounidenses tendrían que intervenir en la guerra europea. Por ello, Pershing aceptó replegarse a la colonia Dublán y no moverse sino sobre seguro. En realidad ya no se lo permitirían: tres veces, cuando Villa se movía entre Chihuahua y la Sierra con contingentes numerosos, Pershing solicitó en vano el permiso para desplazarse al sur.

Como sintetizó un oficial estadounidense, «A partir de ese momento todo lo que hicimos fue quedarnos sentados... a partir de ese momento la Expedición Punitiva fue una desgracia». Una desgracia y un tumor cada vez más incómodo para los dos gobiernos, pues como explicó Jacinto B. Treviño a Álvaro Obregón: «El bandolero, para reclutar gente, explota con bastante éxito el hecho de que las tropas americanas se encuentren dentro de nuestro territorio».[12]

Lo más que hicieron los gringos fue intentar crear una especie de Guardia Nacional (como la que luego impulsarían en Nicaragua contra Sandino), creando un destacamento con voluntarios de Namiquipa. Muy caro lo pagaron esos namiquipenses cuando Villa pudo echarles el guante, en 1917.

Justo entonces, Villa salió de su escondite en la cueva del Coscomate y el 1º de julio se reunió con sus leales en San Juan Bautista, Durango, según cita que había dado a Nicolás Fernández antes de esconderse. Llegaron ahí el propio Nicolás, Baudelio Uribe, Agustín García, Martín López, Juan B. Vargas, Ernesto Ríos y otros jefes, con unos cuatrocientos hombres. Empezó ahí una campaña guerrillera que enloqueció a los carrancistas. Sin acercarse a los invasores, Villa recuperó el control de buena parte del territorio de Chihuahua e incluso se permitió atacar la capital del estado el 15 de septiembre de 1916 y tomar Parral el 5 de noviembre. Felicitó públicamente a Elisa Griensen y permaneció 12 días, durante los cuales finalmente le extrajeron la bala que llevaba incrustada en la pierna desde Ciudad Guerrero: esa campaña guerrillera la hizo entre dolores terribles, fiebres intermitentes y una infección que cedía y regresaba sin terminar de irse, pero ahora se curaría definitivamente.

Y a los veinte días tomó Chihuahua a sangre y fuego, y antes de que terminara el año, al frente de 4 000 hombres, hizo lo propio con Torreón.

Pero este espectacular resurgimiento no podía ser la base de una nueva alternativa política: el estado de Chihuahua estaba agotado económica y moralmente, y los carrancistas lograron juntar hasta 22 000 hombres en el estado, una fuerza que los federales en tiempos de Díaz y Huerta no hubieran podido siquiera soñar. El resultado fue la inestabilidad permanente y una violencia cada vez más acerba en el estado grande.

También hay que decir que la resistencia guerrillera villista también continuó en Durango y La Laguna. En la reunión de la hacienda de Bustillos en que Villa disolvió la División del Norte, los generales Calixto Contreras y Severino Ceniceros expresaron su deseo de continuar la lucha y la conveniencia de hacerlo en su región de influencia, y marcharon hacia Cuencamé al frente de un centenar de hombres (los que quedaban de los más de 6 000 que habían comandado apenas seis meses antes). Cuando llegaron a Cuencamé encontraron que unos días antes el general Francisco Murguía al que Carranza había nombrado comandante militar de Durango, había tomado e incendiado la población. Los carrancistas «no dejaron piedra sobre piedra, y se llevaron a todas las familias» a Durango, donde malvivieron por varios meses. Solo quedaron entre las ruinas humeantes de la población algunos ancianos, entre ellos don Justo Ceniceros, padre del general, «un viejecito que no oía ni veía», al que ninguno de sus malaventurados vecinos señaló como tal para ahorrarle las represalias a que tan afecto era el tan cruel como valiente general Murguía.[13]

Hallar Cuencamé como lo hallaron, enardeció los ánimos de la gente de Contreras y atrajo a sus filas a muchos antiguos soldados suyos —que habían formado parte del torrente de desertores que, luego de las derrotas del Bajío, se habían ido individualmente o en grupos a sus lugares de origen—, quienes, en cuanto supieron que su querido general había vuelto a la tierra, fueron a presentársele. Contreras volvió a reunir cerca de 2 000 hombres, y los dividió en partidas encabezadas por los generales Severino Ceniceros, Pedro Favela, Hilario Rodríguez, Hilario Esparza, Lucio Contreras, Leovigildo Ávila, Bernabé González y Santos Sánchez, que en contacto con los guerrilleros villistas de La Laguna, encabezados por el general Canuto Reyes, no dieron respiro a los carrancistas.

En marzo de 1916 los carrancistas hicieron correr el rumor de que Villa había muerto y a la par de la noticia de la muerte del Centauro, hicieron público un ofrecimiento de amnistía. Severino Ceniceros decidió aceptarla y el 13 de junio de 1916 se amnistió en Pasaje, siendo incorporado con todas sus fuerzas a la división que mandaba Francisco Murguía. Desde entonces, estos jefes —y más adelante Leovigildo Ávila— fueron pieza clave en la estrategia contrainsurgente del carrancismo en los antiguos territorios villistas. Años después, ya en Canutillo, Villa diría que las derrotas más duras de su etapa guerrillera las sufrió a manos de sus antiguos subordinados, incorporados al ejército carrancista o a las Defensas Sociales.

Calixto Contreras siguió combatiendo contra las tropas, cada vez más numerosas, del nuevo comandante carrancista de Durango, general Fortunato Maycotte. Sin embargo, cuando los carrancistas presumieron que ellos sí combatían al invasor (tras el combate de El Carrizal), Contreras aceptó negociar con enviados de Maycotte... quienes asesinaron a Contreras (así como haría tres años después el coronel Jesús Guajardo con Emiliano Zapata) en la Hacienda de El Chorro, en julio de 1916. Desalentadas, la mayor parte de las tropas de Contreras, al mando del general Leovigildo Ávila, se sometieron. Una fracción minoritaria, encabezada por el general Lucio Contreras hijo del caudillo de Ocuila, marchó rumbo al norte, reuniéndose con las menguadas huestes de Pancho Villa. Durante un tiempo reinó la calma en el oriente de Durango, hasta que a fines de 1916, antiguos jefes de las fuerzas de Contreras, como el general Hilario Rodríguez, volvieron a surcar las serranías al grito de «¡Viva Villa!». Solo en 1920 los últimos villistas de Durango y La Laguna aceptarían la paz.

Mientras tanto, se había instalado una comisión negociadora entre los gobiernos mexicano y estadounidense para resolver el tema de la intervención. La comisión no llegó a nada porque, como expresó Alberto J. Pani en nombre de don Venustiano, el 28 de diciembre, cualquier negociación sobre asuntos internacionales tenía como requisito previo el retiro incondicional de la

Expedición Punitiva. En vista de esta actitud y del recrudecimiento de las tensiones con Alemania, Wilson ordenó el 28 de enero que la Expedición se retirara. Las últimas tropas estadounidenses abandonaron el país el mismo día que se proclamó la Constitución.

Como en 1914, la firmeza de Venustiano Carranza sentaría un precedente: nunca más fuerzas extranjeras pisarían territorio mexicano. La nueva Constitución sería muy cuidadosa en esos aspectos y no es un tema menor pensar que los debates del Congreso Constituyente de Querétaro se realizaron mientras un girón de suelo patrio hospedaba a 12 000 soldados extranjeros.

3. Los años oscuros

El 28 de enero de 1917 Carranza logró finalmente el retiro incondicional de la Expedición Punitiva, y los últimos soldados estadounidenses abandonaron el país el 6 de febrero. Esta victoria de Carranza no lo fortaleció, pues Wilson estableció otra vez un bloqueo del comercio de armas contra México, e impuso severas restricciones comerciales. El gobierno carrancista, incapaz de conciliar con sus enemigos, debilitándose en lo militar, conservador en lo social, aislado en lo externo, no pudo combatir con eficacia a sus enemigos, entre los que destacaban Villa y Zapata.

Pero Villa tampoco volvería a articular un auténtico desafío nacional, una alternativa real a la facción victoriosa. En parte por el agotamiento de Chihuahua y del país entero, ya mencionado, pero también porque la crueldad creciente de la nueva etapa lo fue separando de muchos de sus antiguos partidarios. Además, a diferencia de 1910 o 1913, esta vez no enfrentaba a un régimen caduco sino a uno que, aunque fuera en teoría, ofrecía una modernización de las relaciones productivas, así como el reparto de la tierra, a través de los artículos 27 y 123 de la nueva Constitución. No tenía frente a sí a un ejército de soldados de leva mal mandados, sino a uno que surgía de un proceso revolucionario y con mandos entusiastas y ambicioso. No iba en ascenso, sino en declive.

Los años de 1917 a 1920 fueron devastadores para Chihuahua. Nunca como entonces se vivió la violencia ni azotaron el hambre y las epidemias. Muchos de los soldados carrancistas llegados de fuera del estado consideraban legítimo el saqueo y la violación, y muchos chihuahuenses fueron víctimas de la violencia creciente del villismo. En cierto modo, esta espiral de violencia puede explicarse por la duración de la guerra, pero también por las características que esa violencia, ese creciente desprecio por la vida humana, adquirieron en Chihuahua en esos años.

El principal enemigo de Villa en esos años, el general de división Francisco Murguía, se había presentado en tierras villistas incendiando la villa de Cuencamé, y ya en Chihuahua se ganaría a pulso el mote de Pancho Reatas por su costumbre de ahorcar a cuanto villista caía en sus manos. Además, como muchos jefes carrancistas en esos años, se convirtió en un arbitrario señor de horca y cuchillo que lo mismo administraba la justicia que los dineros, y especulaba con la miseria del pueblo.

Y frente a esta violencia, Villa no se quedaba atrás. Es complicado seguir la conversión de un caudillo revolucionario en un guerrillero violento y sanguinario, pero eso es lo que ocurrió. ¿Cómo explicarlo? Hay una leyenda negra que dice que Villa siempre fue así, y que no hay diferencia entre esta etapa de su vida y las anteriores. En realidad eso no es cierto: durante la revolución constitucionalista, Villa desobedeció las órdenes de Carranza de fusilar a los oficiales prisioneros, y resultó más humano y respetuoso de la vida que la mayoría de los jefes federales y los comandantes de los otros contingentes constitucionalistas. Sus grandes ofensivas y las más sonadas victorias que obtuvo se caracterizaron también por la prohibición de cualquier tipo de saqueo o vejaciones a la población civil.

¿Cuándo cambió esta actitud? Quizás el momento de inflexión sean los sucesos de San Pedro de la Cueva, Sonora, que contamos en el capítulo anterior. Ya en 1916, tras salir de los meses de atroz sufrimiento en la Cueva de Coscomate, practicó la leva y permitió saqueos, y en 1917 su violencia alcanzó a los familiares de sus enemigos, incluidas las mujeres. En otros países o en la misma Revolución mexicana, el dinero y el poder explican el declive moral de numerosos revolucionarios. Tampoco fue ese el caso de Villa, que no se enriqueció si bien pudo hacerlo.

La innegable crueldad ejercida por Villa contra sus enemigos, que en momentos de furia (como en San Pedro de la Cueva) alcanzó a civiles inocentes, se convirtió en el mecanismo más sencillo para descalificar al movimiento revolucionario que él encabezó. En especial porque esas acciones injustificables fueron tergiversadas hasta convertirlas en odas siniestras. Quien con mayor ahínco recopiló las peores versiones fue Celia Herrera, sobrina de los generales Maclovio y Luis Herrera, una familia que tenía justos motivos de rencor contra Pancho Villa. Veamos algunos casos de la leyenda negra.

El 5 de julio de 1916, en Ciudad Jiménez, fue asesinada la viuda del coronel Miguel González, jefe de la Brigada Guadalupe Victoria, muerto en combate en la batalla de Paredón, en mayo de 1914. Además fueron asesinadas sus hijas Sara y Antonia, y un niño pequeño. La leyenda negra culpa a Villa y agrega detalles macabros y escabrosos. El general Nicolás Fernández condujo la investigación, de la que resultó que el crimen lo había cometido un antiguo oficial de la Brigada Guadalupe Victoria, Carmen Delgado, quien, al enterarse de que la joven Antonia González había tenido un hijo con un capitán carrancista, asesinó a la familia a pesar del texto autógrafo de Villa en el que autorizaba el matrimonio. Delgado estuvo varios meses en calidad de prisionero.

Poco después, pasando por Satevó, Villa ordenó fusilar al hermano del general José Ruiz Núñez, que lo había traicionado. La abuela de los Ruiz, doña Ludgarda Barrio, lo increpó llamándolo cobarde y desagradecido. Según versión de Belén Prieto, también hermana del general y que en el momento de los hechos estaba en Chihuahua, escribió que Villa mandó quemar viva a su abuela, testimonio que dan por verdadero cuantos se adscriben a la leyenda negra. Otras versiones, ratificadas por el propio José Ruiz, niegan el hecho.

Lo que sí es cierto es que desde que salió de la cueva del Coscomate, Villa entró en una espiral de violencia creciente y que ya en diciembre del mismo 1916 cometió una acción que marca la decadencia moral de lo que quedaba del villismo: una guerrilla derrotada y sin brújula política. En retirada de Chihuahua, que había intentado tomar, y tras batir a los carrancistas en Horcasitas, un grupo de soldaderas carrancistas (14 o noventa, según la fuente, aunque algunas hacen subir el número hasta doscientos) estaban en los trenes de la estación. Las narraciones se contradicen, pero parece ser cierto que una de ellas disparó contra Villa, matando a su asistente, Fortino Baray. Como haya sido, Villa ordenó o autorizó la ejecución de todas las mujeres. Más allá de los exagerados relatos esperpénticos, el hecho fue ese. Al año siguiente habría otra ejecución de soldaderas, esta vez en Namiquipa, población que, como Satevó, era cuna de muchos villistas afamados.

Además de esta violencia, hay otras cosas que destacar de este período. Primero, el carácter de la guerrilla villista, inasible, pero incapaz de volver a convertirse en ejército. Tras la toma de Torreón, marchó hacia Chihuahua con trenes y cañones y, batido por Murguía, disgregó su ejército en guerrillas. Ya nunca más recuperaría la popularidad ni el apoyo social de que había gozado y pasaría tres años y medio como jefe de una guerrilla acosada y sin futuro pero inasible. En 1917 Villa llegó hasta los límites de Zacatecas con Jalisco en una enloquecida expedición que buscaba sorprender a Venustiano Carranza en Chapultepec, recorría las sierras y desiertos, y la leyenda de su ubicuidad, la realidad de su rapidez, lo hacían invencible en ese terreno.

Ese era Pancho Villa cuando Felipe Ángeles decidió regresar a México para buscarlo. Antes de la batalla de Aguascalientes, en el verano de 1915, Villa había enviado a Felipe Ángeles a Washington a reforzar el equipo de políticos que negociaban el reconocimiento del gobierno de la Convención por el de Estados Unidos. No lo logró, y desde Estados Unidos vio la debacle de la División del Norte. En el exilio sufrió estrecheces económicas para mantener a su familia, y de una u otra manera se fue ligando con otros exiliados, como José María Maytorena, Manuel Bonilla, Federico González Garza, Antonio I. Villarreal, Miguel Díaz Lombardo y Fernando Iglesias Calderón. Al mismo tiempo, leía con fruición y pulía su lupa política, avanzando de sus posiciones democráticas hacia una especie de socialismo utópico-humanista.

Un lazo de unión entre los exiliados era su lealtad a los principios del liberalismo, por lo que la promulgación de la Constitución de 1917 los reactivó. No vieron en ella los derechos sociales consignados en los artículos 27 y 123, sino su otra faceta: la legalización del autoritarismo porfiriano mediante la concentración de poderes en manos del presidente (una propuesta diametralmente opuesta al parlamentarismo que había unido a los zapatistas con los antiguos maderistas, devenidos villistas, en la Convención). Muchos exiliados empezaron a organizarse y a trabajar por la unificación de las numerosos resistencias que el carrancismo era incapaz de vencer. Finalmente, esto cuajó en la construcción de la Alianza Liberal Mexicana.

Ángeles insistía que el único capaz de encabezar esa alianza anticarrancista era Francisco Villa. Y tras muchas vacilaciones, se puso en contacto con un enviado de Villa, Alfonso Gómez Morentín, para pedirle que Villa le enviara a algún contacto seguro a El Paso, Texas, que lo llevara a presencia del propio Villa «con el objeto de tratar asuntos de importancia para la Revolución».[14]

Ángeles se encontró en un rancho del desértico y aislado Big-Bend texano con José María Jaurrieta, secretario de Villa. Pasaron por Cuchillo Parado, la cuna de la Brigada González Ortega, que seguía siendo un irreductible bastión villista, y alcanzaron a Villa en la hacienda de Tosesihua. Ángeles y Villa se abrazaron y se dieron mutuamente el respetuoso trato de *mi general*.

Ángeles le explicó el proyecto de unificar las fuerzas anticarrancistas, y Villa le respondió que era casi imposible: él había intentado marchar rumbo al sur o coordinarse de alguna manera, pero estaba aislado, como aisladas estaban también las demás resistencias. Sin embargo, decidió intentarlo y por primera vez desde su derrota frente a Murguía a principios de 1917 decidió pasar a la ofensiva.

Villa aceptó, sin mucho entusiasmo, los postulados de la Alianza Liberal Mexicana y su rechazo a la nueva Constitución, pero entendía que las intenciones de Ángeles eran vanas: cuando llegaban a los pueblos no los esperaban multitudes entusiastas como en 1910 o 1913, sino mujeres y ancianos. Los varones se escondían, huían o simplemente, ya no estaban, y poco a poco Ángeles se fue convenciendo de la inutilidad de su tarea. Trató de transformar el miedo que ahora se le tenía a Villa humanizando la campaña, pero aunque Villa atendía sus sugerencias, tampoco se obtenían resultados visibles.

La única ciudad de importancia que Villa y Ángeles tomaron en esta campaña fue Parral, que defendió con bizarría el antiguo jefe de Estado Mayor de la División del Norte, general Manuel Madinabeitia. Los defensores solo se rindieron cuando se les dio garantía de respetar su vida, pero Villa se negó a perdonar a tres jefes de las Defensas Sociales, don José de la Luz Herrera y dos de sus hijos. Villa le tenía odio jurado a José de la Luz, a quien atribuía (correctamente) la defección de los generales Maclovio y Luis (muertos en combate contra el villismo en 1915 y 1916, respectivamente), quien lo había engañado y ofendido en varias ocasiones, y no estaba dispuesto a perdonarlo.

Luego de eso, diseñaron, con optimismo, una nueva campaña militar, cuyo punto de partida era tomar Ciudad Juárez. Para ello, Villa, auxiliado por Ángeles y Martín López, decidió concentrar todos los elementos disponibles en Santa Gertrudis, y volver a darles una apariencia de organización militar, que quedó de la siguiente manera:

- Brigada Morelos, con un efectivo de 1 600, comandada por los generales Nicolás Fernández, Alberto Jiménez, Juan Cárdenas y Sóstenes Garza.
- Brigada José Rodríguez, comandada por los generales Hipó-

lito Villa, Ricardo Michel, Gabriel Valdivieso, Ildefonso Sánchez y Porfirio Ornelas, con un efectivo de 14 000 hombres...
- Brigada Pablo López, con 1 700 hombres bajo el mando de los generales Martín López, Lorenzo Ávalos, Ramón Vega, J. Manuel Castro...
- Una fracción de brigada con ochocientos hombres bajo el mando de los generales Albino Aranda, José Chávez, José Meza, José F. Fernández...[15]

El plan de ataque fue trazado por Ángeles y aprobado en junta de generales. Poco antes de la medianoche del 14 de junio de 1919 inició el ataque, encabezado personalmente por Martín López: 2 000 villistas lograron forzar los perímetros defensivos y llegaron hasta el centro de la ciudad, pero rechazados, tuvieron que replegarse. Villa reprendió enérgicamente a Martín, por quien intercedió Ángeles. Y a la noche siguiente, Villa en persona se puso al frente de las tropas de asalto. Una vez más estaban a punto de doblegar la resistencia carrancista, cuando allende el Bravo empezaron a sonar los cañones del 82º Regimiento de Artillería de Estados Unidos, que enmascaraban la marcha de las infanterías que cruzaban el puente internacional y del 16º Regimiento de Caballería, que vadeaban el río por San Lorenzo. Antes de verse copado entre carrancistas y estadunidenses, Villa dio la orden de retirada.

En Villa Ahumada, los villistas combatieron contra una columna carrancista que, mandada personalmente por Joaquín Amaro, había salido de Chihuahua. De ahí, se retiraron otra vez al occidente del estado, para hacer un último esfuerzo por relanzar la campaña, y 42 días después del ataque a Ciudad Juárez, 5 000 villistas aparecieron frente a la capital de Durango, defendida por la división del general Cesáreo Castro. Los feroces combates terminaron cuando Martín López recibió una herida mortal y los villistas se retiraron hacia el norte. El 4 de septiembre, un Villa que no contenía las lágrimas, cerró los ojos al último de sus grandes generales.

A lo largo de esas marchas, los villistas veían a Ángeles cambiado: sin cruzar palabra casi con nadie, humillada la cabeza, baja la mirada. Entendía al fin la inutilidad de la lucha; comprendía por fin que no había forma de reconstruir a la División del Norte ni repetir la campaña de 1914. Se daba cuenta que Estados Unidos nunca perdonaría el ataque a Columbus. Villa amenazó con reemprender sus represalias contra ciudadanos del vecino país (aunque no lo hizo), y Ángeles se decidió a abandonarlo. Los dos generales se separaron como amigos y Ángeles, con una pequeña escolta, vagó durante semanas por la geografía chihuahuense, negándose a regresar al exilio. Para muchos, solo buscaba ya una muerte digna.

Vendido por un antiguo compañero de Martín López, Ángeles fue hecho prisionero por el coronel Gabino Sandoval, antiguo villista que pertenecía a las Defensas Sociales. Verdaderas multitudes acudieron a las estaciones de Parral y Chihuahua a expresar su simpatía por el artillero, y durante su juicio, el teatro de los Héroes, de Chihuahua, estuvo lleno a rebosar. Las clases medias y bajas de la ciudad expresaban apoyo al general y recordaban los buenos gobiernos villistas.

Carranza decidió que se le sometiera a un proceso de guerra, lo que dio lugar al único juicio público importante de toda la Revolución mexicana y, aunque solo duró dos días, permitió a Felipe Ángeles exponer sus pensamientos y justificar históricamente, desde su particular humanismo, la figura histórica de Francisco Villa.

Ángeles fue acusado de insubordinación y rebelión, y aunque dejó que sus abogados lo defendieran en términos jurídicos, fue él en la práctica quien asumió su defensa. Llamó a la paz y la reconciliación, hizo una exposición de su socialismo humanista y defendió a Villa, diciendo que lo habían hecho malo las circunstancias. Finalmente, condenado de antemano y tras un juicio que fue una farsa, Ángeles fue fusilado en noviembre de 1919.

Esas eran las circunstancias del villismo cuando llegaron a sus campamentos las noticias del Plan de Agua Prieta, proclamado el

23 de abril de 1920, mediante el cual el gobernador de Sonora, Adolfo de la Huerta, desconocía al presidente Venustiano Carranza. El verdadero objetivo del Plan era eliminar los obstáculos que Carranza estaba poniendo a la inminente victoria de Álvaro Obregón en las elecciones presidenciales de 1920, y garantizar el acceso al poder del caudillo y su grupo. Villa se movió rápidamente hacia el cañón del Púlpito, paso natural entre Chihuahua y Sonora, y envió mensajeros a De la Huerta y a su jefe militar, Plutarco Elías Calles, ofreciéndoles sumarse al movimiento. Le respondieron: De la Huerta le pidió que pasara a Agua Prieta, Sonora, y Calles, que buscara a Eugenio Martínez, quien encabezaba la rebelión en Chihuahua. Pero no hubo tiempo de más: no había pasado un mes de la proclamación del último plan político exitoso de nuestra historia, y ya estaba muerto el presidente Carranza (21 de mayo de 1920) en misteriosas circunstancias.

El 22 de mayo, Plutarco Elías Calles, que al día siguiente sería designado secretario de Guerra y Marina del gobierno provisional de Adolfo de la Huerta, escuchó las propuestas que Villa le hizo llegar a través de Alfonso Gómez Morentín: Pancho ofrecía retirarse a la vida privada, en Chihuahua o Parral; también pedía que se reconocieran los grados de sus hombres que desearan retirarse. Calles hizo la contraoferta de que Villa se retirara a Sonora con diez hombres y, jugando con dos barajas, ordenó al general Ignacio C. Enríquez que no omitiera esfuerzos para lograr que Villa depusiera las armas, y Enríquez salió en busca de Villa, llevando exvillistas en la vanguardia para que hicieran contacto con el Centauro.

Estos primeros intentos de conciliación reflejan un hecho central: el grupo que acababa de asaltar el poder buscaba seriamente la pacificación y reconciliación nacionales, a diferencia de Carranza. Y también a diferencia de Carranza, tenían un proyecto que incorporaba, así fuera de manera parcial, las demandas de la gran revolución agraria y popular que había sacudido al país.

El grupo que tomó el poder en mayo de 1920 había comenzado a formarse en la Convención de Aguascalientes. Solemos llamar al grupo que gobernó a partir de 1920 *sonorense*, y si nos atenemos al primer gabinete de Obregón, sonorense parece por el origen del presidente y de los titulares de las carteras más importantes: Plutarco Elías Calles, Adolfo de la Huerta y Benjamín Hill, respectivamente secretarios de Gobernación, Hacienda y Guerra. Pero quienes diseñaron y aplicaron las políticas que dieron sentido a ese gobierno fueron los secretarios de Educación Pública, Agricultura y Fomento, y Comunicaciones y Obras Públicas, José Vasconcelos Calderón, Antonio I. Villarreal González y Amado Aguirre y Santiago, tres hombres a los que Obregón trató en los días de Aguascalientes y que, al menos los dos primeros, fueron personajes decisivos en el rumbo de la Asamblea. También en Aguascalientes, Obregón conoció o trató a Miguel Alessio Robles, quien sería su secretario particular y brevemente secretario de Industria, Comercio y Trabajo; y a otros políticos clave de su gobierno, como Antonio Díaz Soto y Gama, quien con Luis N. Morones le garantizaba cierta mayoría parlamentaria; o al senador Eulalio Gutiérrez. Podemos arriesgar, pues, que el grupo que se impuso en la lucha armada nació en Aguascalientes, pasó por el crisol de la Guerra, levantó la voz en el Congreso Constituyente y tomó el poder en 1920.

Para muchos autores, el *crisol de la guerra* significa o se traduce en el acercamiento o la sensibilización de muchos oficiales terceristas e incluso carrancistas (como, yendo aún más allá, Francisco J. Múgica y el joven Lázaro Cárdenas) a las demandas de los ejércitos populares. Y meses después, en el Congreso Constituyente, fueron los diputados cercanos a Álvaro Obregón los que promovieron los derechos sociales consagrados en los artículos 27 y 123.

Para impulsar su proyecto de reconstrucción nacional por una vía que puede ser llamada *populista* o *bonapartista*, el grupo de Obregón necesitaba, antes que ninguna otra cosa, la pacificación y reconciliación con los grupos que aún seguían en armas, y en ese marco se entienden los tempranos acercamientos realizados por Calles y De la Huerta con Pancho Villa. También se entiende que Villa los haya buscado: a la terquedad de su resistencia sin futuro parecía no quedarle otro fin que combatir a Carranza. Muerto Carranza, terminaba esa última razón.

Pero las negociaciones inmediatas no prosperaron, y apareció un nuevo obstáculo: Obregón que había gestionado la alianza de su movimiento con los últimos zapatistas y que respaldaba los procesos de conciliación con otros rebeldes no parecía ver con buenos ojos la posibilidad de que también Villa quedara sin castigo. Las instrucciones al nuevo comandante militar de Chihuahua, general Joaquín Amaro, parecen ir en ese sentido.

Tuvo que pasar un mes para que entre mensajes por vías extrañas y acciones contradictorias, se retomara la comunicación de Villa con un agente oficial o extraoficial de De la Huerta: Elías L. Torres. Ese ingeniero veracruzano logró entrevistarse con Villa, quien le dio una carta para el presidente, con una serie de condiciones, más la propuesta de suspender unilateralmente las hostilidades.

Torres salió hacia México y el 10 de julio se entrevistó con el presidente, que no aceptó las propuestas de Villa, pero hizo una contrapropuesta muy razonable. Pero, entre tanto, Obregón intentaba sabotear las negociaciones. Llegó a telegrafiarle a De la Huerta que había recibido informes de que negociaba con el «bandolero Villa» y que si eso era cierto, esas negociaciones «significarían el fracaso moral» del gobierno «porque tendrían como base la impunidad».[16] Para Obregón, con Villa no debía negociarse y sus presiones dieron resultado, pues las negociaciones se cancelaron.

Entonces Pancho hizo otra, la última de las suyas. En una reunión de generales y apoyado por Sóstenes Garza, oriundo de Buenaventura, Coahuila, Villa decidió cruzar la parte más árida del Bolsón de Mapimí y aparecerse en la cuenca carbonífera de Coahuila, para desde ahí forzar las negociaciones: 858 hombres, sin reservas de agua ni comida, se internaron en pleno verano en uno de los desiertos más áridos del mundo. En los límites de Chihuahua y Coahuila consiguieron agua y comida, y uno de ellos recordaría admirado: «el General conoce todos los rincones del mundo».

Luego de 13 días de cabalgata (con dos de descanso en un pequeño aguaje), a las cuatro de la mañana del 26 de julio de 1920 apareció a su vista una ciudad: era Sabinas, de la que se apoderaron fácilmente, tras cortar los hilos telegráficos. Dueños de la población, repararon las líneas y a las ocho de la mañana enlazaron con Palacio Nacional, y Villa estableció contacto directo con el presidente Adolfo de la Huerta, quien no se sorprendió demasiado al saber que Villa estaba a setecientos kilómetros de donde las fuerzas del gobierno lo tenían cercado...

Tras una larga conversación, De la Huerta le informó que para poner en papel los acuerdos a los que estaban llegando, le enviaba al general Eugenio Martínez, que estaba en Torreón y llegó a Sabinas al día siguiente. Y el 28 de julio se firmó el acta de rendición, mediante la cual Villa depuso las armas para retirarse a la vida privada; le entregaron la hacienda de Canutillo para que estableciera ahí su residencia con cincuenta hombres que serían pagados por el gobierno, y a sus tropas se les pagaría un año de haberes y se les entregarían tierras, o se les incorporaría al Ejército reconociéndoles su grado (quienes se retiraron y recibieron tierras se concentrarían en otras cinco haciendas que funcionaron como colonias agrícolas, aunque eso no se estableció en el acta). Finalmente, Villa se comprometía a no tomar las armas contra el gobierno constituido.

La lucha armada había terminado.

4. Canutillo

Tras firmar el 28 de julio los Acuerdos de Sabinas, Pancho Villa y sus compañeros emprendieron una cabalgata hacia Canutillo que casi supo a marcha triunfal. En San Buenaventura, Sóstenes Garza le ofreció un banquete. En San Pedro de las Colonias lo recibió en su rancho Raúl Madero, a quien no veía desde 1915 cuando salió al exilio. Saludó a Manuel Chao y a Máximo García, jefes de brigada de 1913. Y el 13 de agosto llegó a Tlahualilo, donde debían concentrarse todos sus hombres. Allí se hizo entrega de las armas y los grados, los dineros de los que se retiraron a la vida privada y los papeles de los que se unirían al Ejército. Los irreductibles se dispersaron. Villa no quería que se pusiera a su nombre la hacienda de Canutillo, pero al fin aceptó. Las otras colonias militares se escrituran a nombre de Nicolás Fernández Carrillo (compadre desde antes de 1910 y uno de los jefes de los dorados), Lorenzo Ávalos Puente (gente de Calixto Contreras de 1910 a 1916, y luego de los irreductibles), Albino Aranda (que había sido jefe de la Brigada César Felipe Moya en 1915).

El 31 de agosto el villismo cierra su etapa armada con la proclamación del *Manifiesto de Tlahualilo*, que inicia así:

Consideramos que sin el afianzamiento de la paz en la república, de una paz orgánica, la reconstrucción nacional será imposible.
Consideramos que sin esa paz la ley ya las promesas de la revolución serán siempre burladas...

Y luego de otros considerandos, declaran: «Por ello deponemos las armas y ante la nación y ante el mundo declaramos que nos retiramos desde hoy a la vida privada»... Firman, «el general en jefe, Francisco Villa», y los generales Nicolás Fernández, Albino Aranda, Sóstenes Garza, Ricardo Michel, Juan B. García, Lorenzo Ávalos y Porfirio Ornelas, así como el resto de los jefes y oficiales presentes.[17]

La hacienda de Canutillo, en la que Villa pasó los últimos tres años de su vida, estaba 75 kilómetros al sur de Parral y el acceso a su casco, desde la cercana congregación de Nieves, era muy fácil de vigilar. Constaba la propiedad de 83 mil hectáreas de las que 1784 eran de riego. Llegaron Villa y los cincuenta compañeros de su escolta, más otros cien o doscientos, también exsoldados suyos, que decidieron acompañarlo y establecerse en la hacienda. La casa grande estaba en ruinas y las tierras abandonadas. Y Villa, aparentemente olvidado y olvidándose él mismo de sus afanes políticos y revolucionarios, dedicó su inagotable energía a restaurarla y a convertirla en un modelo agrícola.

Se sigue discutiendo si Canutillo fue un experimento social en el que se vivía como en una colonia militar de nuevo tipo, un modelo agrícola y social, o una hacienda a la antigua donde Villa se comportaba como señor feudal. Los datos no abonan a lo segundo: por ejemplo, hay quienes dicen que había peones en Canutillo cuando la entrega de la hacienda hace constar que todas las tierras estaban tomadas por la cizaña y que quienes se establecieron en ellas fueron villistas. Durante dos años solo se invirtió en el reacondicionamiento de las tierras, y apenas en 1922 empezaron a levantarse cosechas de trigo. Ese año, Canutillo tenía ya 3500 habitantes.

La tienda y la escuela Felipe Ángeles eran parte central del proyecto. La tienda distribuía a los trabajadores o colonos maíz y otros productos básicos, y vendía al costo los insumos que se hacían traer de Parral. La escuela, inaugurada en febrero de 1922, tenía seis salones y residencias para los profesores; además, funcionaba en la noche para adultos. En el largo y muy rico reportaje que escribió Regino Hernández Llergo, quien estuvo una semana con Villa en Canutillo, consignó que la escuela de Canutillo estaba a la altura de las mejores de las grandes ciudades.

Cuando lo asesinaron, Villa había conseguido convertir el erial que le entregaron en lo que había imaginado: un modelo agrícola y un polo de desarrollo. El jefe de su escolta, Ernesto Ríos, declaró: «la idea de Villa no era hacer una propiedad para él, era colonizar esa hacienda en favor de todos los trabajadores».[18]

Por otro lado, Villa se había comprometido a no participar en política durante los cuatro años siguientes; sin embargo, sí presionó en favor del reparto agrario a los gobernadores de Chihuahua y Durango. En marzo de 1922 Villa se opuso frontalmente al intento del gobierno de Chihuahua por vender a corporaciones estadounidenses extensos terrenos que habían pertenecido a los Terrazas. El presidente Obregón le dio la razón, y ordenó suspender los contratos, advirtiendo que, en efecto, podían provocar un estallido social.

Y en 1923, el presidente y su círculo cercano empezó a temer que Villa regresara a la política y en especial que secundara las aspiraciones presidenciales de Adolfo de la Huerta, cuando ya Obregón había optado por favorecer a Plutarco Elías Calles. Y de hecho, desde su arribo a Canutillo, Villa mantuvo una nutrida correspondencia con De la Huerta, a quien recurría para resolver los problemas concretos de Canutillo y otros conflictos que se suscitaban.

En mayo de 1923, de regreso de la frontera, De la Huerta citó a Villa en Ciudad Jiménez, donde tuvieron una larga conversación, en la que estuvieron presentes el secretario de Villa, Miguel Trillo, el general Eugenio Martínez y el ingeniero Luis L. León, quien sería secretario de Agricultura y Fomento en el gabinete de Calles (1924-1928), a quien informó puntualmente de la conversación (Calles era en 1923 secretario de Gobernación). Elípticamente, Villa le ofreció su apoyo total a De la Huerta si se lanzaba a la carrera presidencial. Lo reafirmaría, también elípticamente, en una carta a De la Huerta fechada el 4 de junio. Para muchos, haber tomado partido por Adolfo de la Huerta fue la sentencia de muerte del Centauro del Norte.

Siempre hubo personas dispuestas a matar a Villa. Había dejado muchas deudas de sangre en su camino. Y en Parral, la ciudad más cercana a Canutillo, a la que acudía para surtirse, donde tenía a Manuela Casas, una de sus mujeres, destacaba Jesús Herrera Cano, hermano de Maclovio, y Luis, hijo de don José de la Luz. Herrera se reunía con varios personajes en el Hotel Imperial de Parral para planear el asesinato de Villa, y desde marzo o abril de 1923 contrataron a un tal Melitón Lozoya para que reclutara a un grupo de pistoleros dispuestos. Las personalidades que participaron en el complot llevarían a Austreberta Rentería (con quien Villa compartía su vida en Canutillo) a asegurar que «detrás del asesinato estaba el dinero de Parral».

También Melitón Lozoya odiaba personalmente a Villa y asumió el encargo, y buscó al grupo de gatilleros, encontrándolo entre personas que habían perdido familiares en combate contra los villistas. El último en incorporarse, por invitación de Jesús Herrera, fue Jesús Salas Barraza, diputado local por Durango que también le guardaba rencores personales a Villa.

La participación o anuencia del gobierno también es clara. El general Joaquín Amaro, hombre de toda la confianza de Calles, fue el enlace con Jesús Salas Barraza. En una de las cartas de este a Amaro, el 7 de julio de 1923, le comenta que el «asunto» es necesario, y más ahora que Villa se está reuniendo «con personas desafectas al régimen», como Antonio I. Villarreal (que había renunciado al gabinete de Obregón y muy cercano a De la Huerta), Enrique C. Llorente (intelectual villista de 1914 a 1915), Raúl Madero, Miguel Díaz Lombardo y otros.

Así, con el respaldo del «dinero de Parral» y la aprobación del gobierno, los pistoleros se establecieron en esa ciudad el 7 de julio para esperar el momento propicio. Los asesinos emboscarían a Villa y harían fuego desde las ventanas de dos casas en una calle de Parral por la que tenía que pasar el auto de Villa de regreso a su casa de Parral (la de Manuela) y Canutillo, una parte de la calle en que esta hace una curva y sortea un vado, por lo que los autos debían reducir la velocidad.

Y ahí lo mataron el 20 de julio en la mañana. En el vehículo, que él conducía, iba su secretario Trillo, cuatro escoltas en los asientos traseros y el chofer en el estribo, que era muy ancho. De los siete, solo sobreviviría el capitán Ramón Contreras. Según la autopsia, Villa recibió 12 impactos en total, entre ellos un tiro de gracia, que se atribuiría a Jesús Salas Barraza o José Sáenz Pardo.

¿Por qué lo mataron? Algunos, por venganza personal. Otros, por el miedo al resurgimiento económico y político de Pancho Villa, que en 1920 parecía definitivamente vencido, segregado de la vida pública nacional; miedo al resurgimiento de su vigorosa voz en defensa de los pobres, miedo al contagio del experimento social que estaba desarrollando en la hacienda de Canutillo, miedo al fantasma de la revolución campesina. Miedo concreto a que uniera su popularidad a la de Adolfo de la Huerta. Lo mataron porque era un emplazado: Obregón no le perdonó nunca la pérdida de su brazo, la herida que nunca cicatrizó.

La reacción del pueblo de Parral mostró que no estaban equivocados los hombres del poder y del dinero al temer el regreso de

Villa: un multitudinario desfile encabezado por los cincuenta dorados que vivieron con el Centauro en su exilio interior, en la hacienda de Canutillo, acompañaron el cortejo, y en la oración fúnebre se dijo bien claro que había sido un crimen político.

Durante muchos años la historia oficial mostró a Villa como un bandolero inescrupuloso y un asesino despiadado. Su tumba fue profanada, sus seguidores acorralados políticamente. Se intentó borrar su memoria. Pero siempre hubo quienes rescataron al Villa defensor de los pobres, y nacieron y crecieron infinidad de mitos y leyendas sobre el personaje, sus tesoros enterrados, sus pistolas, sus hazañas guerreras y sexuales, hasta que adquirió una estatura mítica que rebasó ampliamente el silencio oficial.

Notas

[1] Juan Bautista Vargas Arreola, *A sangre y fuego con Pancho Villa*, México, FCE, 1988, pp. 278-284.

[2] Francisco R. Almada, *La Revolución en el estado de Chihuahua*, tomo I, México, INEHRM, 1971, p. 218.

[3] Álvaro Obregón, Álvaro, *Ocho mil kilómetros en campaña*, México, FCE, 1959, pp. 471-473.

[4] Alberto Calzadíaz, *Hechos reales de la Revolución,* vol. III, México, Editorial Patria, 1967, p. 154.

[5] Juan Bautista Vargas Arreola, *A sangre y fuego...*, p. 302.

[6] Álvaro Obregón, Álvaro, *Ocho mil kilómetros...*, p. 451.

[7] Juan Bautista Vargas Arreola, *A sangre y fuego...*, p. 306.

[8] *Vida Nueva*, 21 de noviembre de 1915.

[9] Citado en Friedrich Katz, *Pancho Villa*, tomo II, México, Ediciones Era, 1998, pp. 152-153.

[10] *Ibidem,* p. 156.

[11] *Ibidem,* p. 157.

[12] *Ibidem,* p. 159.

[13] Juan Bautista Vargas Arreola, *A sangre y fuego...*, pp. 323-327 y 361-362.

[14] José María Jaurrieta, *Con Villa (1916-1920), memorias de campaña*, México, CONACULTA, 1997, p. 156.
[15] Alberto Calzadíaz, *Hechos reales...*, vol. VIII, 1967, p. 192.
[16] Citadas por Paco Ignacio Taibo II, *Pancho Villa*, México, Planeta, 2006, pp. 755-756.
[17] José María Jaurrieta, *Con Villa...*, pp. 271-273.
[18] Citado por Paco Ignacio Taibo II, *Pancho Villa*, p. 801.

Epílogo
EL VILLISMO DESPUÉS DE PANCHO

La magnitud de la derrota militar del villismo puede contarse siguiendo el destino trágico de la mayoría de sus protagonistas: cuando Villa fue asesinado, solo sobrevivían cuatro de los 16 jefes de Brigada que firmaron los telegramas de ruptura con Venustiano Carranza, y uno de ellos, Manuel Chao, no sobrevivió un año. Hubo un sino trágico: entre 1913 y 1919 fue largo el desfile de muertos por muerte violenta: Porfirio Talamantes, Juan E. García, Benito Artalejo, Miguel González, Toribio Ortega, Trinidad Rodríguez, Agustín Estrada, Andrés U. Vargas, Maclovio Herrera, Rodolfo Fierro, Pablo Séañez, Tomás Urbina, José E. Rodríguez, Eugenio Aguirre Benavides, Julián Granados, Gonzalitos, Calixto Contreras, José Isabel Robles, Benjamín Argumedo, Candelario Cervantes, Felipe Ángeles, Martín López.

Sobrevivieron los segundones, retirados de la política, y alguno de los jefes de brigada de los tiempos heroicos que de pronto dieron un campanazo, como Isaac Arroyo, muerto misteriosamente en 1923; Manuel Chao, fusilado en 1924 luego de sumarse a la rebelión delahuertista; o Rosalío Hernández, rebelde escobarista en 1929. Los políticos quedaron al margen del nuevo Estado aunque hayan vivido muchos años más, como los hermanos González Garza, Miguel Díaz Lombardo, Federico Cervantes, Silvestre Terrazas y Adrián y Luis Aguirre Benavides.

Unos pocos pudieron incorporarse al nuevo orden de cosas, como Manuel Madinabeitia, que llegó a ser oficial de confianza del general Calles; Eulogio Ortiz, convertido en terrateniente de

La Laguna y torturador de Librado Rivera, el último magonista; Práxedes Giner Durán, gobernador de Chihuahua de infausta memoria; Raúl Madero González, gobernador de Coahuila; o Juan B. Vargas, eficaz perseguidor de cristeros y plástico historiador del villismo. Hay incluso un Nicolás Fernández fundador de unos tales Camisas Doradas, pero ese señor no aparece como jefe villista en mis fuentes.

Más allá de estos destinos personales, la continuación de esta historia puede contarse de otra forma: hay que recordar, por ejemplo, que a casi todos los pueblos de Chihuahua que fueron villistas se les dotó de las tierras que exigían, o de parte de ellas, durante los gobiernos de Obregón y Calles: en el Archivo de la Secretaría de la Reforma Agraria son bastante explícitos los expedientes de pueblos como San Andrés, Santa Isabel, Valle de Zaragoza, Satevó, Huejotitán y muchos más. Incluso, se fundaron dos grandes núcleos ejidales basados en el moderno aprovechamiento del agua: Ciudad Delicias en la región de Camargo y Ciudad Cuauhtémoc, en tierras que fueron de la hacienda de Bustillos. Tampoco hay que olvidar la presión ejercida por Pancho Villa en persona, desde su retiro en Canutillo, en favor de las demandas agrarias de sus antiguos soldados.

Podríamos hablar también de la inspiración popular de la guerra cristera y la participación de muchísimos villistas en ella, porque aunque los veteranos de la División del Norte convertidos en jefes cristeros no hayan tenido renombre en la época dorada del villismo, su número es impresionante.

¿Y qué decir del agrarismo de los valles y llanuras de Durango? Calixto Contreras murió como villista, y Severino Ceniceros terminó pasándose al carrancismo, pero las tierras que los campesinos del partido de Cuencamé expropiaron a las haciendas no les fueron devueltas a los latifundistas. Tres hombres que habían estado vinculados al villismo duranguense o a los jefes Contreras y Pereyra fueron diputados constituyentes, del ala radical de ese Congreso, e influyeron en la redacción del artículo 27 en su versión definitiva: Pastor Rouaix, Alberto Terrones Benítez y Silvestre Dorador.

El nuevo marco legal fue utilizado por los pueblos para exigir y obtener dotaciones y restituciones, de tal modo que en 1929 Pastor Rouaix pudo escribir que la transformación de la región de Cuencamé era «la mejor justificación del movimiento revolucionario», porque en claro contraste con lo que pasaba antes de la Revolución, cuando todos los extensos valles del sur del antiguo partido de Cuencamé pertenecían a dos enormes haciendas, «en la actualidad toda la llanura está cubierta de poblados libres con tierras propias».[1]

Los veteranos villistas, encabezados por el general Severino Ceniceros, senador de la República y dirigente local del Partido Nacional Agrario, organizaron el Sindicato Agrario Confederado de Durango, que fue un poderoso instrumento de presión para formalizar y agilizar el reparto. Ceniceros terminó su período como senador y regresó a Cuencamé. Una década después ocupó interinamente, por unas semanas de 1935, el gobierno de su estado natal.

Severino Ceniceros murió en la Ciudad de México en junio de 1937. El presidente Lázaro Cárdenas recibió un telegrama en el que el «pueblo revolucionario de Cuencamé», habiéndose enterado que Ceniceros había fallecido en la Ciudad de México, solicitaba que se le permitiera trasladar el cuerpo a Cuencamé, «donde se la ha preparado una capilla ardiente, para que descanse en su tierra». Firmaban Francisco Gómez, Margarito García, Nicolás Espinosa, José Dolores Espinosa, José Antonio Favela, Ignacio Machado, «por sí y cinco mil firmas más». El general Cárdenas dispuso que una escolta militar especial llevara los restos del antiguo revolucionario a su tierra y le rindiera los honores correspondientes a su grado.[2]

Podríamos decir, pues, que la revolución agraria del oriente de Durango, derrotada en los campos de batalla, obtuvo una peculiar victoria en la derrota, al ver resueltos los agravios que los hicieron tomar las armas en 1910. Pero también podríamos preguntarnos ¿era esto lo único que pedían los cuencamenses rebeldes? ¿Su praxis revolucionaria no los llevó a posiciones que trascendían la mera demanda de tierras? ¿Les bastaba con eso que, a fin de cuentas, solo aumentó el número de campesinos pobres en una zona antes semideshabitada? Ellos mismos dieron importantes respuestas a estas preguntas y a otras que podrían ocurrírsenos cuando entre 1925 y 1929 (justo cuando Pastor Rouaix, revolucionario oficial, escribía que la situación regional era «la mejor justificación del movimiento revolucionario»), cuando se sumaron masivamente al agrarismo rojo, del Partido Comunista, y propusieron no solo destruir el latifundio y repartir la tierra, sino construir una sociedad sin propietarios ni explotados.

También en la Comarca Lagunera muchos antiguos villistas alimentaron el agrarismo rojo y no fue casual que el candidato de la Liga Nacional Agraria «Úrsulo Galván» y del Partido Comunista Mexicano para las elecciones presidenciales de 1929 fuera un antiguo colorado y luego villista, a la sazón dirigente del agrarismo lagunero: el general Pedro V. Rodríguez Triana, quien había sido lugarteniente de Benjamín Argumedo.

Siete años después, el general Rodríguez Triana y el general Lorenzo Ávalos Puentes, formado a las órdenes de Calixto Contreras y uno de los leales compañeros de Pancho Villa en su retiro de Canutillo, fueron dos de los asesores más cercanos al general Lázaro Cárdenas durante la preparación del reparto agrario en La Laguna. Ávalos acompañó al presidente durante las semanas en que este, con Santa Lucía como base de operaciones, recorrió buena parte de la Comarca para ver con sus propios ojos las tierras que su gobierno iba a expropiar y repartir. Estos dos generales villistas y otros antiguos combatientes de la División del Norte habían impulsado la férrea organización campesina que hizo posible el reparto lagunero.

Además de esta lucha, hay multitud de historias sobre Villa: la guerra de las viudas, el rescate de lugares del villismo, los tesoros enterrados; la profanación de su tumba y el debate sobre sus restos mortuorios. En fin, el mito. Pancho Villa en las cantinas, en los talleres mecánicos, en las cafeterías de todo el país. Pancho Villa no está ahí por haber diseñado una estrategia para la toma del poder; su presencia no se debía a que le había dado la tierra a los padres o abuelos de quien exhibía su retrato; no tenía vela en las disputas políticas del momento ni su imagen respondía, hasta donde pude saber, a la fe religiosa ni a la pulsión erótica que tenían otras imágenes que aparecían a su lado. Nada de eso, Pancho está ahí porque había invadido Estados Unidos; porque era el vengador de los pobres, el Robin Hood mexicano, el macho, el valiente más llorón de nuestra historia; porque había enterrado un tesoro. Porque fue héroe.

Porque el mito también cuenta las de los héroes, y no solo en su sentido griego. Los mitos, según Claude Levi-Strauss, son los hechos adoptados, adaptados y repetidos por amplios sectores sociales. Hechos no necesariamente históricos, es decir, «verdaderamente ocurridos». La verdad del mito, nos recuerda Enrique Florescano, no está en su contenido, sino en su vasta aceptación, en el hecho de ser «una creencia social compartida». Creencia por la que fluyen sentimientos, pulsiones y anhelos. Y una de las funciones del historiador consiste en desentrañar los mitos.[3]

Los villistas también son míticos porque fueron derrotados. Porque no podían ganar. Sin embargo, a pesar de su derrota, fueron los ejércitos campesinos los que destruyeron hasta los cimientos al antiguo régimen y la continuidad estatal porfiriana que Carranza habría querido preservar. La ocupación de la Ciudad de México por las masas campesinas fue, dice Gilly, «la culminación que consolidó la confianza en sí mismas de las masas» y «dio una conciencia nacional al campesinado de México [...]. Nada más esas dos conquistas, imposibles de medir en términos económicos, valían los diez años de lucha armada».[4]

Derrota en la victoria

En otro libro (*Breve historia de la Revolución mexicana*) hemos explicado cómo tres de las transformaciones centrales experimentadas por el país a raíz de la Revolución tuvieron conexión directa con la revolución popular de los vencidos: la movilización popular y la nueva forma de participación colectiva en la vida pública; la consagración de los derechos sociales en la Constitución; y la reforma agraria que destruyó al latifundio como eje de la vida económica nacional, aplastando el principal obstáculo para el desarrollo del capitalismo.

Pero más allá de los hechos que muestran la persistencia del villismo después del fin formal del movimiento y del asesinato del caudillo, Pancho Villa y la División del Norte permanecen en la imaginación y el mito popular como el gran ejército de los desposeídos, como los vengadores de los pobres, como los únicos que invadieron Estados Unidos, como símbolo de «lo mexicano», lo que quiera que esto sea. Todavía se grita, todavía se seguirá gritando «¡Viva Villa!».

Notas

[1] Pastor Rouaix, *Geografía del estado de Durango*, Tacubaya, Talleres Gráficos de la Secretaría de Agricultura y Fomento, 1929, p. 137.

[2] ACSDN, expediente XI/III2-156, ff. 215-216.

[3] Enrique Florescano, *Mitos mexicanos*, México, Aguilar, 1995, pp. 9-10.

[4] Adolfo Gilly, *La revolución interrumpida*, México, El Caballito, 1971, p. 204.

Adenda
PENSAR Y DISCUTIR EL VILLISMO

En 1984, Friedrich Katz escribió:

> De los líderes de la Revolución mexicana, probablemente no hay personalidad de la que más se haya escrito y de la que en última instancia se sepa menos que la de Pancho Villa. Por otra parte, ningún líder revolucionario mexicano sigue siendo hoy tan controvertido como Villa. Esto se debe a múltiples factores. En la espesa trama de leyendas en torno suyo que surgió cuando él estaba en vida, y que aumentó en dimensiones e intensidad tras de su muerte, radica la razón principal del misterio que todavía envuelve a Villa.[1]

Quince años después, en el prefacio a su monumental *Pancho Villa*, explicó: que encontró dos dificultades principales para escribir el libro: «La primera, mucho menos importante que la segunda», fue la escasez o ausencia de documentación de origen villista.

> La dificultad más grave que enfrenté fue la de extraer la verdad histórica de las multifacéticas capas de leyenda y mito que rodean a Villa debido, por una parte, a que él estaba enamorado de sus propios mitos e hizo todo cuanto pudo por bordar sobre ellos. Por otra parte, no existe uno solo, sino toda una serie de mitos en torno a Villa y su movimiento... Estos mitos contaminan muchos de los miles de artículos y memorias escritas en torno a Villa.[2]

Los mitos en torno a Villa y una forma de comprender la historia que privilegiaba a los individuos sobre las colectividades dificultaron durante mucho tiempo el estudio del movimiento y su valoración. Los primeros estudiosos del villismo, hechos por quienes presentaron muchas veces sus propios testimonios, se impusieron una escritura militante: como dominaba una versión, llamémosla «oficial, de Villa como bandolero inescrupuloso y sin principios, y de sus hombres como seguidores acríticos, ignorantes, brutales o ambiciosos de ese bandolero y, como él, carentes de principios, los primeros autores de obras importantes sobre el villismo lo hicieron como defensa del movimiento y de su propio pasado y, sobre todo, durante el sexenio de Lázaro Cárdenas y después de él, cuando ya no gobernaban los enemigos directos, vencedores del villismo».

En un segundo momento, en la era priísta (1946-1988), cuando el discurso sobre la Revolución se consolidó como fundamento histórico del Estado mexicano, una Revolución que se definía como popular, agraria, nacionalista y antiimperialista, Villa fue incorporado, aunque con cautela, al Panteón Oficial, aunque lo único que se reconocía del villismo era su contribución militar a la caída de la dictadura y del régimen huertista.

Entre los libros escritos por los cronistas del villismo, destacan la magistral crónica de John Reed, y las memorias recogidas y adaptadas por Martín Luis Guzmán, que han alcanzado merecida fama y múltiples ediciones. El grueso volumen publicado en 1960 por el general Federico Cervantes era la mejor biografía de Villa hasta la aparición de la de Friedrich Katz, pues por primera vez en la historiografía villista se intentan dejar atrás las interpretaciones personalistas, proponiendo una explicación coherente de la política social y el proyecto político del villismo. También es muy valiosa la recopilación y glosa de las leyes agrarias villistas hecha por Marte R. Gómez. El libro de Vito Alessio Robles es la mejor versión villista de la Convención. Silvestre Terrazas nos acerca al villismo hecho gobierno. Los libros de Alberto Calzadíaz son una fuente inigualable, injustamente olvidada, que recoge las voces de muchos soldados y oficiales villistas. Y sin duda la mejor crónica la escribió el coronel de dorados Juan B. Vargas. También hay que señalar que Celia Herrera, sobrina de Maclovio, recogió y ordenó los datos que dan pie a la leyenda negra. Tiene su contraparte para la leyenda heroica en Nellie Campobello. Y no podemos dejar de señalar que muchos de los falsos mitos que ensombrecieron la comprensión del villismo se debieron a las formidables plumas de José Vasconcelos, Martín Luis Guzmán y Rafael F. Muñoz.

De los veteranos villistas y antivillistas (a los dos más importantes de estos los comentaremos más adelante), los historiadores profesionales de la era del PRI heredaron una idea de Villa contradictoria y compleja, y en función de ella hicieron del caudillo duranguense un controvertido héroe popular, atrabiliario e indisciplinado, cuya incultura y la facilidad con que era manejado por «intereses ajenos» lo llevó a equivocarse de ruta, sin dejar de ser, por ello, un genuino defensor del pueblo oprimido (etc.). De manera que al iniciar la década de 1970, seguíamos desconociendo el proyecto revolucionario del villismo, oculto detrás de los excesivos libros y los enormes mitos en torno a Pancho Villa. Los historiadores habían recogido los hechos más importantes de la División del Norte, sus leyes y decretos, los nombres de sus jefes, la leyenda de su caudillo epónimo, pero no había más interpretación que la dictada por la pasión partidista o por el paradigma oficial.

Y entonces irrumpió una corriente o un grupo o una generación de historiadores a los que llamamos *revisionistas*. La lectura de historiografía crítica de diversos revisionismos históricos fuera de México me ha llevado a preguntarme si no hemos inventado un revisionismo mexicano. Los analistas de esa corriente —casi todos los cuales se reclaman parte de la misma— aseguran que antes de la irrupción del revisionismo, la concepción historiográfica dominante hacia de la Revolución mexicana, además de sustento ideológico del régimen que se reclamaba emanado de ella, «una revolución popular, agraria, nacionalista y antiimperialista, que confrontó a los campesinos sin tierra con los latifundistas y derrocó a un régimen autoritario y opresivo».[3]

Esa explicación habría iniciado con los veteranos de la Revolución aunque sus productos más convincentes fueron obra de eruditos que escribieron gruesos volúmenes para explicar la Revolución en las décadas de 1950 y 1960. Las críticas a esa idea dominante, surgidas desde las filas de la derecha, solo reafirmaban su vigencia, pues después de todo eran los «reaccionarios» los únicos que se oponían a ella.

Pero un nuevo contexto mundial, surgido de la revolución de 1968 (que para Adolfo Gilly fue «una ruptura en los bordes, es decir, un desafío generalizado al orden social existente», que «abrió las puertas para un mundo nuevo, pero no el que ella había soñado»),[4] permitió que se convirtieran en dominantes en la academia tendencias historiográficas que buscaban las diferencias hasta entonces acalladas por los intentos homogeneizadores de lo *occidental* en primer lugar, y de lo *nacional* en segundo. Esas diferencias existentes fueron subterráneas, violentas a veces. Lo primero fue el tránsito de la historia global (las historias *universales* centradas en Occidente, y las historias *nacionales* enseñadas en las escuelas) a las historias regionales; luego fueron la microhistoria, la búsqueda de lo subterráneo, la vida cotidiana, el género.[5]

Estas tendencias generales tuvieron una vida distinta en cada país. En México, el combate a la hegemonía estadounidense y a una cultura y una moral monolíticas se tradujeron en la crítica al sistema político que asumía esas premisas, y cuyas modalidades autoritarias y represivas salieron a plena luz el 2 de octubre de 1968. Lo segundo, la búsqueda de lo distinto, de lo subterráneo, de las diferencias hasta entonces escondidas, apareció en forma de la historiografía regional.

La primera de estas tendencias, el *revisionismo histórico de la Revolución mexicana*, arrancó entre 1967 y 1973. Para algunos analistas del revisionismo, los autores fundadores son John Womack, Arnaldo Córdova, Adolfo Gilly, Jean Meyer, Lorenzo Meyer, Armando Bartra y James D. Cockroft. Luego vendrían otros títulos, en los que suelen enlistarse los de Friedrich Katz, François Xavier Guerra, Ramón Eduardo Ruiz, John M. Hart, Enrique

Krauze y Alan Knight; y aún más historias regionales, entre las que se destacan las de Héctor Aguilar Camín, Romana Falcón y Carlos Martínez Assad.

Dentro de las reinterpretaciones globales hay, al menos, dos grandes tendencias, a una de las cuales le cabe más ajustadamente que a la otra el título de *revisionista*. Alan Knight, que se define a sí mismo *contrarrevisionista*, menciona entre los que se atrevieron a generar nuevas interpretaciones globales de la Revolución a «Jean Meyer, François Xavier Guerra, Ramón Ruiz, Hans Werner Tobler, John Hart y yo». Partiendo de esa lista, que no por casualidad excluye a Adolfo Gilly, Lorenzo Meyer, Arnaldo Córdova, Friedrich Katz y Armando Bartra, Knight afirma que «es interesante notar que los sintetizadores son todos extranjeros, la mayoría europeos». Si esa es la lista de los que se atrevieron, es lógico que Knight y Hart aparezcan como los exponentes de una corriente contraria a la que representan Jean Meyer, F.X. Guerra y Ramón E. Ruiz, o «la marxista, representada en general por trabajos bastante esquematizados y carentes de datos originales de archivo».[6]

El carácter de las revisiones de la primera tendencia obligaban incluso a poner en tela de juicio el concepto de *Revolución*. Para Luis Villoro, los historiadores revisionistas de diversas revoluciones desecharon «la noción de ruptura y recomienzo» como lo significativo de una revolución: vista desde un período largo, la ruptura con el pasado habría sido más ilusoria que real. En fin, si la continuidad prevalece sobre el cambio, si la revolución no es un giro decisivo, si tiene lugar más en la mente de sus actores que en la realidad histórica, ¿sigue siendo un concepto útil para la historia?[7]

El problema con esa definición del revisionismo, que parte de Enrique Florescano y a Alan Knight, es que presenta al revisionismo mexicano como un revisionismo aislado. Si abrimos la vista a otros horizontes, encontramos que lo que se llama *revisionismo* está estrechamente ligado a las versiones posmodernas de la historia. Los revisionismos sobre las revoluciones de Francia, Rusia y

China niegan su carácter revolucionario y toda posibilidad de transformación revolucionaria desde abajo. Por el contrario, se muestran crecientemente comprensivos con las tiranías. Resulta ejemplar, en ese sentido, el revisionismo histórico sobre la Alemania nazi. Hace unos años, Pier Paolo Poggio mostró cómo esas versiones que niegan o minimizan el Holocausto, banalizan Auschwitz y reivindican el nazismo como mal menor frente a la «barbarie asiática» y al comunismo, no son únicamente curiosidades ideológicas, sino piezas del nuevo discurso neoconservador, aparejado a la derecha neoliberal.

Sea como fuere, el revisionismo aportó una nueva comprensión del villismo y de la Revolución mexicana, al entender que no se trató de un solo movimiento, sino de varios, distintos, e identificó al villismo como una de las corrientes derrotadas. Adolfo Gilly y Arnaldo Córdova fueron los primeros en defender esa idea, aunque también hicieron suya la versión carrancista según la cual ni Villa ni Zapata tenían proyecto de nación ni podían tenerlo (ya iremos a ellos más adelante). Más allá de eso, es particularmente notable la manera en que Gilly presenta a la División del Norte:

> La División del Norte es una de las mayores hazañas históricas mexicanas. Su organización fue el punto de viraje en la guerra campesina y en la Revolución. Las masas del norte del país y las que se sumaban en su avance, se incorporaron a ella, la organizaron de la nada y contra todos, le dieron su tremendo empuje, alzaron a uno de sus propias filas, Francisco Villa, como el mayor jefe militar de la Revolución, barrieron en el camino con cuanto se les puso por delante.[8]

Arnaldo Córdova encontró en el villismo «una necesidad profunda de tierras para los pobres del campo, una fuerza natural desencadenada y una vaga utopía del México del futuro, constituyen el ser y el ideal del villismo».[9] Tanto como por las tierras, los villistas luchaban por la independencia económica y la autonomía local, banderas del liberalismo norteño del siglo XIX. También explica Córdova el proyecto y el sueño de los villistas y sus intentos, aliados con los zapatistas, por construir ese proyecto de que (en su opinión) carecían y que fructificó demasiado tarde, cuando la División del Norte ya había perdido la guerra. El programa agrario villista proponía la expropiación y división de los latifundios para crear pequeños propietarios independientes, y este acento en la pequeña propiedad los distanciaba de los zapatistas. El elemento clave del proyecto era la primacía del poder armado de los campesinos, basado en la tenencia de la tierra, como células originales de una república de pequeños propietarios independientes, como base de un Estado de democracia rural directa.

Mientras Villa y Zapata dominaron buena parte del país —sigue Córdova—, «México conoció el debate de los problemas nacionales más auténticamente representativo, popular y democrático que jamás haya habido a lo largo de su historia», y que se reflejó en el Programa de Reformas Político-Sociales de la Revolución, terminado en la primavera de 1916, cuando ya los villistas habían perdido la guerra, por lo que no fue otra cosa que «el canto del cisne de los campesinos armados, el último testimonio de la sapiencia política de las masas populares, de su espíritu democrático», y la confesión del error que causó su ruina, «el no haber sabido o no haber podido luchar por el poder político, aferrados a su única demanda, la tierra, y al temor y la desconfianza que habían heredado de los gobiernos».[10]

Esta comprensión de que los movimientos villista y zapatista habían sido otra Revolución, distinta de la de los ganadores, fue recogida al vuelo y enriquecida por muchos otros, hasta adquirir carta de naturalidad. Gilly se equivocaba al pensar que el grueso de la División del Norte estaba formado por peones y campesinos sin tierra, y Córdova no se ocupó gran cosa por indagar la composición social del villismo, y esos fueron los terrenos de los siguientes investigadores. Fueron Friedrich Katz y sus alumnos directos e indirectos quienes más avanzaron y más propusieron en ese camino.

Historias centradas en los pueblos de Chihuahua, como los presentó Katz desde sus primeros avances sobre el villismo, fueron las de Carlos González, Víctor Orozco, Daniel Nugent, Jane-Dale Lloyd y Ana María Alonso; así como la insistencia en el conflicto de Tomóchic de Lilian Illades, Antonio Saborit, Jesús Vargas Valdez y Rubén Osorio. A estos trabajos, de excelente factura en general, no hay otro reproche que hacerles que el de haber idealizado un poco demasiado la vida en los pueblos de Chihuahua.

En el mismo tenor, la historia de Chihuahua y Durango en el siglo XIX ha sido trabajada por Guadalupe Villa Guerrero, Graziella Altamirano Cozzi y César Navarro Gallegos; mientras el desarrollo del capitalismo y las élites económicas de Chihuahua y La Laguna fueron estudiados en sendos libros muy buenos de Marc Wasserman y William K. Meyers.

La Soberana Convención Revolucionaria recibió la atención de varios investigadores: Arnaldo Córdova regresó a ella, y Álvaro Matute y Federico Reyes Heroles escribieron buenos ensayos sobre la Asamblea, pero el trabajo de síntesis corrió a cargo de Felipe Ávila Espinosa, quien sigue a Katz en la definición del villismo, y revisa cuidadosamente las aportaciones de los zapatistas y los villistas en la discusión de los grandes problemas nacionales que se reflejó en el Programa de Reformas de la Convención; además, no idealiza a los rebeldes populares: también saca a la luz sus pugnas internas y la falta de solidez de su alianza.

Otros aspectos del villismo también fueron estudiados. Álvaro Matute primero, y luego Odile Guilpain y Adolfo Gilly trataron de aprehender la atractiva y polémica figura del general Felipe Ángeles. Santiago Portilla no escribió sobre el villismo, pero en las páginas de su magistral libro podemos seguir las andanzas de los futuros generales villistas durante la revuelta maderista y entender esta mejor que en ninguna obra anterior. Aurelio de los Reyes puso énfasis en el Villa cinematográfico y en su habilidad para la propaganda.

Esto nos lleva a dos biografías monumentales de Pancho Villa. La de Friedrich Katz, publicada en 1998, se había anunciado desde muchos años antes, tanto en su magistral *La guerra secreta en México* como en numerosos artículos y ensayos en que adelantó la mayor parte de sus ideas, aunque estas encuentran su mejor exposición en el libro. Ahí, Katz desentraña las acciones del villismo como gobierno, su enfermiza relación de dependencia creciente con Estados Unidos, su ideología y práctica revolucionarias, sobre todo en materia agraria, y las raíces populares y agrarias del villismo, un poco como causas de la peculiar revolución nacida en Chihuahua. También se encuentran ahí la comprensión de la chihuahuense como una sociedad de frontera; el carácter del pie veterano del villismo, formado por descendientes de los *colonos militares*; el conservadurismo de los políticos maderistas incorporados al villismo (salvo excepciones, como Federico González Garza); el peculiar carácter de una reforma agraria enraizada en las tradiciones de frontera chihuahuenses; y cómo la dependencia económica de la División del Norte respecto a Estados Unidos fue neutralizando la política social del villismo, causando, a la postre, su derrota.

Casi diez años después, Paco Ignacio Taibo II publicó otro análisis monumental de la vida del Centauro. Para entenderlo, y de paso regresar a Katz y seguir con otros dos textos, dejamos la palabra al propio Taibo:

> Los libros se escriben con otros libros o contra otros libros. Quede aquí entonces un elogio a la estupenda biografía escrita por Friedrich Katz. La abrumadora y maravillosa erudición de Katz hace de su libro lo más cercano posible a una Biblia del villismo [...] Mientras estaba escribiendo tuve que preguntarme muchas veces: ¿Por qué hacer una nueva biografía de Villa si la de Katz es un libro monumental? Y afortunadamente me respondí: porque quizá los enfoques son diferentes; mientras Katz hizo una muy completa sociología del villismo, yo seguí fielmente al personaje, tratando de que no se me escapara de las manos la «historia de vida». Espero que mi versión le guste.
>
> Muchas veces a lo largo de la investigación fui sorprendido por la lucidez de Jorge Aguilar Mora. Su libro *Una muerte sencilla, justa, eterna* [...] una de las pocas lecturas originales de la Revolución mexicana escrita en los últimos tiempos, quizá por eso ha sido igno-

rado y ninguneado por una academia que, en el mejor de los casos, podría ser catalogada de mediocre [...].

Un tercer libro resultó un invaluable aliado en esta investigación: la tesis de Pedro Salmerón sobre la División del Norte. Un excelente trabajo de geopolítica y sociología.[11]

Digamos que a Katz sí le gustó el libro de Paco. Y añadamos que otra cosa hay en el libro de Taibo: la capacidad de contactar con un público muy amplio, cerrado a la densa erudición de Katz.

Digamos como Taibo: si existen esos dos enormes libros, ¿para qué publicar el volumen que estás a punto de terminar, lectora, lector amigo? Para regresar el enfoque al movimiento social, más allá del personaje, y ofrecerlo en un volumen manejable y accesible, más allá de las 886 páginas de Taibo y las más de 1 000 de Katz.

Pero también porque discutimos con ello. Hay a lo largo de este libro muchas discusiones implícitas que los conocedores habrán advertido, y hay una central que querría hacer explícita: la que refiere a lo que hemos llamado la *versión canónica* de la derrota de la revolución popular en la guerra civil de 1915. En términos de historia militar tradicional (la historia contada por los comandantes, desde la perspectiva de quienes ejercen el mando y de sus estados mayores), esa versión fue construida por Álvaro Obregón y Juan Barragán (el caudillo que aparece en esa historia como jefe militar del ejército victorioso, y el jefe de Estado Mayor del primer jefe) y fue seguida casi sin matices por las siguientes generaciones de historiadores. El punto de partida de esta versión canónica consiste en la afirmación de que en diciembre de 1914 la coalición convencionista tenía todos los factores objetivos a su favor —soldados, armamento, territorio, recursos, empuje, trayectoria— y, sin embargo, fue derrotada por la astucia, la inteligencia, la habilidad, el patriotismo y el proyecto que encarnaban o representaban los jefes políticos y militares de la coalición constitucionalista.

Era natural que los carrancistas exaltaran sus logros y minimizaran y denostaran a los vencidos. La historia (reza el lugar común que con estos libros combatimos) la escriben los vencedores. Era natural también que los ideólogos e historiadores del Estado que se reclamaba surgido de la Revolución (es decir, de quienes triunfaron en la guerra civil) hicieran suya y repitieran o apuntalaran esa versión. Mi gran interrogante, cuando las fuentes y los documentos encontrados me hicieron dudar de esta versión, fue ¿por qué los grandes historiadores críticos del último tercio del siglo XX no la discutieron?

Nuestra comprensión de la Revolución —y con ella, de toda nuestra historia reciente— fue poderosamente reinterpretada a partir de finales de la década de 1960. Los historiadores de aquella generación, y quienes seguimos su camino, estudiaron a profundidad el significado de la Revolución y sus distintas tendencias; los orígenes, las aspiraciones, las voluntades y propuestas de sus hombres; interpretaron y discutieron las características económicas, políticas y sociales de las facciones en pugna, con métodos novedosos y propuestas originales, haciendo del estudio de esa época uno de los de mayor riqueza de nuestra historiografía.

Sin embargo, aunque fue la guerra la que exigió las definiciones políticas, económicas y sociales de los bandos en pugna, aunque fue en los campos de batalla donde se dirimió el conflicto, la mayoría de los historiadores han omitido la revisión y reinterpretación de los factores militares, adoptando —matizando, cuando mucho— la versión canónica de los hechos.

La historiografía sobre la Revolución ha puesto en tela de juicio, en los últimos 35 años, casi todos los aspectos de las versiones anteriores u oficiales de la historia: las interpretaciones y reinterpretaciones hechas desde la historia económica y social, la historia social, la nueva historia política, la historia de las ideas y de la ideología, la historia regional, la historia de las instituciones, y otras variantes de la disciplina histórica, han sido novedosas, frescas, ricas y abundantes y, sin embargo, de estas reinterpretaciones ha salido siempre bien librada la versión canónica de la historia militar.

¿Por qué nos preocupa que esa versión se haya mantenido? Porque al hacer suya la versión canónica, los grandes historiadores críticos (destacadamente los tres que desde mi perspectiva fueron los más agudos en la reinterpretación de ese período: Adolfo Gilly, Arnaldo Córdova y Friedrich Katz) tuvieron que buscar explicaciones metamilitares de lo militar, es decir, superar las visones simplistas y personalistas de quienes construyeron esa versión, para buscarle explicaciones coherentes y documentadas.

De ese modo, para Gilly, quien presenta a los campesinos villistas y zapatistas como los protagonistas de su libro, la explicación del triunfo de los constitucionalistas está en el ejercicio del poder, pues aunque en diciembre de 1914 Carranza estaba en desventaja y arrinconado, los dirigentes campesinos no tomaron el poder, que en realidad quedó vacante. «Ejercer un poder exige un programa. Aplicar un programa demanda una política. Llevar una política requiere un partido. Ninguna de esas cosas tenían los campesinos, ni podían tenerlas».[12] Aquí entran una serie de reflexiones sobre lo que es un programa, y sobre quienes sí podían tenerlo y lo tuvieron: los carrancistas, representantes de la nueva burguesía y, en especial, la facción radical encabezada por Obregón. Y termina su explicación responsabilizando a Villa y Zapata de aquel garrafal error estratégico, y de no haber hecho caso de Felipe Ángeles quien, como Obregón —y a diferencia de la estrecha visión localista de Villa y Zapata, que luchaban por la tierra y no por el poder—, sí tenía una visión nacional de la guerra.

Gilly expone con claridad la sólida y reiterada argumentación que hace de Felipe Ángeles el genio militar que, si el Centauro del Norte le hubiera hecho caso, se habría impuesto en la guerra civil de 1915. El general Federico Cervantes fue el primer historiador en exponer de manera ordenada la versión, a la postre dominante, de Ángeles como el revolucionario generoso y desinteresado, adalid del liberalismo y la democracia; la del magnífico jefe militar cuyos consejos habrían dado el triunfo a la facción convencionista si Pancho Villa los hubiese seguido.

A partir de entonces, Ángeles aparece como la parte buena de la incomprensible personalidad dual de Pancho Villa (no es invento de Enrique Krauze sino una línea que parte de Luis Aguirre Benavides, Silvestre Terrazas y Federico Cervantes), un hombre bueno, un demócrata de arraigadas convicciones, un militar pundonoroso y leal, justo y honrado. Junto con esta imagen, apareció la del famoso artillero como eminencia gris del villismo, en términos políticos y militares. Ya Álvaro Obregón veía en él el principal «administrador» de la cabeza del Centauro, y desde entonces, amigos y enemigos ven en las grandes victorias de la División del Norte la impronta de Ángeles, y argumentan que los grandes yerros estratégicos de Pancho Villa se explican porque el inculto y atrabiliario guerrillero de Durango no hizo caso de los consejos de su lugarteniente, mucho más culto y capaz y que sí tenía una visión moderna y nacional de la guerra.

A diferencia de Gilly, Arnaldo Córdova no pretende revisar globalmente la Revolución, sino explicar sus factores ideológicos y políticos. Y en estos, igual que Gilly, encuentra las razones de la derrota de los campesinos: Córdova argumenta de manera convincente y fundamentada que fue la ausencia de una concepción del Estado y de un proyecto político lo que llevó a los campesinos a perder la guerra. Fueron incapaces de ofrecer un programa alterno al constitucionalista o de luchar por el poder político, «objetivo que, en el fondo, ni siquiera se llegaron a proponer y que cuando lo tuvieron a su alcance no supieron qué hacer con él».[13]

Es decir, que no solo fue la incapacidad estratégica y política de Villa frente al genio de Obregón y Carranza lo que explica que un triunfo que estaba al alcance de la mano se convirtiera en derrota, sino que hay explicaciones que trascienden lo militar, explicaciones sociales y políticas de esta derrota. Muchos autores, como John Womack, Héctor Aguilar Camín, Ramón Eduardo Ruiz, Friedrich Katz (en *La Guerra Secreta*...) y tantos más, así lo entienden y lo argumentan. Sin embargo, esta interpretación clara, novedosa y auténtica dio por hecho que la versión canónica de los hechos militares era verdadera y no había necesidad de revisarla o contrastarla sino de explicarla desde lo político, lo social u otros ámbitos que habrían determinado lo militar. Y ocurrió también que algunas de las más socorridas de estas explicaciones dieron pie a argumentaciones casi fantasiosas.

Uno de los libros recientes más leídos dentro y fuera de México para entender la Revolución mexicana, es el de Alan Knight, historiador británico que procuró «escribir una historia de la etapa armada de la Revolución, la cual, aunque no pueda decirse definitiva (pocas lo son), es por lo menos amplia, nacional, original, y tal vez lo más aproximado a una historia definitiva y unitaria».[14] Esto implica un abrumador manejo de fuentes cuyo análisis le permite presentar un panorama contrarrevisionista de la Revolución: para Knight, la generación de historiadores representada por Tannenbaum, captó «el carácter esencial de la Revolución de 1910 como movimiento popular y agrario».[15]

La explicación de Knight parte de la revisión de los *muchos Méxicos*, de las lealtades superpuestas, de las peculiaridades regionales y étnicas, y de interpretaciones ambiciosas y originales del proceso revolucionario y sus hombres; entre estas, la distinción entre las rebeliones agrarias y las serranas, con las que explica lo que él llama el *núcleo sólido* del villismo. Asegura que vistas desde lejos, las coaliciones constitucionalista y convencionista se parecen, pero su verdaderas diferencias están en dicho núcleo. Y frente a la conciencia nacional y la eficacia del núcleo carrancista, está el núcleo villista, originado «en los distritos de la Sierra de Durango y Chihuahua». Casi todos los primeros villistas se conocían y tenían ese vínculo común, además de estar adscritos a la *rebelión serrana*.[16] Destacaban los plebeyos, los hombres humildes del campo, aunque no monopolizaban el núcleo villista, pues había también en el núcleo militares «respetables» que no cambiaban la esencia plebeya pero que, como los plebeyos carrancistas, evitaban que ambos núcleos pudiesen clasificarse en función de su diferente origen social.

> Las diferencias eran más sutiles y, si acaso, se relacionaban con la clase solo de manera secundaria; correspondían más bien al lugar de origen, ubicación en el proceso revolucionario y educación [...]. El

más destacado de estos rasgos diferenciadores era el nacionalismo carrancista frente al localismo villista [...] su incapacidad para trascender sus compromisos políticos locales, su falta de empuje para ganar el poder nacional.[17]

Estas diferencias entre los núcleos explican, según Knight, tanto el muy distinto reclutamiento de las partículas orbitales como la derrota del villismo: la carencia de visión nacional y el localismo de los villistas, su carácter «serrano» y «ranchero», la escasa solidez de su coalición, tuvieron un resultado militar evidente: «Fuera del norte-centro de México, las operaciones militares villistas no eran tan exitosas [...]. Excepto Felipe Ángeles, soldado de carrera, el resto de los oficiales villistas se desempeñaban con torpeza fuera de su territorio». Los fracasos de Urbina en El Ébano, de Fierro en Jalisco, de Villa en el Bajío

[...] no eran solamente fracasos *militares*: eran también fracasos de voluntad política. Villa y los villistas «medulares» no se ocuparon, como sí lo hicieron sus rivales carrancistas, en establecerse como élite nacional con derecho a gobernar el país; les interesaba más batir a sus enemigos en el campo de batalla (que, en sí, era casi un fin machista) y aferrarse a sus dominios del norte y centro, en especial esos pedazos que se habían convertido en propiedades de los generales villistas.[18]

Como en Gilly y Córdova, aunque Knight rechace su evidente influencia y oponga una enredada explicación a la muy clara de aquellos, fueron el localismo, la ausencia de política y la visión campesina («serrana»), lo que llevaron al mando villista a tomar decisiones erróneas, que causaron su derrota.

Esta explicación hace agua por muchos lados. Knight pretende fundamentar sus afirmaciones en un estudio exhaustivo, pero al presentar los orígenes y la trayectoria de los dirigentes villistas, yerra en numerosas ocasiones, quizá debido a las fuentes que utiliza,[19] a pesar de que insiste en la importancia del estudio a ras de tierra y la revisión detallada de lo que hay de peculiar, de típicamente regional en cada caso. Más de 15 errores a la hora de consignar en dos o tres páginas orígenes y antecedentes, desvirtúan considerablemente generalizaciones tan tajantes sobre «núcleo» y «periferias». Pero quizá, más importante que esos errores, sea que a la hora de presentar al núcleo villista, Knight eluda mencionar las historias de vida de aquellos personajes con clara trayectoria de liderazgo agrario (como Calixto Contreras, Toribio Ortega o Porfirio Talamantes), que pudieran matizar sus tesis sobre el zapatismo «agrario» y el villismo «serrano».

La ligereza de Knight en el uso de las fuentes se manifiesta al presentar el terror villista en la capital: «La violación, el tiroteo y el asesinato distinguieron su ocupación de la Ciudad de México [...]. En esas semanas, doscientos fueron asesinados en la ciudad de México». Los compinches de Villa lo rodeaban en busca —dice Womack— «de excitación y botín». «Acostumbraba —anota Vasconcelos— no separarse de su escolta ni para comer». Puede ser que el terror villista sea cierto, pero no sustentado en autores que nunca entendieron el villismo ni lo estudiaron en sus fuentes, como Cumberland, Quirk y Womack; o informantes de la época o posteriores francamente hostiles al villismo, como Cánova y Vasconcelos. No hay aquí, como no lo hay al contar la campaña militar, ni un asomo de equilibrio en el manejo de las fuentes.[20]

Esa es la explicación que da Knight de la derrota del villismo. La narración de la campaña militar repite la versión canónica, afirmando primero que Villa perdió sus ventajas iniciales por su localismo y su falta de visión política; mientras Carranza y Obregón acumulaban fuerzas y dedicaban su atención a lo político, hasta que, finalmente, Obregón pudo avanzar por el centro. Así llegó Obregón a Celaya, «famosa por sus fresas» [*sic*], donde obró de acuerdo con las máximas de Clausewitz. Y, aunque pone en tela de juicio algunos números de la versión de Obregón y Barragán, suponiendo que el Centauro tenía menos hombres de los que afirman sus enemigos, sí acepta las cifras de bajas dadas por el caudillo sonorense y cuenta las batallas con el ritmo y sentido de

Obregón, citando a Barragán para su significado y repitiendo el absurdo de las cargas de caballería.[21]

La persistencia de la versión canónica en los autores revisados y mencionados (y repetida en prácticamente todas las obras generales de la Revolución) se debe, en buena medida, sobre todo en los historiadores académicos de las últimas décadas, a la omisión o descalificación de la historia militar y sus fuentes directas; pero también a la escasa atención prestada a las fuentes villistas: Obregón y Barragán, así como sus comentaristas posteriores, los generales Francisco de P. Grajales, Miguel Ángel Sánchez Lamego y Luis Garfias, son, casi siempre, las únicas referencias que se encuentran en las citas que explican la derrota de los ejércitos populares. Se seguía haciendo cuando las escasas fuentes villistas de primera mano, sobre todo algunas memorias e historias escritas por veteranos de la División del Norte, podían o debían haber sembrado dudas razonables sobre muchos de los argumentos de la versión canónica.

En efecto; en las *Memorias de Pancho Villa* de Guzmán, y en los libros ya mencionados de Juan B. Vargas, Alberto Calzadíaz, Federico Cervantes y Vito Alessio Robles hay documentos, hechos e interpretaciones que debieron haber mostrado a los historiadores críticos que la explicación de Obregón y Barragán tenía que ser confrontada con las versiones de los vencidos. Cambiar la perspectiva o, mejor aún, no dar por buena una de las perspectivas, permitió a Friedrich Katz advertir elementos que habrían sido evidentes desde buen principio, de no haber sido velados por la versión canónica. Katz se pregunta:

> Las causas de la inesperada y dramática derrota de las fuerzas que comandaba Pancho Villa siguen siendo uno de los aspectos más controvertibles de la historia de la Revolución mexicana. ¿Se debió a factores subjetivos u objetivos? ¿Era inevitable? Objetivamente, no es posible excluir la posibilidad de que Villa hubiera triunfado de haber aplicado una estrategia y una táctica diferentes. Sin embargo, tenía escasas posibilidades: los factores objetivos tendían a favorecer

a Villa en el corto plazo y a Carranza en el largo.[22]

La mayoría de los observadores atribuían una clara ventaja a los convencionistas, dada la distribución geográfica de los ejércitos, pero Katz descubrió que los carrancistas tenían ventajas en el largo plazo, entre ellas una que para nosotros resulta central: la disposición de mayores recursos económicos. Así, Katz fue el primer historiador académico en señalar que la ventaja de los convencionistas era solo inicial, temporal y pasajera, aunque los argumentos cercanos a la versión canónica parezcan imponerse a este descubrimiento, pues, según Katz, esas «ventajas objetivas» de los carrancistas se veían reforzadas por una «ventaja subjetiva»: Villa era incapaz de desarrollar una estrategia de alcance nacional, ni de aprender (como Obregón) las lecciones militares de la Primera Guerra Mundial. «Y lo más grave: conforme su poder crecía, Villa se iba volviendo más arrogante y estaba menos dispuesto a aceptar críticas y consejos». La alianza convencionista, en la que los dirigentes campesinos del zapatismo y el villismo tenían un peso considerable, era «frágil y heterogénea», estaba desgarrada por crecientes divisiones internas y carecía de unidad de mando. Por el contrario, la alianza constitucionalista era menos heterogénea y sus fuerzas constituían «un verdadero ejército profesional», con mando centralizado. Más importante es que:

> Los ingresos que producían los territorios en posesión de Carranza duplicaban los que se podían obtener de las partes del país que dominaba la Convención. Los carrancistas controlaban las exportaciones más importantes: la región petrolera de Tampico, los campos henequeneros de Yucatán y las regiones cafetaleras de Chiapas. A diferencia de las regiones exportadoras del norte, el sur y la región petrolera no se habían visto afectados por la guerra; por el contrario, su producción sobre todo la de petróleo y henequén había seguido aumentando, ya que los precios de las materias primas subieron como resultado de la escasez producida por la Primera Guerra Mundial.[23]

El gobierno de Wilson, objetivamente, les fue mucho más útil a los carrancistas que a los villistas, empezando con la fundamental decisión de desalojar Veracruz entregando a los primeros la ciudad y sus depósitos de armas. Leída con atención esa coyuntura, puede ser que la única ventaja momentánea de los convencionistas fuera el ritmo militar, desaprovechado por Villa al no atender los consejos de Felipe Ángeles. Y en una larga argumentación, Katz abandona la anterior para retomar la interpretación de Gilly de la versión canónica:

> Fueron varias las razones que empujaron a Villa a esa decisión fallida. Con frecuencia se ha aducido que el motivo principal fue una visión regional, una incapacidad de visualizar a México en su conjunto y la convicción de que solo el norte contaba. Es casi seguro que ello influyó y que Villa temía que le cortaran la comunicación con su base mucho más que Obregón.[24]

Y, a fin de cuentas, Katz cuenta la campaña militar y las acciones de armas siguiendo la versión canónica. ¿A qué se debieron los errores de Villa?, se pregunta: en parte a «la limitada perspectiva norteña»; en parte a «su falta de educación».

Finalmente, la biografía más leída de Pancho Villa junto con la de Martín Luis Guzmán, la de Paco Ignacio Taibo II, que comprende extraordinariamente la psicología y las razones del personaje, repite los datos fundamentales de la versión canónica. A pesar de eso, Taibo hace una crítica muy sólida —devastadora, en ocasiones—, desde fuera de la academia, a afirmaciones e interpretaciones de autores como John M. Hart, Eric Wolf, Robert Quirk, John Womack, Alan Knight o Enrique Krauze, como, por ejemplo, al invento de los tres primeros según el cual en Celaya se enfrentaron la «modernidad» obregonista y el «atraso» villista: cargas de caballería contra alambradas y nidos de ametralladoras.[25]

También hay que señalar la atención que Taibo pone a las versiones orales del villismo. Ejemplo: las «balas de palo» de la segunda batalla de Celaya. La escasez de municiones era angustiosa para el villismo en las batallas del Bajío (un hecho tan importante como incuestionable que, sin embargo, Obregón y Barragán omiten), y se complicó con algo señalado por muchos villistas: son múltiples y coincidentes los testimonios de primera mano recogidos por Taibo que hablan de balas de palo, balas defectuosas, a tal grado que «En la memoria colectiva de los villistas que combatieron en Celaya quedó fijado que *los americanos mandaron parque de palo*».[26]

La ya abundante bibliografía villista ha combatido y derribado muchas de las ideas de las versiones tradicionales sobre la Revolución, pero apenas ha hecho mella a la versión canónica de los hechos militares, porque los historiadores villistas (tanto Vargas y Cervantes como Katz y Taibo II) estaban preocupados por otros problemas, que resolvieron muy satisfactoriamente.

Nuestra investigación nos llevó, sobre esa polémica, a otras preguntas: ¿Los campesinos pueden o no ganar una guerra?, ¿los ejércitos de Villa y Zapata eran ejércitos campesinos?, ¿hay o no una dimensión nacional de la guerra en los planes cambiantes, como cambiantes son las circunstancias del alto mando convencionista?

Encontramos que los constitucionalistas ganaron la guerra en el terreno de la estrategia y el control de recursos... ¿qué tan rápido lo entendió el mando convencionista? R.G. Collingwood afirma que es extremadamente difícil entender el plan de operaciones de un comandante derrotado, en especial si no lo dejó por escrito. Aquí, con base en diversas fuentes, proponemos una reconstrucción del plan original de Villa y su dimensión estratégica nacional, y de la razón de sus reacciones conforme la guerra iba cambiando, principalmente, frente al avance del Ejército de Operaciones hacia el corazón de la República. Si lo logramos parcialmente es porque, a diferencia de Collingwood, no creemos que la historia sea la historia del pensamiento, sino de eso y de muchas cosas más. Creemos también que, con base en esta reconstrucción, damos respuesta a quienes aseguran que los campesinos no pueden ganar la guerra.

También hemos hablado de la táctica. Al obtener ventajas crecientes en el campo del control de recursos, en el terreno estratégico, los mandos carrancistas obligaron a los villistas a atacar, en un momento en que todas las ventajas tácticas se acumulaban del lado de la defensa... aunque quizá lo entendió Jacinto B. Treviño. Sin duda Obregón. Y la batalla de Trinidad indica que también lo entendió Pancho Villa y trató de compensar esa desventaja. Podemos arriesgar algunas conclusiones:

No es convincente la explicación de la derrota mediante los argumentos de la oposición entre tradición y modernidad, ni verosímiles las versiones que atribuyen a un general en jefe la capacidad de asimilar «las lecciones de la Primera Guerra Mundial», inalcanzables para el horizonte cultural del otro:

- Es insostenible la afirmación de que en noviembre de 1914 los convencionistas lo tenían todo para ganar, y no parece ser cierta la que afirma que tenían mucho mayores elementos de guerra que sus enemigos: los datos existentes muestran una situación notablemente más equilibrada).
- Hay numerosos elementos para inferir que el general en jefe vencido tenía una estrategia militar de alcance nacional y que buscaba la victoria, en contra de la versión canónica que lo muestra únicamente reaccionando frente a las iniciativas del enemigo.
- Es necesario revisar las tesis deterministas que niegan a los campesinos la posibilidad de plantearse la toma del poder y de mirar más allá de sus demandas limitadas y regionales.
- El equilibrio y la capacidad de los contendientes nos hablan de una guerra en la que los resultados obtenidos en los campos de batalla fueron mucho más significativos de lo que los historiadores han presentado. Una guerra resuelta en los campos de batalla, tanto o más que mediante las explicaciones políticas y sociales que los historiadores revisionistas nos han ofrecido.
- Si las explicaciones de la derrota de los ejércitos campesinos han sido explicaciones desde lo ideológico, lo sociológico o

lo político de esta versión canónica de la historia militar, la revisión de la base que se da por sentada —la revisión que hemos hecho en este libro— debería llevarnos a replantearos las conclusiones extraídas de aquellas que, durante mucho tiempo, han sido dadas por buenas.

También hay que contar el verdadero sentido de la violencia, a la que apenas nos asomamos: los fusilamientos de oficiales prisioneros en Celaya, la masacre de civiles en San Pedro de la Cueva y las matanzas que tuvieron lugar entre los años 1916 y 1920, así como las hambrunas y epidemias. La guerra, en la que generalmente se matan y mueren hombres más o menos jóvenes en el campo de batalla, trae consigo la muerte, la violación, la tortura, el sufrimiento de muchos seres humanos más, que no tienen posibilidad de defenderse del furor de los varones armados. Una conseja popular propone que los diez años de violencia política que llamamos *Revolución* provocaron un millón de muertos en un país de 16 millones de habitantes. En pláticas con especialistas, pensamos que la cifra real debe ser de menos de la mitad, lo que también es escandaloso. Súmense los cientos de miles de mexicanos que huyeron del país por diversas causas. La violencia actual, que nos aterra, palidece ante aquella: habría que multiplicar por diez los muertos de la guerra contra el narcotráfico y sumarlos a la cantidad de mexicanos expulsados de nuestra tierra por la violencia económica, para empezar a acercarnos al significado, a la magnitud de aquella violencia, de aquella sangría.

Pero que tampoco quede duda: esa violencia, esa sangría, la provocó un régimen que operaba en México los intereses del imperialismo, un régimen genocida que canceló todas las salidas no violentas a la miseria y la desesperación del pueblo. Y el recrudecimiento de la violencia lo provocó una conspiración de la derecha que ahogó en sangre a un régimen democrático, legítimo, que empezaba a consolidarse. Si algo quisiera con este libro, con estos libros, es recordar el significado de esa violencia, su origen y sus formas. Entenderlas, comprender sus resultados y contribuir a evitársela a la generación de nuestros hijos.

Que no se repita.

Notas

[1] «Presentación» a Silvestre Terrazas, *El verdadero Pancho Villa. El Centauro del Norte... sus heroicas batallas y acciones revolucionarias*, México, Ediciones Era, 1984, p. 11.

[2] Friedrich Katz, *Pancho Villa*, tomo I, México, Ediciones Era, 1998, p. 12.

[3] Enrique Florescano, *El nuevo pasado mexicano*, México, Cal y Arena, 1991, p. 73.

[4] Adolfo Gilly, «1968: La ruptura en los bordes», *Nexos*, 11 de noviembre de 1993.

[5] Immanuel Wallerstein, «1968: Revolución en el sistema-mundo. Tesis e interrogantes», *Estudios Sociológicos de El Colegio de México*, vol. VII, núm. 20, México, mayo-agosto de 1989, pp. 229-249.

[6] Alan Knigth, «Interpretaciones recientes de la Revolución mexicana», *Secuencia. Revista Americana de Ciencias Sociales*, vol. XIII, México, enero-abril de 1989, pp. 27-30.

[7] Luis Villoro, «Sobre el concepto de *revolución*», *Teoría. Revista de Filosofía*, año 1, núm. 1, México, julio de 1993, p. 71.

[8] Adolfo Gilly, *La revolución interrumpida*, México, El Caballito, 1971, p. 122.

[9] Arnaldo Córdova, *La ideología de la revolución mexicana*, México, Ediciones Era, 1973, pp. 155-156.

[10] *Idem*.

[11] Paco Ignacio Taibo II, *Pancho Villa*, México, Planeta, 2006, pp. 13-14.

[12] Adolfo Gilly, *La revolución interrumpida*, pp. 138 y 139.

[13] *Idem*

[14] Alan Knigth, *La Revolución mexicana. Del Porfiriato al nuevo régimen constitucional*, vol. I, México, Editorial Grijalbo, 1996, p. 13.

[15] *Ibidem*, p. 15.

[16] La definición de *revolución serrana*, que rechazamos, en Alan Knigth, *La Revolución mexicana...*, vol. II, pp. 143-154.

[17] *Ibidem*, pp. 827-829.

[18] *Ibidem*, p. 829.

[19] De ese modo, al responder a la pregunta «¿quiénes pertenecían a esa facción todopoderosa?», hace hermanos a José y Trinidad Rodríguez, que habían conocido a Villa desde la primera década del siglo y llegaron a la jefatura militar por derecho propio capitaneando la Brigada Cuauhtémoc en «su distrito natal de Huejotitlán». En realidad, Trinidad Rodríguez era un ranchero acomodado de la región de Huejotitán, distrito Hidalgo, y era jefe de la Brigada Cuauhtémoc; mientras José E. Rodríguez, jefe de la Brigada Villa, era hijo de campesinos pobres de Satevó, distrito Benito Juárez. Convierte en duranguense a Nicolás Fernández, oriundo de Valle de Allende, Chihuahua, donde vivió y trabajó y donde se hizo amigo de Villa y Urbina antes de la Revolución. Hace de Fidel Ávila un «capataz de hatos de San Andrés», según lo cual el futuro gobernador de Chihuahua (nacido y radicado en Satevó) habría sido capataz de los hatos de un pueblo libre y no, como lo era, de una hacienda. Dice que «El principal jefe villista en Jalisco, Juan Medina» era un exherrero «muy tonto y simple»; en realidad, Juan Medina era un exoficial federal que fue jefe de Estado Mayor de la Brigada Villa en 1913, y el jefe de los villistas jaliscienses era Julián Medina, que sería «muy tonto y simple» para algún cónsul de Su Majestad británica. Y podríamos sumar otras imprecisiones sobre personajes como Rosalío Hernández, Santiago Ramírez y otros más, además de comentar su infundado afán por convertir a Manuel Peláez en parte del «núcleo» villista. Vuelve a errar cuando afirma en un párrafo en el que habla de los destacados maderistas que ocuparon posiciones importantes en el villismo: «Abel Serratos (revolucionario fracasado en 1910) y Emilio Sarabia (gobernador de Durango en 1912) asumieron la gubernatura en Hidalgo y San Luis Potosí, respectivamente», puesto que Serratos fue gobernador de Guanajuato, no de Hidalgo, y quien fue gobernador maderista de Durango en 1912 fue el licenciado Emiliano (no Emilio) G. Saravia y Murúa, no su hijo, el general Emiliano G. Saravia Ríos, gobernador villista de San Luis Potosí, en 1915. *Ibidem*, pp. 827-830, 834 y 847.

[20] Taibo II (*Pancho Villa*, pp. 463-464) cuenta cómo «se construye una calumnia atractiva», a la que autores como Quirk o Knight le dan —o le quieren dar— sustento académico. Las citas textuales de Alan

Knigth, *La Revolución mexicana...*, vol. II, pp. 852 y 858; las referencias que muestran el desequilibrio que menciono llevan los números 757, 782 y 783.

[21] Para contar este tramo de la historia se basa únicamente en fuentes cercanas al carrancismo. La única fuente villista citada son las *Memorias de Pancho Villa* y, una vez en 45 referencias, Alberto Calzadíaz. Ninguna fuente villista ni de los archivos militares mexicanos, y nulo contraste de fuentes.

[22] Friedrich Katz, *Pancho Villa*, tomo II, p. 14.
[23] *Ibidem*, p. 33.
[24] *Ibidem*, pp. 58-59.
[25] Paco Ignacio Taibo II, *Pancho Villa*, p. 511.
[26] *Ibidem*, p. 518.

Fuentes citadas

1. Archivos

(ACSDN) Archivo «Cancelados» de la Secretaría de la Defensa Nacional.
(AHDN) Archivo Histórico de la Secretaría de la Defensa Nacional.
(AHRM) Archivo Histórico de la Revolución Mexicana, Patronato para la Historia de Sonora.
(PHO) Archivo de la Palabra-Proyecto de Historia Oral, INAH-Instituto Mora.

2. Hemerografía

El Correo de Chihuahua.
Periódico Oficial del Estado de Chihuahua (POECh).
Vida Nueva.

3. Libros y artículos.

Aboites Aguilar, Luis, *La irrigación revolucionaria. Historia del sistema nacional de riego del río Conchos, Chihuahua, 1927-1938*, México, SEP-CIESAS, 1988.

Aguilar Mora, Jorge, *Una muerte sencilla, justa, eterna. Cultura y guerra durante la Revolución mexicana*, México, Ediciones Era, 1990.

Alarcón Amézquita, Saúl Armando, *En la línea de fuego. Juan M. Banderas en la Revolución*, Culiacán de Rosales, 2013.

Alessio Robles, Vito, *La Convención Revolucionaria de Aguascalientes*, México, INEHRM, 1989.

Almada, Francisco R., *La Revolución en el estado de Chihuahua*, tomo II, México, INEHRM, 1964.

Altamirano, Graziella, *Durango: Una historia compartida*, tomo II, México, Instituto Mora, 1997.

———, y Guadalupe Villa (Investigación y compilación), *La Revolución Mexicana. Textos de su historia,* tomo III, México, SEP, 1985.

Barragán Rodríguez, Juan, *Historia del Ejército y la Revolución Constitucionalista*, México, INEHRM, 2 v., 1985.

Calzadíaz Barrera, Alberto, *Hechos reales de la Revolución*, tomo VIII, México, Editorial Patria, 1958-1982.

Campobello, Nellie, «Cartucho. Relatos de la lucha en el Norte», en Antonio Castro Leal (Selección), *La novela de la Revolución mexicana*, México, Aguilar, 1960.

Caraveo Estrada, Baudelio B., *Historias de mi odisea revolucionaria*, Chihuahua, Doble Hélice Ediciones, 1996.

Caraveo, Marcelo, *Crónica de la Revolución (1910-1929)*, México, Trillas, 1992.

Cervantes, Federico, *Francisco Villa y la Revolución*, México, INEHRM, 1985.

Escudero, José Agustín de, *Noticias estadísticas del estado de Chihuahua*, México, Juan Ojeda, 1834.

Fabela, Isidro (ed.), *Documentos históricos de la Revolución Mexicana. Revolución y régimen constitucionalista I.* México, FCE, 1960.

Florescano, Enrique, 1995, *Mitos mexicanos*, México, Aguilar.

———, *El nuevo pasado mexicano*, México, Cal y Arena, 1991.

Gilly, Adolfo, «1968: La ruptura en los bordes», *Nexos*, 11 de noviembre de 1993.

———, *La revolución interrumpida*, México, El Caballito, 1971.

Gómez, Marte R., *La reforma agraria en las filas villistas*, México, INEHRM, 1966.

Guzmán, Martín Luis, *El águila y la serpiente*, México, Porrúa, 1987.

———, *Memorias de Pancho Villa*, México, Porrúa, 1984.

Herrera, Celia, *Francisco Villa ante la historia*, México, Costa-Amic, 1966.

Jaurrieta, José María, *Con Villa (1916-1920), memorias de campaña*, México, Conaculta, 1997.

Katz, Friedrich, *Pancho Villa*, tomo II, México, Ediciones Era, 1998.

———, *La guerra secreta en México*, tomo II, México, Ediciones Era, 1982.

Knigth, Alan, *La Revolución mexicana. Del Porfiriato al nuevo régimen constitucional*, vol. II, México, Editorial Grijalbo, 1996.

———, «Interpretaciones recientes de la Revolución mexicana», *Secuencia. Revista Americana de Ciencias Sociales*, vol. XIII, México, enero-abril de 1989.

Madero, Francisco I., *Epistolario*, tomo II, México, INEHRM, 1985.

Martínez Guzmán, Gabino y Juan Ángel Chávez Ramírez, *Durango: Un volcán en erupción*, México, Gobierno del Estado-Secretaría de Educación, Cultura y Deporte de Durango-FCE, 1988.

Meyers, William K., *Forja del progreso, crisol de la revuelta. Los orígenes de la Revolución Mexicana en la Comarca Lagunera, 1880-1911*, México, INEHRM-UIA, 1996.

Muñoz, Rafael F., *Relatos de la Revolución. Cuentos completos*, México, Utopía, 1976.

Obregón, Álvaro, *Ocho mil kilómetros en campaña*, México, FCE, 1959.

Ontiveros, Francisco de Paula, *Toribio Ortega y la Brigada González Ortega*, Chihuahua, Imprenta El Norte, 1914.

Osorio, Rubén, *La correspondencia de Francisco Villa. Cartas y telegramas de 1912 a 1923*, Chihuahua, Premio Chihuahua de Ciencias Sociales, 1986.

Pazuengo, Matías, *La Revolución en Durango*, Durango, Comisión Editora del Gobierno del Estado, 1988.

Reed, John, *México insurgente*, 3ª ed., México, Ediciones de Cultura Popular, 1975.

Rodríguez Kuri, Ariel, *Historia del desasosiego. La Revolución en la Ciudad de México, 1911-1922*, México, El Colegio de México, 2010.

Rouaix, Pastor, *Geografía del estado de Durango*, Tacubaya, Talleres Gráficos de la Secretaría de Agricultura y Fomento, 1929.

Ruiz Aguilar, Armando (comp.), *Nosotros los hombres ignorantes que hacemos la guerra. Correspondencia entre Francisco Villa y Emiliano Zapata*, México, Conaculta, 2010.

Taibo II, Paco Ignacio, *Pancho Villa*, México, Planeta, 2006.

Terrazas, Joaquín, *Memorias. La guerra contra los apaches*, Chihuahua, Centro Librero La Prensa, 1994.

Terrazas, Silvestre, *El verdadero Pancho Villa. El Centauro del Norte... sus heroicas batallas y acciones revolucionarias*, México, Ediciones Era, 1984.

Terrones Benítez, Adolfo, «La última batalla de Torreón. Verificada en marzo y abril de 1914 (cap. III)», *El Legionario*. Órgano de la Legión de Honor Mexicana, vol. VI, núm. 59, México, enero de 1956.

———, «Segundo ataque y toma de la plaza de Durango, Dgo. (cap. I), en *El Legionario*. Órgano de la Legión de Honor Mexicana, vol. VI, núm. 67, México, septiembre de 1956.

Urquizo, Francisco L., *Obras escogidas*, México, FCE, 2003.

———, "*Recuerdo que...*," México, INEHRM, 1985.

Vargas Arreola, Juan Bautista, *A sangre y fuego con Pancho Villa*, México, FCE, 1988.

Vasconcelos, José, *La Tormenta*, México, Ediciones Botas, 1935.

Vera Estañol, Jorge, *La Revolución mexicana: Orígenes y resultados*, México, Porrúa, 1957.

Villoro, Luis, «Sobre el concepto de *revolución*», *Teoría. Revista de Filosofía*, año 1, núm. 1, México, julio de 1993.

Wallerstein, Immanuel, «1968: Revolución en el sistema-mundo. Tesis e interrogantes», *Estudios Sociológicos de El Colegio de México*, vol. VII, núm. 20, México, mayo-agosto de 1989.